陆建梅 张静帆 ◎著

# 让素养扎根

高中思想政治大观念提炼与实践策略

上海社会科学院出版社
SHANGHAI ACADEMY OF SOCIAL SCIENCES PRESS

# 序(一)

在当今时代,思想政治教育的重要性日益凸显,特别是在高中阶段,这一教育对于培养学生的思想政治素养、塑造正确的世界观和价值观具有不可替代的作用。习近平总书记强调"思想政治理论课是落实立德树人根本任务的关键课程",必须坚持政治性和学理性相统一,以透彻的学理分析回应学生,以彻底的思想理论说服学生。

《让素养扎根:高中思想政治大观念提炼与实践策略》正是在这样的背景下应运而生,旨在深入探讨和分析高中思想政治大观念教学的现状、挑战和实践策略,以期为同行以及使用全国统编教材的高中学生提供参考和启发,共同推动高中思想政治教育的发展。

作为思想政治学科的大学教授,我深知习近平总书记对高中思想政治学科的要求,不仅在于传授知识,更在于培养学生的政治认同、科学精神、法治意识和公共参与素养。本书的撰写,正是响应总书记的号召,探索和实践高中思想政治大观念教学的有效路径,以期通过大观念的提炼与实践,推动学科核心素养在高中思想政治课程中的落实,帮助学生形成正确的世界观、人生观和价值观。

书中不仅理论与实践相结合,提供了切实可行的教学策略,而且强调素养教育的推进,通过大观念的提炼与实践,培养学生的批判性思维、创新能力和社会责任感。这对于学生的终身发展具有重要意义。同时,书中还为高中思想政治教师的专业发展提供理论支持和实践指导,帮助教师提升教学能力和专业素养。

在实施大观念教学的过程中，我们面临诸多挑战，如新课程理念在统编教材中的体现尚不充分，教师对大观念教学的认知及实施情况存在差异，学生的逻辑思维与知识整合能力不足。本书正是为了解决这些问题，从课程实施的指导思想、课程性质与基本理念、课程目标与教材内容等方面进行了深入分析，并提出了具体的教学策略和评价方法。

本书的出版，不仅是对习近平总书记对思想政治学科要求的具体实践，也是对提高高中思想政治教学效果的有益尝试。我相信，通过本书的学习和应用，我们能够更好地培养出具有综合素质的现代公民，为实现中华民族伟大复兴的中国梦贡献力量。

是为序。

华东师范大学马克思主义学院

许瑞芳教授

# 序(二)
# 教学实践是个大鱼缸

张泉灵的"鱼缸理论"中有这样的描述:"人生时不时的是被困在玻璃缸里的,久了便习惯了一种自圆其说的逻辑,高级的还能形成理论和实践上的自洽。"我们的日常教学又何尝不是如此,常年在高三,总觉得应试和培养学生的核心素养难以真正融合,全国统编教材的教学实践让我尝试打破"鱼缸"。

张泉灵的"鱼缸理论"放到我们的教学实践当中值得深思。教学实践对认识有决定作用,教师的教学理念来源于日常的教学实践。长期被困在"玻璃缸"中的我们,教学实践必然受到"玻璃缸"中客观条件与规律的制约,从而便形成了所谓"自圆其说的逻辑"。在教学实践、认识、再实践、再认识的深入过程中,我们的这种自以为是的认知得到了巩固和加强,而唯一能够去检验我的这种教学认知是否正确的教学实践偏偏受到了"鱼缸"的限制,这就形成了我所谓的"经验",从而便被自己信奉为了"真知",在此指导下作出的教学实践也就被局限在了原有的"玻璃缸"中,也即是"理论和实践上的自洽",自洽的结果便使得自己走出"玻璃缸"越来越困难。

在教学中,这种"玻璃缸"有已知的,也有未知的。一种是所谓自己长期以来形成的教学怪圈,只有遵循某种秘而不宣的规律才能够达到预期的目的,比如高分。现阶段,我们真的需要辩证地去认识自己的教学实践,打破"玻璃",形成新的教学理念取代我们已固化的"经验"。唯有如此,我们才能在被划定的新的区域中完成自我进化,并周而复始地形成积极的循环。

历经"双新"背景下的教学实践，我们深深地领会到，教学实践是个"大鱼缸"，"鱼缸"外有着无限的未知，或许"鱼缸"外是广阔无垠的世界，或许是无法生存的死境，或许是更大的"玻璃缸"，我们也许没有办法完全以"俯瞰者"的角度去解决所面对的一切困惑，但是，这都不是理由，我们依旧可以为更科学的教学实践方法去努力。

心有所系，方能远行。我们将用更坚毅的步伐行走在新时代思想政治课教学改革的路上……

陆建梅　张静帆<br>
2024 年 12 月 19 日　于南苑

# 目　录

序(一) ／ 1
序(二)　教学实践是个大鱼缸 ／ 1

引言 ／ 1
 一、编写目的与目标读者 ／ 1
  (一)编写目的 ／ 1
  (二)读者定位 ／ 2
 二、大观念提炼与实践概述 ／ 3

第一章　高中思想政治大观念提炼与实践依据 ／ 5
 一、课程实施的指导思想 ／ 5
 二、课程性质与基本理念 ／ 6
  (一)课程性质 ／ 6
  (二)基本理念 ／ 8
 三、课程目标与教材内容 ／ 13
  (一)高中思想政治课课程目标 ／ 13
  (二)教材内容分析 ／ 19
  (三)课程目标与教材内容的整合 ／ 23

## 第二章　高中思想政治大观念提炼的方法论　/ 26

一、整体审视单元内容　/ 26

（一）理解单元主题　/ 26

（二）分析单元内容结构　/ 27

（三）联系学生实际　/ 28

（四）整合时代背景　/ 29

（五）跨学科融合　/ 31

（六）设计教学活动　/ 32

（七）反思与调整　/ 34

二、构建知识层级结构　/ 36

（一）构建知识层级结构的步骤　/ 36

（二）构建知识层级结构的方法　/ 38

（三）构建知识层级结构的挑战与对策　/ 38

（四）构建知识层级结构的长远影响　/ 39

三、大观念提炼的方法　/ 39

（一）主题聚焦法　/ 40

（二）历史脉络法　/ 42

（三）比较分析法　/ 44

（四）活动体验法　/ 48

（五）学段衔接法　/ 51

（六）价值澄清法　/ 53

（七）思维导图法　/ 55

（八）情境模拟法　/ 56

（九）案例研究法　/ 59

（十）跨学科整合法　/ 63

**第三章　高中思想政治大观念教学策略　/ 67**

一、基于活动型学科课程的大观念落实　/ 67

（一）基于活动型学科课程的大观念落实研究现状　/ 67

（二）基于活动型学科课程的大观念落实相关内涵界定　/ 73

（三）基于活动型学科课程的大观念落实的现实价值　/ 80

（四）基于活动型学科课程的大观念落实的实践路径　/ 83

二、初高中一体化视域下的大观念教学　/ 113

（一）初高中一体化视域下的大观念教学相关研究综述　/ 113

（二）初高中一体化视域下的大观念教学相关内涵的界定　/ 118

（三）初高中一体化视域下的大观念教学理论依据　/ 121

（四）初高中一体化视域下的大观念教学的必要性　/ 124

（五）当前初高中思政课一体化教学的已有经验　/ 126

（六）当前初高中思政课一体化视域下大观念教学的阻碍　/ 130

（七）初高中思政课一体化视域下大观念教学优化路径　/ 135

三、以大观念统领跨学科教学　/ 159

（一）以大观念统领跨学科教学相关研究综述　/ 159

（二）跨学科教学概念界定　/ 166

（三）跨学科的理论和实践意义　/ 168

（四）大观念统领的跨学科教学的依据　/ 171

（五）大观念统领的跨学科教学的实施路径　/ 179

**第四章　评价与反馈——大观念教学效果评价　/ 205**

一、教学评一致化的概念及其在教学中的重要性　/ 205

（一）教学评一致化的概念　/ 205

（二）教学评一致化在高中思想政治教学中的重要性　/ 206

二、高中思想政治大观念提炼及教学实践与教学评一致化的关联　/ 207

三、大观念教学效果评价的理论框架 / 209
　　（一）评价目的 / 209
　　（二）评价原则 / 211
　　（三）评价内容 / 220
　　（四）评价方法 / 229

四、大观念教学效果评价的实施 / 243
　　（一）评价指标体系构建 / 243
　　（二）数据收集 / 245
　　（三）数据分析 / 248

五、问题与对策 / 250
　　（一）问题 / 250
　　（二）对策 / 254

**结语** / 259
　　一、核心观点 / 259
　　二、研究展望 / 261

**后记** / 267

# 引　言

## 一、编写目的与目标读者

### (一) 编写目的

作为长期坚守在高中思想政治课教学一线的教师,我们深刻地认识到在新时代背景下,思想政治教育的重要性和紧迫性。因此,我们编写了《让素养扎根:高中思想政治大观念提炼与实践策略》这本书,旨在深入探讨和分析高中思想政治大观念教学的现状、挑战和实践策略,以期为同行以及使用全国统编教材的高中学生提供参考和启发,共同推动高中思想政治教育的发展。

党的十八大以来,习近平总书记多次强调加强学校思想政治教育的重要性,特别是在新时代背景下,高中思想政治课的作用尤为重要。思想政治教育不仅是传授知识的过程,更是培养学生政治认同、科学精神、法治意识和公共参与等核心素养的过程。因此,编写这本书的首要目的是响应国家教育方针,探索和实践高中思想政治大观念教学的有效路径。

当前,高中思想政治大观念教学面临诸多挑战。新课程理念在统编教材中的体现尚不充分,教师对大概念教学的认知及实施情况存在差异,学生的逻辑思维与知识整合能力不足。这些问题直接影响了大观念教学的质量和效果。基于此,编写本书的目的有以下几点:

1. 理论与实践的桥梁。本书旨在搭建理论与实践之间的桥梁,将教育理论的深度与教学实践的广度相结合,为教师提供切实可行的教学策略。

2. 素养教育的推进。通过大观念的提炼与实践,推动高中思政学科核心素养在高中思想政治课程中的落实,帮助学生形成正确的世界观、人生观和价值观。

3. 教学方法的创新。探索和总结大观念教学的新方法、新思路,为思想政治课的教学改革提供新视角。

4. 教师专业发展。为高中思想政治教师的专业发展提供理论支持和实践指导,帮助教师提升教学能力和专业素养。

5. 学生素养的培养。通过大观念的教学实践,培养学生的批判性思维、创新能力和社会责任感,为学生的终身发展奠定基础。

《让素养扎根:高中思想政治大观念提炼与实践策略》的编写旨在为高中思想政治教育提供理论支持和实践指导。通过聚焦大概念,优化教学设计,运用数字技术,可以有效地提升学生的思想政治素养,培养担当民族复兴大任的时代新人。这一过程需要教师、学校以及教育行政部门的共同努力和协作,以实现高中思想政治教育的高质量发展。

## (二) 读者定位

本书的目标读者群体主要包括:

1. 高中思想政治教师:作为本书的主要读者,他们将直接受益于书中的教学策略和实践案例,提升教学效果。

2. 教育工作者和研究者:包括教育政策制定者、教育理论工作者和研究人员,他们可以从书中获得关于大观念教学的深入分析和实证研究。

3. 师范院校学生:将步入教育行业的未来教师,他们可以通过本书了解当前教育改革的方向和学习策略。

4. 教育管理者:学校校长、教务主任等教育管理者,他们可以从书中获得关于课程改革和教学管理的有益参考。

通过本书,我们希望能够帮助读者深入理解大观念在高中思想政治教育中的重要性,并将其有效融入日常教学中,以实现教育的真正目的——培养具有综合素质的现代公民。

高中思想政治大观念教学强调以学科核心概念为统摄,通过单元教学实现学科内容结构化,落实思想政治学科核心素养。这种教学模式具有单元统摄性、价值引领性、思维进阶性三个特征,对于优化教学模式、培育学生学科核心素养、促进跨学科知识的相互渗透融合具有重要意义。

## 二、大观念提炼与实践概述

Big idea,可以翻译成"大概念",也可以翻译为"大观念"。检索"大概念"——major concept,哲学术语,即"大项";检索"大观念"——发现经济、政治、教育、管理等多领域涉及这个词,但都没有明确的概念界定。顿继安、何彩霞在《大概念统摄下的单元教学设计》一文中这样描述:所谓大概念是"能反映学科的本质,居于学科的中心地位,具有较为广泛的实用性和解释力的原理、思想和方法"。[①]王红顺在《新课标预备知识清单13:大观念》中的解释更为全面,他认为"大观念"是最具解释力、统整力和渗透力的知识;内含学科思想、学科方法、学科思维,是核心素养在学科(课程)的体现;是可普遍迁移的"概念性理解";能够引导学生去繁就简,深度学习。[②]崔允漷认为"要真正搞清楚大观念的本意还是很难的事情"。[③]

基于上述梳理,结合教学实践,首先,"大概念"的内涵和外延相对狭义、相对静态,是构成大观念的基本元素,"大观念"更能体现高中思想政治课综合性、活动型的学科性质,能够有效落实本学科核心素养。本书更倾向于使

---

① 顿继安,何彩霞.大概念统摄下的单元教学设计[J].基础教育课程,2019(18):6—11.
② 王红顺.读懂新课标预备知识清单(下)[EB/OL].https://mp.weixin.qq.com/s/YdG_9-qy1fV1W52cS9LFtw,2020-07-16.
③ 崔允漷.论大观念及其课程意义[J].上海课程教学研究,2015(2):3—8.

用"大观念"而非"大概念",本书以下"大观念"如无特殊说明皆以高中思想政治学科为背景。其次,高中思想政治学科的大观念有其特殊性,在地位上,居于某一模块、甚至七个模块的中心位置,集中体现综合性、活动型的学科特质;在性质上,具有概括性,不是经济学、政治学、哲学、法学等内容的简单堆砌,而是具有共同性质的观念构成的有机统一体,在内涵上相互交融、在逻辑上相互依存,能够使课程内容结构化;在功能上,有助于记忆,有很大的学习迁移价值,即提升学生运用结构化的知识解决具有挑战性的复杂情境问题的能力。

大观念教学,源于西方教育界的理论和实践探讨,强调学科中心概念的重要性,这些概念是抽象的、深层的、可迁移的,建立在事实基础上。在高中思想政治教学中,大观念不仅是学科的核心,也是教学的重点。它要求教师从宏观上把握学科结构,使学生能够理解学科的基本框架和深层次的联系。

大观念教学的价值在于厘清概念之间的关系,促进知识结构体系化,培养学生的知识贯通能力。通过大观念教学,可以优化教学模式,实现学科内容的有效单元整合,培育学生的学科核心素养,并促进跨学科知识的相互渗透融合。

高中思想政治大观念教学强调以学科核心概念为统摄,通过单元教学实现学科内容结构化,落实思想政治学科核心素养。这种教学模式具有单元统摄性、价值引领性、思维进阶性等特征,对于优化教学模式、培育学生学科核心素养、促进跨学科知识的相互渗透融合具有重要意义。[1]

提炼大观念是高中思想政治课教学过程中的一个关键步骤,大观念教学实践不仅能够提升教学质量,还能够有效促进学生的深度学习,帮助相关老师和学生建立起更加坚实和全面的知识体系,培养出更加全面的学科能力。

---

[1] 王德明.学科大概念视域下高中思政课堂的建构[J].江苏教育,2023(24):7—10.

# 第一章 高中思想政治大观念提炼与实践依据

## 一、课程实施的指导思想

高中思想政治课程实施的指导思想是多维度的,旨在培养学生成为具有责任感、批判性思维和全球视野的公民。

立德树人。高中思想政治课程的核心指导思想是立德树人,即通过教育引导学生形成正确的世界观、人生观和价值观。这一思想强调德育为先,知识传授与品德培养并重,旨在培养学生成为德才兼备的社会成员。

理论与实践相结合。思想政治课程实施强调理论与实践的结合。理论学习不仅仅是为了掌握知识,更是为了指导实践。通过案例分析、社会实践等方式,使学生能够将理论知识应用于现实生活中,解决实际问题。

发展批判性思维。课程实施要推动学生发展批判性思维,不满足于被动接受知识,而是要学会质疑、分析和评价。这种思维方式有助于学生形成独立思考的能力,为终身学习和适应快速变化的社会打下基础。

培养全球视野。在全球化的背景下,思想政治课程的实施强调培养学生的全球视野。通过比较不同国家的政治制度、文化传统和社会问题,学生能够理解全球互联互通的复杂性,培养国际合作精神。

强化法治意识。法治是现代国家治理体系的基础。思想政治课程的实施注重培养学生的法治意识,使学生理解法律的重要性,学会依法行事,成为遵纪守法的公民。

促进情感、态度与价值观的协调发展。思想政治课程的实施不仅关注学生的知识学习,还关注情感、态度和价值观的培养。通过情感教育和价值引导,使学生形成积极的情感态度,树立正确的价值取向。

适应时代发展。思想政治课程的实施需要紧跟时代发展的步伐,不断更新教学内容和方法。随着社会的变化,新的社会问题和挑战不断出现,课程实施需要及时反映这些变化,培养学生适应未来社会的能力。

个性化与差异化教学。每个学生都有不同的学习需求和潜能。思想政治课程的实施强调个性化和差异化教学,尊重学生的个性差异,提供多样化的学习资源和活动,以满足不同学生的学习需求。

终身学习的理念。思想政治课程的实施倡导终身学习的理念,鼓励学生在学校之外继续探索和学习。通过培养自主学习的能力,学生能够在未来不断更新知识,适应社会的发展。

社会参与和实践能力。思想政治课程的实施鼓励学生积极参与社会实践,通过社区服务、志愿活动等形式,培养学生的社会责任感和实践能力,使学生能够在实践中学习和成长。

高中思想政治课程实施的指导思想是全面而深刻的,它不仅关注学生的知识学习,还关注学生的情感发展、社会参与和全球视野。通过这些指导思想的实施,我们旨在培养出能够适应未来社会、具有国际竞争力的现代公民。

## 二、课程性质与基本理念

### (一)课程性质

1. 高中思想政治课课程性质

高中思想政治课程是落实立德树人根本任务的关键课程,以培育社会主义核心价值观为目的,是帮助学生确立正确的政治方向,提高思想政治学科核心素养,增强社会理解和参与能力的综合性、活动型学科课程。①

2. 课程性质与大观念的关系

高中思想政治课程的性质与大观念提取和活动型学科性质的关系是相互依存、相辅相成的。②这种关系体现在以下几个方面:

(1) 课程性质与大观念提取的内在联系

高中思想政治课程作为落实立德树人根本任务的关键课程,其性质决定了大观念提取的必要性和方向性。课程旨在培育社会主义核心价值观,确立正确的政治方向,提高思想政治学科核心素养,增强社会理解和参与能力。这些性质要求在大观念提取过程中,必须围绕这些核心目标进行,以确保课程内容与教学活动能够服务于培养学生的政治认同、科学精神、法治意识和公共参与等核心素养。

(2) 活动型学科性质的体现

活动型学科课程是高中思想政治课程的一个重要特征,它强调学科内容的综合性、学校德育工作的引领性和课程实施的实践性。这种性质要求思想政治课程不仅仅是理论知识的传授,更是通过活动让学生体验、实践和反思,从而内化理论知识,形成自己的理解和判断。大观念提取与活动型学科性质的关系,在于大观念提供了活动设计的理论基础和指导思想,而活动则是大观念得以实践和体现的平台。

(3) 大观念提取对活动型学科性质的促进作用

大观念提取有助于实现课程内容的活动化和活动内容的课程化,这是活动型学科课程的核心。通过大观念的提取,教师可以设计出更具针对性和深度的教学活动,使学生在参与活动的过程中,能够深入理解和掌握思想政治的核心概念和原理。这种活动化的教学方式,不仅能够提高学生的学

---

① 中华人民共和国教育部.普通高中思想政治课程标准(2017年版 2020年修订)[S].北京:人民教育出版社,2020:1.
② 张华.论大观念课程与教学[J].当代教育科学,2023(1):3—13.

习兴趣和参与度,还能够促进学生批判性思维和问题解决能力的发展。

(4) 活动型学科性质对大观念提取的反哺作用

活动型学科性质强调学生的主体性、参与性和实践性,这些特征要求大观念提取必须考虑学生的实际经验和认知水平。通过活动型学科的实施,教师可以收集学生的反馈和表现,进而调整和优化大观念的提取和教学内容,使大观念更加贴近学生的实际,更具有教育意义和实践价值。

(5) 教育目标的实现

高中思想政治课程的教育目标是培养学生的思想政治素质和核心素养,[1]这要求课程内容和教学活动必须围绕这些目标进行设计和实施。大观念提取与活动型学科性质的关系在于,它们共同服务于教育目标的实现。大观念提取提供了理论框架,而活动型学科性质提供了实践途径,两者相结合,能够更有效地促进学生思想政治素养的提升。

高中思想政治课程的性质、大观念提取和活动型学科性质之间存在着密切的内在联系。这种关系不仅体现在理论层面,更体现在教学实践和学生学习的过程中。通过这种相互作用和相互促进,高中思想政治课程能够更好地实现其教育目标,培养出具有良好思想政治素质的新时代青年。

### (二) 基本理念

1. 高中思想政治课程的基本理念

高中思想政治课程基本理念包括:第一,坚持正确的思想政治方向;第二,构建以培育思想政治学科核心素养为主导的活动型学科课程;第三,尊重学生身心发展规律,改进教学方式;第四,建立促进学生思想政治学科核心素养发展的评价机制。[2]

---

[1] 中华人民共和国教育部.普通高中思想政治课程标准(2017年版2020年修订)[S].北京:人民教育出版社,2020:6—7.
[2] 中华人民共和国教育部.普通高中思想政治课程标准(2017年版2020年修订)[S].北京:人民教育出版社,2020:2—3.

2. 基本理念与大观念的关系

(1) 坚持正确的思想政治方向

在高中思想政治课程中,坚持正确的思想政治方向是其核心的基本理念之一。这一理念要求思想政治教育必须符合国家的意识形态要求,培养学生的政治认同和社会责任感,确保学生能够树立正确的世界观、人生观和价值观。大观念提取及实践对这一基本理念的落实有如下作用:

实现正确的思想政治方向。大观念提取是指从思想政治课程的丰富内容中提炼出反映社会主义核心价值观和国家意识形态的核心概念和原则。这些大观念是思想政治教育的精髓,是实现正确思想政治方向的具体化和操作化。通过大观念的提取,教师可以明确教学的重点和方向,确保教学内容和活动与国家的教育方针保持一致。

强化思想政治教育的核心价值。坚持正确的思想政治方向要求思想政治课程必须强化核心价值的传授。大观念提取有助于教师识别和强调这些核心价值,如爱国主义、集体主义、社会主义法治精神等,并将它们融入教学内容和活动中。这样,学生在学习过程中不仅能够获得知识,更能在价值观上得到正确的引导。

促进思想政治教育的深度和广度。正确的思想政治方向不仅要求教育内容的正确性,还要求教育的深度和广度。大观念提取有助于教师从宏观上把握思想政治教育的总体框架,设计出既有深度又有广度的教学计划。通过深入探讨大观念,学生能够更好地理解国家政策、社会问题和文化传统,形成全面的政治认识。

与思想政治教育的实践性相结合。坚持正确的思想政治方向还要求思想政治教育具有实践性,即学生能够将所学知识应用于实际生活和社会实践中。大观念提取有助于教师设计实践活动,使学生在实践中体验和领悟正确的思想政治方向。通过参与社会实践、志愿服务等活动,学生可以将理论与实践相结合,加深对正确思想政治方向的理解和认同。

坚持正确的思想政治方向是高中思想政治课程的基本理念,而大观念提取是实现这一理念的关键。大观念提取和教学实践不仅有助于教师明确教学目标和内容,而且能够强化思想政治教育的核心价值,促进教育的深度和广度,增强教育的实践性,并为评价和反馈提供支持。

(2) 构建以培育思想政治学科核心素养为主导的活动型学科课程

在高中思想政治课程中,构建以培育思想政治学科核心素养为主导的活动型学科课程,是当前教育改革的重要方向。[①]这一理念强调通过活动型教学,实现学生核心素养的培育,而大观念提取和实践则是实现这一目标的关键环节。大观念是理解和掌握思想政治学科知识的基础。它们为活动型学科课程提供了理论框架和教学重点,帮助教师明确教学目标,设计有效的教学活动。

目标一致性。活动型学科课程的基本理念与大观念落实的目标是一致的,都旨在培养学生的核心素养。大观念为活动型学科课程提供了明确的教学方向和内容。

内容与实践的结合。大观念确保了思想政治课程内容的深度和广度,而活动型学科课程则提供了将这些大观念付诸实践的平台。学生通过参与活动,将理论知识转化为实践能力,从而实现核心素养的培育。

教学活动的指导。大观念为活动型学科课程的教学活动提供了指导。教师可以根据提取的大观念设计讨论、辩论、角色扮演、社会实践等多样化的教学活动,使学生在活动中深入理解和掌握这些大观念。

学生参与度的提升。活动型学科课程强调学生的主体性,大观念提取有助于教师设计更具吸引力和参与度的活动,激发学生的学习兴趣和主动性,使学生成为学习的主体。

核心素养的内化。通过活动型学科课程,学生不仅学习理论知识,更重要的是通过实践活动将大观念内化为个人的核心素养。这种内化过程是思

---

① 中华人民共和国教育部.普通高中思想政治课程标准(2017年版2020年修订)[S].北京:人民教育出版社,2020:2.

想政治教育的最终目标,也是活动型学科课程与大观念关系的核心。

高中思想政治课程中构建以培育思想政治学科核心素养为主导的活动型学科课程这一基本理念与大观念提取之间存在着密切的内在联系。大观念为活动型学科课程提供了理论基础和教学内容,而活动型学科课程则为大观念的实践和内化提供了平台。两者相互依存、相互促进,共同推动高中思想政治教育的发展,实现学生核心素养的培育。

(3) 尊重学生身心发展规律,改革教学方式

在高中思想政治课程中,尊重学生身心发展规律并改革教学方式是实现教育目标的重要基本理念。[①]这一理念与大观念的关系体现在对教学实践的深刻理解和应用上。

基本理念的核心要求。尊重学生身心发展规律的基本理念要求思想政治课程的教学活动必须考虑到学生的成长特点和认知水平。这意味着教学内容、教学方法和教学评价都需要与学生的发展阶段相匹配,以促进学生的全面发展。

大观念的内涵。大观念是指在思想政治学科中具有普遍意义和长远价值的核心概念和原则,它们是学科知识体系中最为根本和基础的部分。大观念提取的过程需要深入理解学科知识,挖掘出对学生成长具有重要指导意义的核心内容。

教学内容的适配性。尊重学生身心发展规律要求教学内容必须适合学生的认知发展阶段。大观念帮助教师识别和选择与学生发展相适应的核心内容,确保教学内容既深刻又不超出学生的理解范围。

教学方法的创新。为了适应学生的身心发展,教学方法需要不断创新。大观念提取与教学实践为这种创新提供了方向,鼓励教师采用更加互动、探究式的教学方法,如讨论、案例分析、角色扮演等,这些方法能够更好地激发

---

① 中华人民共和国教育部.普通高中思想政治课程标准(2017 年版 2020 年修订)[S].北京:人民教育出版社,2020:2—3.

学生的学习兴趣和参与度。

学生主体性的发挥。尊重学生身心发展规律强调学生在教学过程中的主体地位。大观念提取有助于教师设计以学生为中心的教学活动,让学生在主动探索和实践中学习和掌握大观念,从而提升学生的自主学习能力和批判性思维能力。

促进学生全面发展。尊重学生身心发展规律的基本理念旨在促进学生的全面发展。大观念提取确保教学活动不仅仅关注知识的传授,更关注学生能力的提升和价值观的塑造,这些都是学生全面发展的重要组成部分。

高中思想政治课程中尊重学生身心发展规律并改革教学方式的基本理念与大观念提取紧密相关。大观念提取为实现这一基本理念提供了理论支持和实践指导,有助于教师设计和实施更符合学生发展规律的教学活动,从而更有效地促进学生的思想政治学科核心素养的培育。

(4) 建立促进学生思想政治学科核心素养发展的评价机制

在高中思想政治课程中,建立促进学生思想政治学科核心素养发展的评价机制是实现教育目标的重要一环。这一基本理念与大观念的关系体现在评价机制的设计和实施过程中。

基本理念的核心要求。建立促进学生思想政治学科核心素养发展的评价机制这一基本理念要求评价不仅仅关注学生的知识掌握情况,更要关注学生的核心素养,如政治认同、法治意识、科学精神和公共参与等。这种评价机制旨在全面评价学生思想政治学科的学习和成长,促进学生的全面发展。[1]

评价内容的指导。大观念为评价机制提供了内容指导。评价机制需要围绕这些大观念来设计,确保评价内容能够全面覆盖学生对大观念的理解和应用能力。

评价目标的明确。基本理念要求评价机制服务于学生核心素养的发

---

[1] 中华人民共和国教育部.普通高中思想政治课程标准(2017年版 2020年修订)[S].北京:人民教育出版社,2020:3.

展。大观念提取帮助明确评价的目标,即评价学生是否能够将大观念内化为自己的思想和行动。

评价方法的创新。为了全面评价学生的核心素养,评价机制需要采用多样化的评价方法。大观念为这种创新提供了理论基础,鼓励教师采用过程性评价、同伴评价、自我评价等多种评价方式。

学生主体性的发挥。基本理念强调评价过程中学生的主体性。大观念有助于教师设计以学生为中心的评价活动,让学生在自我评价和同伴评价中主动参与,提升自我认知和自我反思能力。

教学与评价的互动。评价机制不仅是对学生学习结果的评价,也是对教学效果的反馈。大观念提取有助于教师根据评价结果调整教学策略,使教学更加符合学生核心素养的发展需要。

促进学生自我发展。基本理念要求评价机制能够促进学生的自我发展。大观念提取与教学实践有助于教师设计评价活动,使学生在评价过程中能够自我激励、自我调整,实现自我发展。

教育公平的实现。评价机制需要保证教育公平,大观念有助于保障评价标准和评价过程的公正性,使每个学生都能在公平的环境中展示自己的核心素养。

高中思想政治课程中建立促进学生思想政治学科核心素养发展的评价机制这一基本理念与大观念教学紧密相关,大观念教学实践为评价机制提供了理论基础和实践指导,有助于教师设计和实施更有效的评价活动,从而更全面地评价和促进学生的核心素养发展。

## 三、课程目标与教材内容

### (一)高中思想政治课课程目标

1. 高中思想政治课课程目标

高中思想政治学科核心素养,主要包括政治认同、科学精神、法治意识和公共参与。基于大观念提炼与实践的高中思想政治课程目标,旨在培养学生成为具有深厚理论基础、批判性思维和实践能力的现代公民。[1]

(1) 理论基础与思想深度。思想政治课程首先强调对马克思主义基本原理的深入理解,以及对中国特色社会主义理论体系的掌握。[2]这不仅仅是对理论的机械记忆,而是要求学生能够理解这些理论背后的逻辑和历史背景,以及它们如何指导当代中国的实践。学生需要学会将这些理论应用到现实问题中,形成自己的见解和判断。

(2) 批判性思维的培养。在大观念的指导下,课程鼓励学生发展批判性思维能力。这意味着学生不仅要接受知识,还要学会质疑、分析和评估。通过讨论、辩论和案例研究,学生被鼓励去探索不同的观点,理解复杂问题的多面性,并在此基础上形成自己的立场。

(3) 实践能力的强化。思想政治课程强调理论与实践的结合,鼓励学生将学到的理论知识应用到实际生活中。通过模拟联合国、社区服务、社会实践等活动,学生能够亲身体验和实践政治、经济、社会等方面的问题,从而提高他们的实际操作能力和解决问题的能力。

(4) 价值观与道德观的塑造。课程目标还包括培养学生的社会主义核心价值观,如爱国主义、集体主义、公平正义等。这些价值观是学生成为负责任公民的基础,也是他们在未来社会中发挥作用的道德指南。通过课程学习,学生应该能够理解这些价值观的重要性,并将其内化为个人行为的准则。

(5) 全球视野与本土实践的结合。在全球化的背景下,思想政治课程还强调培养学生的国际视野。学生需要了解国际政治经济的发展趋势,理

---

① 中华人民共和国教育部.普通高中思想政治课程标准(2017年版2020年修订)[S].北京:人民教育出版社,2020:4—7.
② 中华人民共和国教育部.普通高中思想政治课程标准(2017年版2020年修订)[S].北京:人民教育出版社,2020:1.

解中国在全球舞台上的角色和责任。同时,课程也强调本土实践的重要性,鼓励学生关注和参与解决本土社会问题。

(6) 终身学习的意识。思想政治课程还旨在培养学生的终身学习意识。在快速变化的世界中,持续学习和自我更新是每个人必备的能力。课程鼓励学生发展自主学习的能力,培养他们对新知识的好奇心和探索精神。

(7) 社会参与与较强责任感。课程目标还包括培养学生的社会参与意识和责任感。通过参与社区服务、公共事务讨论等活动,学生能够理解个人行为对社会的影响,学会承担社会责任,为社会的和谐与发展做出贡献。

高中思想政治课程的目标是多维度的,课程内容的选择和结构设计都是为了更好地实现上述目标。通过精选和重组内容,确保学生能够系统地学习和掌握必要的政治理论知识。课程内容的优化不仅有助于学生更好地理解知识,也有助于培养他们的学科核心素养。

2. 高中思想政治课课程目标的层次性

(1) 教学目标的分层设计。根据学生的不同层次,教学目标也应分层设计。对于后进生,教学目标应更注重基础知识的理解和掌握,重点在于培养学生学习兴趣与内在动机;对于中等生,除了熟练掌握基础知识外,还应加强对重点内容的理解把握,旨在培养其独立解决问题的思维和能力;对于优等生,则在掌握基础知识和重点知识的基础上突破难点,注重社会热点的拓展和综合能力的提升,重点在于创新能力的培养。

(2) 课程目标体系的层次性。高中思想政治课课程目标体系按照循序渐进、螺旋上升的原则进行一体化设计。①在政治认同、家国情怀、道德修养、法治意识、文化修养等方面提出明确要求,引导学生坚定"四个自信",做德智体美劳全面发展的社会主义建设者和接班人。

(3) 不同教育阶段的层次性。高中阶段的思想政治课程目标重在提升

---

① 中央宣传部教育部关于印发《新时代学校思想政治理论课改革创新实施方案》的通知[J].中华人民共和国国务院公报,2021(9):75—80.

学生的政治素养,引导学生初步掌握马克思主义基本原理,了解马克思主义中国化历史进程及其理论成果,理解习近平新时代中国特色社会主义思想。大学阶段则侧重于增强学生的使命担当,引导学生系统掌握马克思主义基本原理和马克思主义中国化理论成果,培养运用马克思主义立场观点方法分析和解决问题的能力。

(4)教学内容的层次性。高中思想政治课程内容涉及哲学、经济学、政治学、法学等学科,具有综合性。问题设计既要体现内容的广泛性,也要注重问题的复杂性,应力求利用相关问题的设计,提出综合的观点,提升学生的综合思维能力。

(5)教学过程的层次性。教学过程包括导入分层、新课讲授分层、课堂练习分层和课堂小结分层。每个环节都根据学生的不同层次设计不同的教学活动,以适应不同学生的需求和能力。

(6)教学目标演变的层次性。高中思想政治教学目标经历了从"双基"目标到"三维"目标,再到学科核心素养目标的演变,①体现了教学目标随着教育改革的深化而逐步提升和细化的层次性。

上述层次性的体现,确保了高中思想政治课程能够适应不同学生的发展需求,促进学生全面而有深度的发展。

3.基于大观念教学的高中思想政治课课程目标的重要性

高中思想政治课程在学生的成长过程中扮演着至关重要的角色,而基于大观念的课程目标更是这一教育过程中的核心。

(1)价值观塑造与道德教育。高中阶段是学生价值观和世界观形成的关键时期。基于大观念的思想政治课程目标,通过深入探讨社会、政治、经济和文化等方面的问题,帮助学生建立起正确的价值观念和道德标准。这种教育不仅仅是传授知识,更是引导学生如何成为一个有责任感、有道德感

---

① 毛颖萍.高中思想政治教学目标演变研究[J].中学教学参考,2020(7):40—41.

的公民。

(2) 批判性思维与问题解决能力的培养。在信息爆炸的时代,学生需要具备筛选、分析和评估信息的能力。大观念的课程目标引导学生批判性地思考问题,不盲目接受任何观点,而是通过逻辑推理和证据支持来形成自己的见解。这种能力对于学生未来在学术和职业生涯中解决复杂问题至关重要。

(3) 社会责任感与公民意识的强化。大观念的课程目标通过讨论国家政策、社会问题和全球挑战,培养学生的社会责任感和公民意识。学生学会从宏观的角度审视问题,理解个人行为对社会的影响,从而积极参与社会事务,为社会的可持续发展做出贡献。

(4) 跨文化理解与全球视野的拓展。在全球化的背景下,学生需要具备跨文化理解和全球视野。大观念的课程目标通过引入不同文化和社会背景下的问题,帮助学生理解多样性和复杂性,培养他们成为具有国际视野的全球公民。

(5) 终身学习能力的培养。大观念的课程目标强调学习的过程和方法,而不仅仅是结果。这种教育方式鼓励学生发展自主学习的能力,培养他们对知识的好奇心和探索欲,为他们的终身学习奠定基础。

情感、态度与行为的协调发展:思想政治课程不仅仅是理性知识的传授,更是情感、态度和行为的协调发展。大观念的课程目标通过讨论和反思,帮助学生形成积极的情感态度,培养他们良好的行为习惯和社会行为。

(6) 社会参与与实践能力的提高。通过基于大观念的课程目标,学生被鼓励参与社会实践活动,将理论知识应用于实际问题中。这种实践不仅增强了学生的社会参与感,也提高了他们解决现实问题的能力。

创新精神与创造力的激发:在探讨大观念的过程中,学生被鼓励提出新的观点和解决方案,这种教育方式激发了学生的创新精神和创造力,为他们未来在各个领域中的创新活动打下基础。

(7) 自我认知与自我实现的促进。大观念的课程目标通过深入的自我探索和反思，帮助学生认识自我，理解自己的兴趣、能力和潜力。这种自我认知是学生实现自我价值和潜能的关键。

(8) 社会和谐与稳定的维护。通过基于大观念的思想政治教育，学生能够更好地理解社会运作的规则和机制，从而在社会中发挥积极作用，维护社会和谐与稳定。

综上所述，基于大观念的高中思想政治课程目标对于学生的个人发展、社会参与和全球竞争力的培养具有深远的影响。这些目标不仅关系到学生个人的成长，也关系到社会的进步和国家的未来发展。通过实现这些目标，高中思想政治课程能够为学生提供一个全面、深入和有意义的学习体验，帮助他们成为具有全球视野、批判性思维和社会责任感的现代公民。高中思想政治课程的目标是多方面的，旨在为学生提供一个全面的知识体系和价值框架，帮助他们成为全面发展的社会成员。

4. 课程目标与大观念的关系

高中思想政治课程目标与大观念之间的关系是相互依存和相辅相成的。大观念作为课程目标实现的载体，为思想政治教育提供了一个宏观的框架和深层次的理论支撑，而课程目标则为大观念的具体实施提供了方向和焦点。

(1) 大观念在高中思想政治课程中扮演着核心角色，它超越了具体的知识点，提供了一个更为广阔的视角来理解和分析社会现象。这种宏观的视角有助于学生建立起对社会、政治、经济和文化等领域的全面认识，从而在更高层次上理解思想政治课程的目标。例如，大观念中的"可持续发展"不仅涉及环境问题，还关联到社会公正、经济发展和全球合作等多个维度，这要求学生在理解这一概念时，必须综合考虑多个课程目标，如环境保护意识、全球视野和社会责任感等。

(2) 大观念为思想政治课程目标的实现提供了理论基础和实践路径。

通过深入探讨大观念,学生能够将抽象的课程目标具体化,转化为可操作的学习活动和社会实践。例如,课程目标之一可能是培养学生的公民意识,而大观念如"民主参与"则提供了实现这一目标的具体途径,即通过讨论、模拟选举和社区服务等活动,让学生亲身体验和实践民主参与的过程。

(3)大观念还有助于提升思想政治课程的深度和广度。它鼓励学生不仅仅满足于记忆和理解知识点,而是要深入探究这些知识点背后的原理和联系。这种深度学习有助于学生形成批判性思维和独立思考的能力,这是实现思想政治课程目标的关键。例如,通过探讨"全球化"这一大观念,学生不仅学习到全球化的经济和文化影响,还能深入分析全球化对国家主权、文化认同和社会公正的挑战,从而在更深层次上理解和评价全球化的复杂性。

(4)大观念与课程目标的结合还有助于培养学生的终身学习能力。在不断变化的世界中,学生需要具备适应新情况、学习新知识的能力。大观念的探讨往往涉及跨学科的内容,这要求学生不断更新自己的知识体系,培养跨学科的学习能力。同时,大观念的探讨也是一个持续的过程,它鼓励学生在未来的学习和生活中持续探索和思考,这与终身学习的理念不谋而合。

高中思想政治课程目标与大观念之间的关系是密切且复杂的。大观念为课程目标提供了理论框架和实践路径,而课程目标则指导大观念的具体实施和深化。这种相互作用不仅丰富了思想政治课程的内容,也提高了教育的实效性,帮助学生在知识、能力和价值观等方面实现全面发展。

## (二)教材内容分析

### 1. 教材内容的结构

高中思想政治教材的内容结构主要分为必修和选择性必修两部分,具体如下:

(1)必修教材:共4册,分别是"中国特色社会主义""经济与社会""政治与法治"和"哲学与文化"。"中国特色社会主义"作为总览和基础,让学生对中国特色社会主义的形成和发展有总体了解。"经济与社会""政治与法治""哲学与文化"则分领域进行深入阐释,让学生具体理解如何坚持和发展中国特色社会主义。[①]

(2) 选择性必修教材:共3册,分别是"当代国际政治与经济""法律与生活"和"逻辑与思维"。这些教材重在培养学生用全球视野认识人类社会发展大势,用法律手段处理日常问题,用科学思维探索认识世界。[②]

(3) 教材结构:教材以单元为单位、相关链接、专家点评、名人名言、名词点击等5种类型。部分教材设置了体现本册特点的栏目,例如,必修4设计"阅读与思考",选择性必修3设计"示例评析"。

(4) 综合探究:必修1共有2个综合探究活动,其他各册教材每个单元有1个。通过创设丰富多样的情境,让学生采用多种形式围绕议题,综合运用相关学科知识和技能,分析问题、解决问题。

这样的结构设计旨在通过整体构建、分块安排教材内容,使学生能够系统掌握知识,同时增强教材的针对性和连贯性。

2. 教材内容的深度与广度

(1) 内容涵盖范围广。高中思想政治教材内容广泛,不仅包括中国特色社会主义、经济与社会、政治与法治、哲学与文化等必修课程,还涵盖了当代国际政治与经济、法律与生活、逻辑与思维等选择性必修课程。这些内容覆盖了政治、经济、法律、哲学等多个领域,体现了教材内容的广度。

(2) 深度阐释。在广度的基础上,教材对中国特色社会主义等核心内容进行了深入阐释,让学生从不同领域具体理解如何坚持和发展中国特色社会主义。这种分领域的深入讲解体现了教材内容的深度。

---

① 中华人民共和国教育部.普通高中思想政治课程标准(2017年版2020年修订)[S].北京:人民教育出版社,2020:10.
② 中华人民共和国教育部.普通高中思想政治课程标准(2017年版2020年修订)[S].北京:人民教育出版社,2020:10.

（3）理论与实践相结合。教材注重理论性与实践性相统一，选取与学生生活相关的案例、材料，帮助学生结合实践理解理论问题，利用理论解决实际困惑。这种结合实际的呈现方式，既拓展了教材内容的广度，也加深了学生对知识理解的深度。

（4）教学设计活动。教材通过活动与正文相互嵌套、问题情境创设、综合探究活动设计等方式，激发学生的学习兴趣，促进学生合作学习、探究学习，提高实践能力。这些活动设计不仅增加了教材内容的广度，也加深了学生对知识的深入探究。

（5）核心素养培育。教材内容围绕政治认同、科学精神、法治意识、公共参与等学科核心素养进行设计，旨在通过教学活动落实"立德树人"的根本任务。这种以核心素养为导向的教学内容设计，体现了教材内容的深度。[1]

（6）数字化教学。随着教育数字化的推进，高中思想政治教材也在探索数字赋能深度教学，通过数字技术扩充本体性知识，优化教学活动，深化学生对理论知识的认知。这种数字化教学的探索，既开拓了教学手段，也加深了教学内容的深度。

（7）教学评价。高中思想政治教学评价遵循全面性、多样化、发展性原则，全面评价学生的学习情况和教师的教学效果，这种评价机制有助于提升教材内容的广度和深度。

高中思想政治教材内容在广度上覆盖了多个学科领域，在深度上通过理论与实践的结合、教学活动设计、核心素养培育、数字化教学探索以及全面的教学评价，实现了对教材内容深度的挖掘和拓展。

3. 教材内容与大观念的关联

作为高中思想政治课教师，我们深知教材内容与大观念之间的关联对于学生理解和内化课程目标的重要性。

---

[1] 陆卫娟.核心素养下高中思想政治课有效教学探究[J].名师在线,2021(33):40—41.

在思想政治教学中，教材内容是基础，而大观念则是引领学生深入理解这些内容的灯塔。教材内容涵盖了政治、经济、文化、社会等多个领域，旨在为学生提供一个全面的知识框架。然而，这些知识点如果孤立地呈现，学生可能会感到零散和难以把握。这时，大观念的作用就显得尤为重要。

（1）大观念帮助学生建立起对教材内容的整体性理解。通过将教材中的知识点与大观念相联系，学生能够看到这些知识点是如何相互关联、共同构成一个有机整体的。例如，当我们讨论"社会主义核心价值观"时，不仅仅是记忆几个概念，而是要让学生理解这些价值观如何体现在我们的社会制度、法律规范和日常生活之中。

（2）大观念能够激发学生的深层次思考。在教学过程中，我经常引导学生探讨如"公平与效率""个人与集体"等大观念，这些探讨促使学生不仅仅停留在教材的表面，而是深入挖掘背后的哲学和伦理问题，从而培养他们的批判性思维。

（3）大观念还有助于学生将理论知识与现实生活相联系。通过将教材内容与当前的社会现象、时事政治等大观念相结合，学生能够更好地理解理论知识的实际意义和应用价值。这种联系不仅增强了学生的学习兴趣，也提高了他们分析和解决现实问题的能力。

（4）在教学实践中，我还发现大观念对于培养学生的道德情感和社会责任感具有重要作用。通过探讨"社会公正""环境保护"等大观念，学生能够更加深刻地认识到作为公民的责任和义务，从而在情感和行为上产生积极的变化。

（5）大观念还为学生提供了一个广阔的视野。在全球化的背景下，学生需要具备国际视野，理解不同文化和社会背景下的问题。通过引入"全球化""国际合作"等大观念，学生能够超越国界，理解中国与世界的关系，培养他们的全球公民意识。

总之，高中思想政治学科教材内容与大观念的关联是多维度的，旨在通过大观念的引领,实现教材内容的深度整合和学生核心素养的有效培育。教材内容与大观念的关联是高中思想政治教学中不可或缺的一部分。作为教师,我们将继续探索如何将大观念更有效地融入教学中,以帮助学生建立起对教材内容的深刻理解和批判性思考,培养他们成为具有社会责任感和国际视野的现代公民。

### (三) 课程目标与教材内容的整合

课程目标与教材内容的整合不仅关系到教学效果,更是实现教育目的的关键。

1. 课程目标的实现依赖于教材内容的支撑

高中思想政治课程的目标是培养学生的政治认同、家国情怀、法治意识、道德修养和文化素养。[①]这些目标的实现,需要依托于精心设计的教材内容。教材内容作为课程目标实现的载体,必须与课程目标紧密对应,确保学生能够在学习过程中逐步达成这些目标。

2. 教材内容的深度与广度应与课程目标相匹配

教材内容的选择和编排需要考虑到课程目标的深度与广度。例如,为了培养学生的政治认同,教材内容应涵盖国家的基本政治制度、政治理念和历史发展,使学生能够理解并认同国家的政治方向。同时,教材还应包含对国家重大政策和发展战略的介绍,以增强学生的国家意识和时代责任感。

3. 课程目标与教材内容整合的六个注意事项

(1) 整合应注重理论与实践的结合

思想政治课程的目标不仅在于传授知识,更在于引导学生将理论知识

---

① 中华人民共和国教育部.普通高中思想政治课程标准(2017 年版 2020 年修订)[S].北京:人民教育出版社,2020:6—7.

应用于实践。①因此,教材内容的整合需要注重理论与实践的结合,通过案例分析、讨论和实践活动等方式,使学生能够在实际操作中深化对理论知识的理解和应用。

(2)整合应促进学生批判性思维的发展

课程目标之一是培养学生的批判性思维能力。教材内容的整合应鼓励学生对所学知识进行质疑和反思,而不仅仅是被动接受。这要求教材内容不仅要提供事实和观点,还要提供不同视角和论据,激发学生的思考和讨论。

(3)整合应强化学生的情感体验和价值认同

思想政治课程的目标还包括培养学生的情感体验和价值认同。教材内容的整合应通过故事、历史事件和现实生活中的案例,触动学生的情感,引导他们形成正确的价值判断和道德选择。

(4)整合应适应时代发展和学生需求的变化

随着时代的发展和社会的变化,课程目标和教材内容都需要不断更新和调整。整合工作应紧跟时代步伐,反映最新的社会动态和学术成果,同时考虑到学生的兴趣和需求,使教材内容更加贴近学生的实际生活。

(5)整合应促进跨学科知识的融合

思想政治课程的目标之一是培养学生的综合素养。教材内容的整合应促进跨学科知识的融合,如将历史、文化、经济、法律等学科知识与思想政治教育相结合,帮助学生建立全面的知识体系。

(6)整合应关注学生的个性化发展

每个学生都有自己独特的学习风格和兴趣点。教材内容的整合应关注学生的个性化发展,提供多样化的学习资源和活动,使学生能够在学习过程中发现自己的兴趣,发挥自己的潜能。

---

① 董扬.新时代思政课思想性、理论性、亲和力与针对性的提升路径[J].高校马克思主义理论研究,2024,10(1):192—200.

总之，高中思想政治课程目标与教材内容的整合是一项复杂而细致的工作，它要求教师不仅要深刻理解课程目标，还要精心设计和选择教材内容，以确保学生能够在学习过程中实现课程目标，形成全面的知识结构和深厚的人文素养。

通过上述方式，高中思想政治课课程目标与教材内容实现了有效整合，旨在培养学生的政治认同、科学精神、法治意识和公共参与等核心素养，逐步树立共产主义远大理想和中国特色社会主义共同理想。

# 第二章　高中思想政治大观念提炼的方法论

## 一、整体审视单元内容

高中思想政治课程旨在培养学生的思想政治素养,帮助学生形成正确的世界观、人生观和价值观。整体审视单元内容,可以从以下几个方面入手。

### (一) 理解单元主题

1. 把握单元主题的核心地位

每个单元都有一个核心主题,这通常是课程标准中明确提出的大观念的具体体现。例如,在"中国特色社会主义"模块中,单元主题围绕"中国特色社会主义"的大观念,旨在帮助学生理解这一理论逻辑、历史逻辑和实践逻辑的统一。[1]

2. 分析单元内容的结构化

教师必须站在政治学科整体的高度重新审视教材内容,用大观念重新建构教材知识体系,形成有意义关联的结构化知识整体。这意味着要将单元内容解构成若干教学单元,每个单元都服务于落实大观念教学。[2]

---

[1] 中华人民共和国教育部.普通高中思想政治课程标准(2017年版2020年修订)[S].北京:人民教育出版社,2020:11—14.
[2] 何春燕.基于政治学科大概念的单元教学设计[J].新一代(理论版),2021(18):94—95.

3. 明确单元主题的教学要求

这要求教师解读政治学科课程标准，明确大观念的教学要求，把握大概念的教学容量，并结合学生的学习实际，设计大概念的教学进阶，形成大概念的教学脉络。

4. 构建单元与框题之间的联系

在实际教学过程中，需要注重构建起大单元与小框题之间的关联关系，让学生对知识体系形成直观的认识，提高学生对于理论知识的理解。

5. 提炼单元教学主题，精准定位教学主线

教师在细致分析每个单元的具体内容后，要从整体角度进行教学设计，帮助学生树立正确的政治观念，使其获得人格的全面发展。

6. 设计基于大观念的单元教学目标

系统规划进阶式的单元教学目标，基于大观念的逻辑体系和教学内容的特点对单元教学的核心目标要求进行分解和细化。

7. 建立在大观念基础上的单元教学结构

指向政治学科大观念的单元教学评价主要关注对大观念核心思想的理解和应用，即学习之后形成的政治学科思想。

通过上述方法，能够让单元主题不仅是教学的起点，也是贯穿整个教学过程的核心，从而有效地推动大观念教学的实施。

## （二）分析单元内容结构

分析单元内容结构是围绕大观念教学的核心环节，它要求我们从宏观和微观两个层面对单元内容进行深入剖析。以下是我们的一些做法。

1. 宏观角度的分析

首先，从整体上把握单元内容，理解每个单元在整个课程体系中的地位和作用。

2. 微观角度的逻辑结构分析

其次，教师要细致分析单元内部的逻辑结构，识别出支撑单元主题的关

键概念和知识点。

3. 内容结构的深入分析

进一步深入到单元的具体内容，分析其结构和逻辑非常必要。

4. 单元内容与大观念的关联分析

将单元内容与大观念紧密关联，确保教学活动能够准确反映和深化这些大观念。

5. 单元内容的整合性分析

审视单元内容的整合性，确保各个部分之间相互关联，共同支撑起大观念的教学。[1]

通过上述分析，能够确保在高中思政课中，单元内容结构的分析不仅有助于学生系统地掌握知识，而且能够深化对大观念的理解，从而有效地推动思想政治素养的培养。

## （三）联系学生实际

将单元内容与学生的生活实际和认知水平紧密结合，通过引入学生熟悉的案例和情境，使学生能够更好地理解和吸收单元知识，从而提高教学的实效性和针对性。

基于大观念教学，联系学生实际，整体审视单元内容，需要从以下几个维度进行：

1. 明确单元主题与学生实际的关联。首先，深入理解每个单元的核心主题，并探索这些主题与学生生活经验之间的联系。

2. 整合单元知识，构建大观念辐射框架。以课程标准为框架，对教学内容进行整合、延伸与拓展，实现大观念与单元教学之间的深度融合，完善学生知识结构体系。

---

[1] 刘喜如.基于政治学科"大概念"的单元教学设计[J]. 福建基础教育研究，2020(4)：84—87.

3. 创设真实情境，引领学生思考探究。在确定教学目标的基础上，教师创设相应的教学情境，在问题引领下引导学生积极思考、主动探究、分析解决，从而实现学生的深度学习。例如，通过模拟选举活动，让学生亲身体验民主决策过程，加深对"人民当家作主"的理解。

4. 巧妙设计问题，驱动学生分析解决。围绕高中政治教材中所讲解的课程知识点，设计问题，促使学生在发现问题、分析问题和解决问题中构建知识体系，落实教学目标。

5. 强化教育内容需求化，契合青年期待的视野。将思想政治教育内容生活化、人文化、时代化，使其贴近青年学生生活，充满人文关怀和情感特质，且能紧跟时代步伐、紧握时代脉搏、反映时代要求。

6. 实践思政，提升理论的实际应用能力。通过丰富和生动的实践，让学生在情境中应用思想政治课堂所学理论知识，更好地体验、理解和深化理论内容的实际意义，从而做到学以致用。

凭借上述方法，有利于在高中思政课中，单元内容的审视不仅有助于学生系统地掌握知识，而且能够深化对大观念的理解，从而有效地推动思想政治素养的培养。

## （四）整合时代背景

将单元内容与当前的社会背景和时代要求相联系，使学生能够从历史和现实的视角理解单元知识，增强学生的社会责任感和历史使命感，培养他们的时代意识和国际视野。基于大观念教学，整合时代背景，整体审视单元内容，需要考虑几个维度。

1. 把握新时代要求

首先，我们要坚持以习近平新时代中国特色社会主义思想为指导，将"四个自信"教育融入课程目标、课程设置和课程教材内容中，实现全覆盖，贯穿全过程。

#### 2. 推进一体化建设

建立纵向各学段层层递进、横向各课程密切配合的课程教材体系,实现课程目标、课程设置、课程教材内容的有效贯通。

#### 3. 突出创新性

完善课程教材建设机制,优化教材内容,创新教学方法,推动思政课在改进中加强、在创新中提高。

#### 4. 增强针对性

遵循思想政治工作规律、教书育人规律、学生成长规律,编写适合本校学生特点的校本教材,进一步增强思政课的思想性、理论性和亲和力、针对性。

#### 5. 注重统筹性

总体推进,分类指导,分步实施,积极稳妥地做好各项工作。

#### 6. 聚焦核心素养,科学设计单元目标

基于高中政治学科,明确核心素养内涵,优化设计单元目标,为大单元教学活动的高效化落实奠基。

#### 7. 整合单元内容,构建大概念辐射框架

在明确单元内涵的基础上,调整优化政治教材内容,以课程标准为框架,对教学内容进行整合、延伸与拓展,实现大概念和单元教学之间的深度融合,完善学生知识结构体系。

#### 8. 创设真实情境,引领学生思考探究

通过创设与时代背景紧密相关的教学情境,引领学生在思考探究中深化对政治知识的理解,培养学生的知识迁移能力和知识应用能力。

#### 9. 巧妙设计问题,驱动学生分析解决

围绕高中政治教材中所讲解的课程知识点,设计时代性强的问题,促使学生在发现问题、分析问题和解决问题中构建知识体系,落实教学目标。

通过上述方法,我们发现在高中思政课中,单元内容的审视不仅有助于

学生系统地掌握知识,而且能够深化对大观念的理解,从而有效地推动思想政治素养的培养。

### (五) 跨学科融合

在单元教学中融入跨学科的元素,如语文、历史、地理等,拓宽学生的视野,促进学生的综合素质发展,使学生能够从多学科的角度理解和分析问题。

1. 构建跨学科知识体系

在大观念视域下,高中思政跨学科单元融合要求我们以学科核心素养为目标,运用整体性和系统性思维对单元学习内容进行有逻辑联系的整合和组织。这意味着,我们需要将政治学科的大概念与其他学科的知识点进行有效对接,形成跨学科的知识体系。

2. 整合学科资源

我们可以借助跨学科整合的方法,把相关学科知识及校内外的教育资源融入高中思政课程教学,丰富教学内容,提高教学质量,拓宽学生的视野,提高学生的学科综合能力。

3. 设计项目驱动活动

通过整合学科资源、设计项目驱动活动、开展研训活动等策略,实施高中思政课程跨学科整合。这样的活动可以让学生在实践中体验不同学科的交叉融合,增强其解决实际问题的能力。

4. 强化学科交叉的应用

在思想政治教育创新发展中,学科交叉视野下的特点包括社会治理、国家治理、社会动员等多个方面,这些都是我们可以在思政课中整合的跨学科内容。[①]

5. 注重人文本性的内涵发展

在思想政治教育中,我们应更加凸显人文底色,挖掘其人文精神内涵,

---

① 冯刚,曾永平.学科交叉视野下思想政治教育创新发展的特点与趋势:基于 2017 年学科交叉与思想政治教育研究成果的分析[J].思想政治教育研究,2018,34(1):18—23.

提升其人文价值,真正把思想政治教育看成是一项塑造人、完善人、发展人的精神实践活动。①

6. 与信息技术融合发展

在新时代背景下,思想政治教育应更加注重与信息技术的融合发展,利用大数据、新媒体和各种网络媒介对思想政治教育的重要作用。

7. 借助多学科方法手段综合发展

思想政治教育综合发展体现为教育者用系统化、综合化的思想政治教育理论体系以全员、全过程、全方位的理念整体促进教育对象的全面发展的过程。②

通过上述方法,我们发现在高中思政课中,单元内容的审视不仅有助于学生系统地掌握知识,而且能够深化对大观念的理解,从而有效地推动思想政治素养的培养。

## (六) 设计教学活动

在高中思想政治课程中,基于整体审视单元内容的基础上设计教学活动,需要教师具备深度和高度兼具的教学视野,以确保教学活动既能够反映单元的核心内容,又能够激发学生的学习兴趣和参与热情。

1. 明确教学目标与大观念

首先,教师需要明确每个单元的教学目标,并与大观念相对应。例如,如果单元内容涉及法治,那么对应的大观念可能是法治精神。教学目标可以是让学生理解法治的重要性,以及它在社会中的作用。

2. 构建知识框架

在明确了教学目标和大观念后,教师应构建一个知识框架,将单元内容

---

① 张静.深化"人文化成"理念 丰富思政教育内涵[N].新华日报,2024-11-01(15).
② 何昭水,谭北海,谢侃,等.三全育人背景下信息学科课程思政"六位一体三提升"教学实践探索[J].高等工程教育研究,2023(6):82—86.

组织成有逻辑、有层次的结构。这个框架应该包括单元的核心概念、关键问题和主要案例,以便于学生系统地理解和掌握。

3. 组织互动式讨论

组织互动式讨论是促进学生深入理解大观念的有效方法。教师可以提出一些开放性问题,如"法治精神如何影响我们的日常生活?"鼓励学生从不同角度进行思考和讨论,从而深化对大观念的理解。

4. 案例分析与角色扮演

通过案例分析和角色扮演活动,学生可以更直观地理解大观念在现实中的应用。例如,在探讨"环境保护"时,可以让学生分析具体的环境案例,并扮演不同的社会角色,如政府官员、企业代表和普通公民,讨论如何平衡经济发展与环境保护。

5. 项目式学习

项目式学习是一种让学生在实践中学习的教学方法。教师可以设计一些与单元内容相关的项目,如模拟联合国会议,让学生围绕国际热点问题进行研究和讨论,从而培养他们的全球视野和批判性思维。

6. 反思与总结

教学活动的最后,教师应引导学生进行反思和总结。这可以通过写作、小组讨论或个人演讲的形式进行。反思和总结有助于学生巩固学习成果,并将大观念内化为自己的知识和信念。

7. 跨学科整合

思想政治课程的教学活动不应局限于单一学科。教师可以整合历史、地理、经济等学科的知识,设计跨学科的教学活动,以拓宽学生的知识视野,增强他们对大观念的全面理解。

8. 利用现代技术

现代技术,如互联网、多媒体和社交媒体等,为思想政治课程的教学活动提供了新的可能性。教师可以利用这些工具,如在线讨论平台、视频资料和模拟软件,使教学活动更加生动和有效。

9. 关注学生个体差异

在设计教学活动时,教师需要关注学生的个体差异,包括他们的兴趣、能力和学习风格。通过差异化教学,教师可以确保每个学生都能在教学活动中找到适合自己的学习路径。

通过上述策略,教师可以在整体审视单元内容的基础上,设计出既具有深度又具有高度的教学活动,有效地促进学生对思想政治课程大观念的理解和掌握。

## (七) 反思与调整

在教学过程中不断反思和总结,根据学生的学习反馈和教学效果,及时调整教学策略和教学内容,以确保教学活动始终围绕培养学生的思想政治素养这一核心目标进行。

在高中思想政治课程中,基于整体审视单元内容的基础上进行反思与调整,是一个动态的、持续的过程,它要求教师不断地评估教学效果,根据学生的反馈和学习成果进行教学策略的优化。以下是进行反思与调整的一些策略:

1. 反思教学目标与大观念的对应

首先,教师需要反思教学目标是否与大观念紧密对应。这涉及对教学目标的重新审视,确保它们不仅覆盖了知识点,而且能够引导学生深入理解并实践大观念。如果发现目标设置有偏差,应及时调整,使之更加符合课程的核心要求。

2. 分析教学内容的深度与广度

教师应反思教学内容是否具有足够的深度和广度,是否能够全面覆盖单元的核心主题。这可能涉及对教学材料的重新组织,增加或减少某些内容,以确保学生能够从多个角度理解大观念。

3. 评估教学方法的有效性

教学方法的选择对于学生的学习效果至关重要。教师需要反思所采用的教学方法是否能够激发学生的兴趣,是否能够促进学生的主动学习和深入思考。如果发现某些方法效果不佳,应考虑引入新的教学策略,如案例教学、讨论式学习、角色扮演等。

4. 考察学生参与度

学生的参与度是衡量教学效果的重要指标。教师应反思学生在课堂上的参与情况,包括他们的讨论、提问和反馈。如果学生参与度不高,可能需要调整教学节奏,增加互动环节,或者改变教学内容的呈现方式。

5. 反思评价体系的合理性

评价体系是教学过程中的重要组成部分。[1]教师需要反思现有的评价体系是否能够全面、公正地评价学生的学习成果,是否能够准确反映学生对大观念的理解和应用。如果评价体系存在不足,应考虑引入多元化的评价方法,如自我评价、同伴评价、项目评价等。

6. 考虑学生个体差异

每个学生的学习风格和能力都有所不同。教师应反思如何根据学生的个体差异进行教学调整,以满足不同学生的需求。这可能涉及对教学内容的个性化调整,或者提供不同层次的学习材料。

7. 利用反馈进行教学改进

教师应积极收集学生的反馈,包括正式的评价和非正式的讨论。这些反馈可以提供宝贵的信息,帮助教师了解教学中的优点和不足。教师应根据这些反馈进行教学内容和方法的调整,以提高教学效果。

8. 持续的专业发展

教师自身的专业发展对于教学改进至关重要。教师应反思自己的教

---

[1] 中华人民共和国教育部.普通高中思想政治课程标准(2017年版 2020年修订)[S].北京:人民教育出版社,2020:41—42.

学实践,参与专业培训,学习新的教学理念和方法,以不断提升自己的教学能力。

9. 构建开放的教学文化

最后,教师应努力构建一个开放的教学文化氛围,鼓励学生提出问题和建议,鼓励同事之间的交流和合作。这种文化氛围可以促进教学实践的不断创新和改进。

通过上述策略,教师可以在整体审视单元内容的基础上,进行深入的反思和有效的调整,以提高教学效果,促进学生对思想政治课程大观念的深入理解和实践应用。[①]

## 二、构建知识层级结构

构建高中思想政治课程的知识层级结构是一项系统而复杂的工作,它要求教师不仅要深刻理解课程内容,还要能够洞察学生的认知发展规律,以及将理论与现实紧密结合。以下是构建知识层级结构的详细步骤和方法,旨在提供一个深入和全面的视角。

### (一) 构建知识层级结构的步骤

1. 确定课程目标与大观念

首先,教师需要根据课程标准和教学大纲确定课程的总体目标,并从中提炼出核心大观念。这些大观念将成为知识层级结构的顶层,指导整个教学过程。

2. 从宏观到微观分解大观念

将大观念分解为中观和微观层面的概念和主题。例如,从"社会主义核

---

① 邵朝友,韩文杰,张雨强.试论以大观念为中心的单元设计:基于两种单元设计思路的考察[J]. 全球教育展望,2019,48(6):74—83.

心价值观"这一大观念出发,可以分解为"富强、民主、文明、和谐"等中观层面的价值目标,再进一步分解为"经济发展""政治参与""文化传承"等微观层面的具体议题。

3. 构建知识层级框架

在确定了大观念及其分解后,构建一个知识层级框架,将不同层次的概念和主题按照逻辑关系组织起来。这个框架应该清晰地展示从宏观到微观的知识流动和深化过程。

4. 确定知识点和能力点

在每个微观层面,确定具体的知识点和能力点。知识点是指学生需要掌握的具体事实、概念和原理;能力点则是指学生需要培养的关键能力,如批判性思维、问题解决、决策制定等。

5. 设计教学活动和评估方式

针对每个知识点和能力点,设计相应的教学活动和评估方式。教学活动应旨在促进学生对知识点的深入理解,并培养相应的能力。评估方式则应能够准确测量学生对知识点的掌握程度和能力的发展水平。

6. 整合跨学科内容

在构建知识层级结构时,考虑跨学科的整合。例如,将历史、地理、经济等学科的相关内容与思想政治课程的大观念相结合,以丰富学生的学习体验,并促进知识的综合应用。

7. 考虑学生的认知发展

在构建知识层级结构时,考虑学生的认知发展阶段。不同年龄和认知水平的学生对知识的理解和吸收能力不同,因此,知识层级结构应适应学生的发展需要。

8. 反馈与调整

在实施教学活动后,收集学生的反馈和学习成果,对知识层级结构进行评估和调整。这一步骤是持续的,确保知识层级结构能够适应不断变化的教学需求和学生特点。①

### (二) 构建知识层级结构的方法

1. 主题教学法

以大观念为核心,围绕主题组织教学内容和活动。这种方法有助于学生从整体上理解大观念,并在不同主题中看到大观念的具体体现。

2. 问题导向学习

以问题为导向,鼓励学生探索和解决与大观念相关的问题。这种方法能够激发学生的好奇心和探究欲,促进深度学习。

3. 案例研究

通过分析具体案例,让学生理解大观念在现实中的应用。案例研究有助于学生将理论与实践相结合,提高分析和解决问题的能力。

4. 讨论与辩论

通过讨论和辩论,让学生从不同角度审视大观念,培养批判性思维和沟通能力。

5. 项目式学习

通过项目式学习,让学生在实践中应用大观念,解决实际问题。这种方法有助于学生发展综合应用知识和创新思维的能力。

6. 反思性学习

鼓励学生进行反思性学习,思考自己的学习过程和成果,以及大观念对自己的影响。这种方法有助于学生形成自我导向的学习习惯。

### (三) 构建知识层级结构的挑战与对策

1. 教师专业发展

教师需要不断更新自己的专业知识和教学技能,以适应构建知识层级

---

① 盛慧晓.大观念与基于大观念的课程建构[J].当代教育科学,2015(18):27—31.

结构的要求。学校和教育部门应提供专业发展机会,如研讨会、工作坊和在线课程。

2. 学生差异

学生在学习背景、认知风格和兴趣方面存在差异。教师需要设计差异化的教学活动,以满足不同学生的需求。

3. 资源限制

学校可能面临资源限制,如资金、设施和人员。教师需要创造性地利用现有资源,或寻求外部支持,以克服这些限制。

4. 评估挑战

传统的评估方法可能无法全面反映学生对大观念的理解和应用。教师需要开发新的评估工具和方法,如电子档案袋、自我评估和同伴评估[①]。

### (四) 构建知识层级结构的长远影响

构建知识层级结构不仅有助于提高学生的学术成绩,还能促进他们的全面发展。学生将能够更好地理解复杂的社会现象,形成独立的思考和判断能力,成为负责任的公民。[②]

通过上述步骤和方法,高中思想政治课程可以构建一个有深度、有高度的知识层级结构,为学生的终身学习和社会发展打下坚实的基础。

## 三、大观念提炼的方法

在高中思想政治教育中,大观念的提炼是一个复杂而细致的过程,它要

---

① 陈泽璇,胡可欣,焦建利.从"以评辅教"到"以评为学":同伴互评研究回顾与展望[J].开放教育研究,2023,29(5):64—73.
② 刘徽."大概念"视角下的单元整体教学构型:兼论素养导向的课堂变革[J].教育研究,2020,41(6):64—77.

求教师深入挖掘课程内容，引导学生形成深刻的认知和理解。以下是作者总结长期以来教学经验的基础上得出的一套高中思想政治大观念提炼方法，这些方法旨在帮助学生从课程内容中抽象出核心观念，形成系统化的知识结构。

在高中思想政治教学中，大观念是指那些能够贯穿整个学科、具有深远影响和指导意义的核心概念。它们不仅是学科知识体系的骨架，也是学生形成正确世界观、人生观和价值观的基础。提炼大观念的过程，就是从具体的知识点中抽象出这些核心观念，帮助学生建立起对学科内容的深层次理解和整体性认识。

### （一）主题聚焦法

1. 识别主题

主题聚焦法的第一步是识别出课程中的核心主题。这些主题通常是课程标准和 7 本教材中强调的，例如，针对文化与哲学的关系，课标学业质量水平是这样要求的：在积极开展国际文化交往的过程中，对如何继承中华优秀传统文化和革命文化、发展中国特色社会主义文化等议题，发表持之有故、言之成理的见解，并提出可行的建议；顺应各种思想文化交流交融交锋的态势，在全球视野下表现文化理解力和传播力，对创造性转化与创新性发展中华优秀传统文化、坚持中国特色社会主义文化发展道路发表见解。[①]

必修 4 教材"哲学与文化"（2019 年 12 月第一版）第 86 页第三单元序言中的第一句话是这样描述的："哲学是文化的活的灵魂"，这个主题式的大观念看似简单，但其至少包含了两个非常重要的问题：第一，文化的相关内容为何会编入必修 4；第二，回答了哲学与文化的关系，起统领整个单元的作用。教师只有在深入研究课程内容的基础上，才能识别出这些核心主题，并

---

① 中华人民共和国教育部.普通高中思想政治课程标准(2017 年版 2020 年修订)[S].北京：人民教育出版社，2020：39—40.

将其作为提炼大观念的起点。

2. 内容整合

本单元由七、八、九共三课构成,第七课以时间为纵轴,强调对中华优秀传统文化的继承与发展,主要借助的途径是对优秀传统文化的创造性转化、创新性发展。第八课从空间的维度凸显文化的民族性与多样性,我们应该学习借鉴外来文化;无论对待中华优秀传统文化还是外来文化,都应坚持辩证法"扬弃"的观点。第九课是本单元的落脚点,我们必须坚持以马克思主义为指导,坚守中华文化立场,构筑中国精神、中国价值,建设文化强国,坚定文化自信。总之,哲学是文化的活的灵魂。

在识别出核心主题后,教师需要将与这些主题相关的知识点进行整合。这包括对教材内容的细致梳理,将知识点按照主题、子主题进行分类,并识别各个知识点之间的内在联系。这一步骤的目的是构建起一个相互关联的知识网络,为提炼大观念打下基础。

仍然以"哲学是文化的活的灵魂"为例:

哲学是文化的活的灵魂——文化传承与文化创新 { 继承发展中华优秀传统文化 / 学习借鉴外来文化的有益成果 / 发展中国特色社会主义文化
  （主题）　　　　　　　　（子主题）

经过上述分类,子主题中的"传承"与"创新"、"继承"与"发展"、"借鉴"、"发展"都蕴含着一个统一的哲学思想即"辩证的否定",由此大观念"扬弃"是文化的活的灵魂被提炼出来。

3. 深入探讨

通过课堂讨论和案例分析,引导学生深入探讨这些核心主题。在这一过程中,教师可以提出一些引导性的问题,如"这个主题为什么重要?""这个主题与其他知识点有什么联系?"等,帮助学生从不同角度思考问题,理解其背后的大观念所蕴含的精华实质。

## (二) 历史脉络法

1. 历史回顾

历史脉络法的第一步是通过历史事件和人物的介绍，让学生了解大观念的历史背景。教师可以选取与思想政治教育相关的重大历史事件，如"家庭联产承包责任制"，让学生了解这些事件背后的大观念是如何形成的。

2. 时代变迁

在历史回顾的基础上，教师需要分析大观念随时间的演变，理解其在不同历史时期的表现形式。这一步骤的目的是让学生认识到大观念不是一成不变的，而是随着社会的发展而不断演变的。通过对比不同时期的大观念，学生可以更深刻地理解其内涵和价值。

在高中思想政治课程中，探讨家庭联产承包责任制这一大观念的演变，是帮助学生理解中国农村经济体制改革的重要途径。通过历史回顾与分析，我们可以揭示这一制度如何随着社会的发展而演变，并在不同历史时期展现出不同的特点。

第一阶段，家庭联产承包责任制的历史背景与初步实施

家庭联产承包责任制起源于20世纪80年代初期，是中国农村改革的重要标志。安徽省凤阳县小岗村的18位农民率先实行"包产到户"，这一创新实践很快被推广至全国，成为家庭联产承包责任制的起点。这一制度的实施，打破了人民公社体制下的土地集体所有、集体经营模式，实现了土地集体所有权与经营权的分离，确立了以家庭为单位的承包经营新型农业耕作模式。[1]

第二阶段，家庭联产承包责任制的演变与发展

随着时间的推移，家庭联产承包责任制也在不断发展和完善。1982年，中共中央批转《全国农村工作会议纪要》，肯定了各种责任制的社会主义

---

[1] 张甜甜,张锋.家庭联产承包责任制的历史思考[J].农村经济与科技,2021,32(19):23—24,59.

性质。到了1991年,中共十三届八中全会进一步明确将家庭联产承包责任制作为乡村集体经济组织的基本制度长期稳定下来,并不断充实完善。这一制度的演变体现了中国农村经济体制改革的深化,从最初的探索到最终的制度化,展现了中国农村改革的逐步成熟。

第三阶段,家庭联产承包责任制的现代意义

土地承包经营权人自主决定依法采取出租、入股或者其他方式向他人流转土地经营权,是一种保留土地承包权,转让土地使用权的制度安排。

家庭联产承包责任制不仅改变了农村经济格局,还为中国农民脱贫起到了重要作用。它调动了农民的生产积极性,推动了农业生产的快速发展,极大改变了中国农业生产和农民生活。这一制度的实施,使农民获得了充分的经营自主权,劳动与收入直接联系起来,提高了生产效率。同时,它也促进了农业生产结构的调整,为非农产业特别是乡镇企业的发展开辟了更广阔的道路。

3. 现实联系

将历史脉络与现实问题相联系,提炼出具有时代意义的大观念。教师可以引导学生探讨当前社会中的热点问题如"三权分置""土地流转",分析这些问题背后的大观念,并讨论如何在现实生活中践行这些观念。[1]

必修2教材(2019年8月第一版)第10页中有这样的描述,"毫不动摇巩固和发展公有制经济,必须发展壮大农村集体经济""发展壮大农村集体经济,要巩固农村基本经营制度,深化农村制度土地和集体产权制度改革,保障农民财产权益""发展壮大农村集体经济,要发展多种形式适度规模经营,培育新型农业经营主体,健全农业社会化服务体系,建立符合市场经济要求的集体经济运行机制"。摒弃知识的堆砌与讲解,教师需要引导学生从历史脉络的维度,结合新时代的实际情况,提炼出其中的大观念。

---

① 刘守英.农村土地制度改革:从家庭联产承包责任制到三权分置[J].经济研究,2022,57(2):18—26.

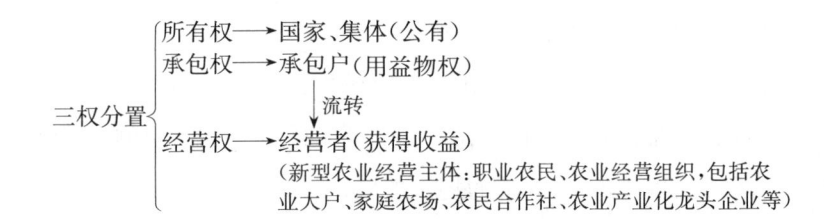

```
            ┌ 所有权 ── 国家、集体（公有）
            │ 承包权 ── 承包户（用益物权）
三权分置 ┤              ↓ 流转
            │ 经营权 ── 经营者（获得收益）
            └        （新型农业经营主体：职业农民、农业经营组织，包括农
                     业大户、家庭农场、农民合作社、农业产业化龙头企业等）
```

土地承包经营权人自主决定依法采取出租、入股或者其他方式向他人流转土地经营权，是一种保留土地承包权，转让土地使用权的制度安排，这有利于规模化、农场化经营从而推动农业现代化，提高土地利用效率，促进农业的高质量发展，增加农民收入。

通过分析家庭联产承包责任制的演变，教师可以引导学生认识到大观念不是一成不变的，而是随着社会的发展而不断演变的。学生可以通过对比不同时期的大观念，更深刻地理解其内涵和价值，从而培养他们的政治认同、科学精神、法治意识和公共参与等核心素养。

### （三）比较分析法

#### 1. 跨文化比较

比较分析法的第一步是跨文化比较。教师可以选取不同文化和社会中对同一大观念的理解和实践，让学生了解大观念的多样性和普遍性。通过比较不同文化中的大观念，学生可以更全面地理解其内涵和价值。以下是对国家政体这一大观念进行跨文化比较的分析。

政体是指国家政权的组织形式，它规定了国家权力的分配和运行方式。根据不同的政治学理论，政体可以分为君主制、共和制、民主制、专制等类型。每种政体都有其特定的历史背景、文化传统和社会结构，这些因素共同塑造了政体的特点和运作方式。

君主制的跨文化比较。君主制是一种古老的政体形式，其核心特征是统治权集中在一个家族或个人手中。在不同文化中，君主制的表现形式各异。例如,英国的君主立宪制,君主作为国家象征,实际权力有限,国家治理依赖于议会和首相;而中东一些国家的君主制则保留了更多的传统权力,君主在政治、经济和社会生活中扮演着更为重要的角色。①通过比较这些不同文化中的君主制,学生可以了解到君主制的多样性,以及它如何适应不同社会的需求。

共和制的跨文化比较。共和制是一种现代政体形式,强调权力属于人民,国家元首通常由选举产生。美国的总统共和制是一个典型例子,总统既是国家元首也是政府首脑,权力受到宪法和国会的制约;而法国的半总统共和制则在总统和总理之间分配权力,形成了独特的双头政治。②通过比较这些共和制国家,学生可以认识到共和制在不同文化中的实践差异,以及它们如何平衡权力与责任。

民主制的跨文化比较。民主制是现代政治体系中最为广泛接受的政体形式之一,其核心是人民通过选举等方式参与政治决策。北欧国家的民主制以其高福利和广泛的社会参与而闻名;而印度作为一个人口众多的发展中国家,其民主制则面临着如何实现有效治理和社会公正的挑战。通过比较这些国家的民主实践,学生可以了解到民主制在不同社会和文化背景下的运作方式,以及它们如何应对不同的社会问题。

专制政体的跨文化比较。专制政体是指权力高度集中,缺乏有效制衡的政治体系。在历史上,不同文化中都出现过专制政体,如古代中国的帝制、欧洲的绝对君主制等。在现代,一些国家虽然名义上实行共和制,但实际上权力高度集中,缺乏民主参与。通过比较这些专制政体,学生可以了解到专制政体的特点和局限,以及它们对社会和经济发展的影响。

政体与文化的关系。政体的形成和发展与其所处的文化环境密切相关。例如,儒家文化强调社会和谐与秩序,这在一定程度上影响了东亚国家

---

① 胡雨."阿拉伯之春"与中东君主制国家政治稳定[J].国际论坛,2014,16(2):63—70.
② 程顺.美国总统制与法国半总统制比较分析[J].学理论,2015(7):67—68.

政体的形成和发展;①而西方的启蒙思想则强调个人自由和民主参与,这在西方政体的发展中起到了重要作用。通过探讨政体与文化的关系,学生可以更深入地理解政体背后的文化逻辑和社会基础。

政体的普遍性与多样性。尽管不同文化和社会中的政体形式各异,但它们在追求社会稳定、经济发展和人民福祉方面有着共同的目标。这种普遍性体现了人类对良好治理的普遍需求。同时,政体的多样性则体现了不同社会根据自身特点和需求对政体的创新和适应。通过比较分析,学生可以认识到政体的普遍性和多样性,并理解不同政体对社会发展的影响。

在全球化的背景下,国家间的交流和合作日益频繁,对不同政体的理解和尊重变得尤为重要。通过跨文化比较政体,学生可以培养出更加开放和包容的世界观,学会从多元的视角看待政治问题,这对于他们成为具有国际视野的公民具有重要意义。

通过跨文化比较分析国家政体这一大观念,高中思想政治课程能够帮助学生建立起对政体多样性和普遍性的认识。这种比较不仅能够加深学生对政体理论的理解,还能够培养他们的批判性思维和跨文化理解能力。通过这样的教学,学生能够更好地理解不同文化和社会中的政体实践,以及它们对全球政治格局的影响,为他们未来在多元化世界中的生活和工作打下坚实的基础。

2. 案例对比

通过具体案例的对比分析,揭示大观念在不同情境下的应用。教师可以选取与思想政治教育相关的案例,如不同国家的法律制度、社会政策等,让学生分析这些案例背后的大观念,并讨论其在不同情境下的表现和影响。

在高中思想政治课程中,探讨劳动者权益保护的大观念,并通过具体案

---

① 王正绪,游宇.经济发展与民主政治:东亚儒家社会的公民价值观念的链接[J].开放时代,2012(6):98—115.

例的对比分析,有助于学生深入理解劳动者权益保护在不同社会和文化背景下的实践和影响。以下是一个关于劳动者权益保护的案例分析,旨在揭示大观念在不同情境下的应用。

中国的劳动者权益保护。以中国的《中华人民共和国劳动法》和《中华人民共和国劳动合同法》为例,这些法律明确规定了劳动者的工作条件、工资待遇、社会保险等基本权益。中国的劳动者权益保护体系体现了国家对劳动者的关怀和保护,特别是在经济快速发展和社会转型的背景下,劳动者权益保护成为维护社会稳定和公平的重要手段。中国的劳动者权益保护政策在实践中不断调整和完善,以适应经济发展的新需求和劳动者的新期待。①

美国的劳动者权益保护。美国的劳动者权益保护体系与中国特色社会主义市场经济体系有所不同。美国作为一个强调个人主义和自由市场经济的国家,其劳动者权益保护更多地依赖于工会的力量和法院的裁决。美国的工会在争取更高工资、更好工作条件和集体谈判权方面发挥了重要作用。同时,美国的法律体系也允许劳动者通过诉讼来维护自己的权益。这种以个体和司法为中心的保护方式,体现了美国社会对个人权利的高度重视。②

德国的劳动者权益保护。德国的劳动者权益保护体系以其社会市场经济模式而闻名。德国的劳动者权益保护不仅包括法律规定,还包括强大的工会和企业委员会制度。德国的"共决制"(mitbestimmung)允许劳动者代表在公司决策中拥有一定的发言权,这种模式强调劳动者参与和合作,旨在实现劳动者和雇主之间的利益平衡。德国的劳动者权益保护体系体现了其社会合作和共识决策的文化特点。③

---

① 孟咸美,孟昕,夏圣坤.劳动者权益保护研究[M].北京:经济日报出版社,2018.
② 涂永前,王倩云.零工经济崛起与零工劳动者权益保护:来自美国《加州零工经济法》的启示[J].中国劳动关系学院学报,2020,34(5):87—99.
③ 华泠,柳芳.德国劳动者权益保护的基本措施及其借鉴[J].经济评论,1998(4):102—105.

对比分析。通过对比中国、美国和德国的劳动者权益保护体系,我们可以看到不同国家在劳动者权益保护上的大观念差异。中国的劳动者权益保护体现了国家对劳动者的直接关怀和保护,美国的体系强调个体权利和司法救济,而德国的体系则强调社会合作和共决。这些差异不仅反映了不同国家的文化和价值观,也反映了各自的经济发展模式和社会结构。

3. 批判性思考

基于上述比较,让学生思考:在不同情境下,劳动者权益保护的大观念如何影响劳动者的生活和社会的稳定?在中国,劳动者权益保护有助于减少社会不平等和维护社会和谐;在美国,个体权利的保护有助于激发劳动者的积极性和创造力;在德国,社会合作的保护体系有助于平衡劳动者和雇主的利益,促进社会稳定。这些不同的实践表明,劳动者权益保护的大观念在不同国家有着不同的表现形式和影响,但共同的目标是实现劳动者的尊严和权益,以及社会的公平和正义。

通过具体案例的对比分析,学生可以更全面地理解劳动者权益保护的大观念,并认识到这一大观念在不同文化和社会背景下的多样性和普遍性。这种教学方法不仅有助于学生形成批判性思维,还能够培养他们对不同文化和社会制度的理解和尊重,为他们成为具有国际视野的公民打下坚实的基础。引导学生批判性地思考不同观点,提炼出核心的大观念。在这一过程中,教师可以鼓励学生提出自己的见解,并对不同观点进行比较和评价。通过批判性思考,学生可以更深入地理解大观念,并形成自己的认识。

### (四) 活动体验法

1. 活动准备

活动体验法的第一步是组织学生参与活动。这些活动可以是社区服务、模拟联合国、社会调查等,让学生在模拟实践中体验大观念的实际应用。通过亲身参与,学生可以更直观地感受大观念的重要性和影响力。以"老旧

小区加装电梯的难与易"为例：①

随着城市化进程的加快,老旧小区的改造成为城市更新的重要组成部分。老龄化问题日益严重,没有电梯给居民的日常生活带来了极大的不便。因此,电梯安装成了提升居民生活质量的重要措施。另外,上海作为中国的经济中心之一,其老旧小区的改造不仅关系到居民的生活质量,也是基层民主实践的重要体现。通过电梯安装这一具体案例,我们可以深入探讨基层民主的实践和意义。

2. 体验反思

在活动中引导学生进行反思,理解大观念在现实生活中的体现。教师可以设计一些反思性问题,如"这次活动让你对加装电梯有什么新的认识？""你如何将这次活动的体验应用到其他情境中？"等,帮助学生从活动中提炼出大观念。

电梯安装与基层民主的联系。电梯安装不仅是一个技术问题,更是一个社会问题,涉及居民的利益协调和民主决策。在这个过程中,居民的意愿和需求是决策的重要依据,体现了基层民主的精神。

电梯安装的决策过程。第一步,需求调研。首先,社区通过问卷调查、座谈会等方式,收集居民对于电梯安装的需求和意见,确保决策的科学性和民主性。第二步,方案设计。根据调研结果,设计电梯安装方案,包括电梯的类型、安装位置、资金来源等,并公开征求居民意见。第三步,民主协商。组织居民大会,对电梯安装方案进行讨论和协商,确保方案能够得到大多数居民的认同。第四步,决策执行。在方案得到居民同意后,开始执行电梯安装工作,并定期向居民通报进展情况,接受居民监督。

电梯安装中的民主实践。知情权,居民通过社区公告、会议等方式,及时了解电梯安装的相关信息；参与权,居民可以通过参加居民大会、提出建

---

① 杨蓓丽."双新"背景下高中思想政治课角色扮演活动策略分析:以"小区加装电梯的难与易"一课教学为例[J].现代教学,2024(3):73—76.

议等方式,直接参与电梯安装的决策过程;表达权,居民可以自由表达对电梯安装的看法和意见,这些意见会被认真考虑和采纳;监督权,居民有权监督电梯安装的全过程,包括资金使用、工程质量等,确保工程的透明度和公正性。

电梯安装对居民生活的影响。第一,生活质量的提升。电梯的安装极大地方便了居民的出行,特别是对于老年人和行动不便的居民。第二,社区凝聚力的增强。电梯安装过程中的民主协商和合作,增强了居民之间的交流和团结。第三,民主意识的培养:居民在参与电梯安装的过程中,亲身体验了民主决策的过程,增强了民主意识。

电梯安装中的挑战与应对。第一,资金筹集。电梯安装需要大量资金,社区通过政府补贴、居民集资等方式解决资金问题。第二,技术难题。老旧小区的建筑结构复杂,电梯安装面临技术挑战,需要专业团队进行设计和施工。第三,利益协调。不同楼层的居民对电梯的需求和支付意愿不同,需要通过民主协商来协调各方利益。

电梯安装与社会治理相结合。电梯安装不仅是社区内部的事情,也涉及政府、企业等多个社会主体的参与。这是一个典型的社会治理案例,体现了多元主体合作、共同治理的理念。

电梯安装与法治建设。在电梯安装过程中,需要遵守相关的法律法规,如建筑法规、安全法规等。这不仅是对法治的尊重,也是保障工程顺利进行的前提。

3. 知识应用

鼓励学生将体验与理论知识相结合,提炼出实践中的大观念。在这一过程中,教师可以引导学生将实践活动中的体验与课堂上学到的理论知识相联系,分析两者之间的关联和差异,从而提炼出实践中的大观念。

通过上海老旧小区电梯安装这一案例,我们可以看到基层民主在实际社会生活中的实践和体现。这一过程不仅提升了居民的生活质量,也增强了居民的民主意识和社会责任感。这对于培养学生的政治素养、理解社会主义民主政治的内涵具有重要意义。

民主决策：加装电梯的过程需要广泛听取居民意见，通过民主决策来平衡各方利益。

民主协商：在加装电梯的过程中，居民、社区、政府等多方需要通过协商达成共识。

民主监督：加装电梯的过程中，居民有权对资金使用、工程质量等进行监督。

民主参与：居民直接参与加装电梯的决策和实施过程，体现了基层民主的参与性。

民主法治：加装电梯需要遵守相关法律法规，体现了民主与法治的结合。

以上内容是对上海老旧小区电梯安装体现基层民主的大观念提炼，通过对这一具体案例的分析，学生可以更深刻地理解基层民主的内涵和实践，以及它在社会治理中的作用。这种活动体验法的教学方式，能够让学生在活动中学习，在学习中活动，达到知行合一的教学效果。

## （五）学段衔接法

近年来，随着教育改革的深入，有效提炼初高中思想政治学科的大观念，是促进思想政治学科初高中一体化的重要一环。[①]

学段衔接法有利于保证知识体系的连贯性。初高中政治教学内容存在一定的重叠，但深度和广度有所不同。通过大观念立意，可以确保学生在不同阶段的学习中，对同一概念有更深层次的认识和理解。[②]

学段衔接法有利于培养学生认知发展的适应性。学生从初中到高中，其认知能力、逻辑思维能力均有所提升。大观念立意有助于教师根据学生

---

[①] 唐姝雯."一体化"背景下初高中政治衔接的教学策略[J].亚太教育，2023(17)：177—180.
[②] 梁彦卿.初中—高中学段衔接化学教学方法研究与实践[J].教学研究，2011，34(5)：73—75.

的发展特点,设计适宜的教学内容,促进学生认知的逐步深入。

学段衔接法有利于彰显思想政治素养的持续性。思想政治教育不是一蹴而就的,需要持续地培养和深化。大观念立意能够保证学生在不同教育阶段,对政治理论的学习和实践具有连续性。

以下是基于大观念提炼的思想政治初高中一体化的基本方法,后面第三章中会详细地介绍相关的教学实践路径,这里仅做简单铺垫。

1. 明确教学目标,构建知识体系

为了提炼初高中两个不同学段的大观念,教师应明确各阶段的教学目标,构建起从初中到高中的知识体系。例如,初中阶段可以侧重于我国目前基本经济制度的初步认识,高中阶段则可以在此基础上,进一步探讨这些基本经济制度在现实生活中的具体体现和实践要求。

2. 整合教学内容,突出核心观念

教师应整合初高中政治教学内容,突出大概念的核心地位。通过对比分析初高中教材,提炼出共通的核心观念,如我国的经济制度、政治制度、外交政策等,并围绕这些大观念设计教学活动。

3. 采用适宜的教学方法

教学方法的选择应符合学生的认知发展规律。初中阶段可以采用更多直观、形象的教学手段,如案例分析、角色扮演等;高中阶段则可以增加讨论、辩论等批判性思维的培养。

4. 加强实践活动,促进知行合一

思想政治教育不仅要注重知识的传授,更要强调实践的参与。通过组织社会实践活动,如志愿服务、社区调研等,让学生在实践中深化对大概念的理解,实现知行合一。

5. 加强教师培训,提升专业能力

教师是教学衔接的关键。通过加强教师培训,提升教师对大观念立意的理解和应用能力,使其能够更好地在教学中实施衔接策略。

在大观念立意下，初高中政治教学衔接是一个系统工程，需要教师、学校乃至整个教育系统的共同努力。①通过明确教学目标、整合教学内容、采用适宜的教学方法、加强实践活动、建立评价机制和加强教师培训，可以有效促进学生思想政治素养的连贯发展，为培养合格的社会主义建设者和接班人打下坚实的基础。

### （六）价值澄清法

#### 1. 价值讨论

价值澄清法的第一步是通过讨论会、辩论等形式，让学生表达自己的价值观。教师可以设计一些与价值观相关的话题，如"热地摊　冷思考"，让学生围绕这些话题展开讨论，表达自己的观点。"热地摊　冷思考"指的是在地摊经济火热发展的背景下，我们需要冷静思考其背后的社会、经济和文化意义。②这一话题涉及经济发展、社会公平、个人创业等多个维度，是探讨价值观的理想切入点。

#### 2. 价值辨析

引导学生辨析不同价值观之间的差异和联系。在这一过程中，教师可以提供一些指导性的问题，如"这些价值观之间有什么共同点？""这些价值观之间有什么冲突？"等，帮助学生深入分析不同价值观之间的关系。

首先要引入话题。教师介绍地摊经济的背景，包括其兴起的背景、社会反响和存在的争议，学生分享自己对地摊经济的初步看法和感受。

接着进行价值讨论，学生分组讨论分配的话题，每组需要提出至少三个观点，包括支持和反对的理由。教师巡回指导，鼓励学生提出自己的见解，并尊重他人的观点。然后来到价值辨析环节，每个小组选择一名代表，将小组讨论的结果进行总结，并在全班面前进行辩论。对立观点的小组进行对

---

① 祁云霞."一体化"视域下初高中政治教学的衔接对策[J].教育进展，2024(7)：1151—1155.
② 王曙光.论"地摊经济"的"热"能量、"冷"思考和"急"处理[J].新经济，2020(8)：26—30.

抗辩论,其他小组和教师可以提问或评论。

3. 价值提炼

在辩论结束后,教师引导学生进行价值提炼,让学生思考自己在辩论中坚持的观点背后的价值观是什么。学生写下自己的价值观,并与小组或全班分享。

学生反思自己在讨论和辩论中的表现,包括自己的观点是否有所变化,以及为什么。

教师总结学生的分享,强调价值观的多样性和重要性,并引导学生理解不同价值观背后的社会文化因素。从学生的价值观念中提炼出共通的大观念。在这一过程中,教师可以引导学生从自己的价值观出发,思考哪些价值观是普遍适用的,哪些是特定情境下的。通过价值提炼,学生可以更深刻地理解大观念,并形成自己的价值体系。

通过"热地摊 冷思考"这一话题的讨论和辩论,学生不仅能够更清晰地认识自己的价值观,还能够学会尊重和理解他人的价值观。这种活动有助于学生发展批判性思维,提高社会责任感,并且能够在多元价值观的碰撞中,形成更加成熟和全面的价值判断。

价值澄清法在高中思想政治教学中的应用,能够有效地促进学生对价值观的深入思考。[1]通过讨论会、辩论等形式,学生能够在互动中识别、澄清和提炼自己的价值观,这对于他们的个人成长和社会适应能力的提升具有重要意义。[2]教师应根据学生的特点和需求,设计多样化的教学活动,引导学生在实践中学习和成长。

通过这样的教学活动,学生能够更好地理解价值观的多样性和复杂性,学会在不同情境下运用和调整自己的价值观,为成为具有独立思考能力和社会责任感的公民打下坚实的基础。

---

[1] 霍华德·柯申鲍姆,郭冰.从价值澄清到品格教育:个人的历程[J].中国德育,2009(10):17—24.
[2] 彭秋瑾.运用价值澄清法进行高中政治课价值观教学的实践探析[J].教师,2014(27):13—15.

## (七) 思维导图法

### 1. 概念中心

思维导图法的第一步是以核心大观念为中心,构建思维导图。教师可以引导学生将核心大观念写在导图的中心位置,然后围绕这个中心概念,延伸出与之相关的知识点。①

### 2. 分支扩展

从中心概念向外扩展,形成与大观念相关的知识点分支。在这一过程中,教师可以引导学生思考哪些知识点与核心大观念直接相关,哪些是间接相关的,然后将这些知识点以分支的形式表现出来。

### 3. 关联整合

通过思维导图整合和关联知识点,提炼出大观念。在这一过程中,教师可以引导学生思考不同知识点之间的联系,如何将这些知识点整合成一个有机的整体。通过关联整合,学生可以更清晰地看到大观念的全貌,并理解其在知识体系中的位置。②

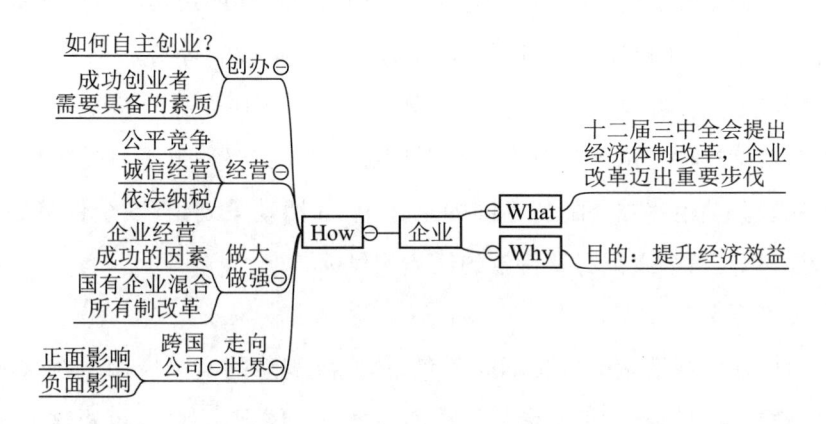

这个思维导图概要提供了一个结构化的方式来理解和记忆高中思想政

---

① 李中国,惠连晓.思维导图与课堂教学融合的问题、原则及策略[J].教育与教学研究,2019,33(6):25—34.
② 杨波龙.应用思维导图,构建学生政治思维[J].江西教育,2018(6):17—18.

治课程中关于企业自主创业、企业经营、做大做强以及跨国公司的关键点。通过这种方式,学生可以更清晰地看到各个概念之间的联系,加深对课程内容的理解。

### (八) 情境模拟法

它通过模拟真实的社会环境,让学生在模拟情境中扮演不同角色,从而深入体验和理解大观念,尤其是爱国主义这样的核心价值。以下是以爱国主义教育为例,详细阐述情境模拟法的实施步骤。①

1. 情境设置

情境模拟法的第一步是设计模拟情境。这些情境可以是模拟法庭、模拟政府、模拟联合国等,让学生在模拟情境中扮演不同角色,体验大观念的实际应用。

情境设置。在新教材中,爱国主义是一个核心主题,它不仅涉及历史和文化,还与当前的社会现实紧密相关。为了设计一个与爱国主义相关的模拟情境,我们可以选择一个具有时代意义的历史事件或现实问题。例如,我们可以选择"新中国成立75周年庆典"作为模拟情境的背景。

情境描述。在这个模拟情境中,学生将参与新中国成立75周年庆典的筹备和实施过程。这个庆典不仅是对国家历史的庆祝,也是对爱国主义精神的展现。学生将被分配到不同的工作组,如活动策划组、安全保障组、文化传播组等,每个组都有其特定的任务和目标。②

2. 角色扮演

学生在模拟情境中扮演不同角色,体验大观念的实际应用。在这一过程中,教师可以引导学生思考如何在不同角色中体现大观念,以及这些角色

---

① 情境模拟在高中政治课堂精准教学中的运用[J].湖北教育(教育教学),2024(11):49—50.
② 王基家,胡友.情境式教学法在高中思想政治课堂教学中的应用[J].黄冈师范学院学报,2023,43(1):60—64,75.

如何影响大观念的实践。①

在角色扮演阶段,学生将根据分配到的工作组扮演不同的角色。以下是一些可能的角色分配:

活动策划组。学生扮演庆典活动的策划人员,负责设计庆典活动流程,确保活动能够充分体现爱国主义精神。

安全保障组。学生扮演安全官员,负责庆典的安全保障工作,确保活动顺利进行。

文化传播组。学生扮演文化传播者,负责通过各种媒介传播庆典信息,弘扬爱国主义精神。

在扮演这些角色的过程中,学生需要思考如何在各自的角色中体现爱国主义,以及这些角色如何影响爱国主义的实践。

3. 情境反思

学生通过情境模拟后的反思和讨论,提炼出大观念。在这一过程中,教师可以设计一些反思性问题,如"这次模拟活动让你对大观念有什么新的认识?""你如何将这次活动的体验应用到其他情境中?"等。

以下是一些反思性问题的例子:

问题1:这次模拟活动让你对爱国主义有什么新的认识?

学生可能会意识到爱国主义不仅仅是一种情感,它还体现在具体的行动和责任中,如策划有意义的活动、保障公共安全、传播正面信息等。

问题2:你如何将这次活动的体验应用到其他情境中?

学生可以探讨如何将在模拟活动中学到的知识和技能应用到日常生活中,比如在学校组织活动、参与社区服务等。

具体实例:模拟新中国成立75周年庆典

背景介绍:在新教材中,对新中国成立75周年的庆祝活动进行了详细

---

① 田晓闻.高中思想政治课角色扮演式教学法探析[J].宁夏教育科研,2019(3):15—16.

的描述，强调了这一事件对于弘扬爱国主义精神的重要性。我们以此为背景，设计一个模拟情境，让学生通过角色扮演深入体验爱国实践。

角色分配与任务：

活动策划组：学生需要设计一个包含升旗仪式、文艺表演、历史展览等元素的庆典活动流程。他们需要考虑如何通过这些活动展现国家的发展历程和爱国主义精神。

安全保障组：学生需要制定安全预案，包括人流控制、紧急疏散、医疗救援等，确保庆典活动的顺利进行。

文化传播组：学生需要制作宣传材料，如海报、视频、社交媒体内容等，以传播庆典信息，激发公众的爱国情感。

活动实施：在模拟活动中，学生将根据各自的任务进行准备和实施。活动策划组将展示他们的活动流程设计，安全保障组将进行模拟演练，文化传播组将发布他们的宣传材料。

反思与讨论：在活动结束后，教师引导学生进行反思和讨论。学生分享他们在模拟活动中的体验，讨论他们如何通过各自的角色体现爱国主义，以及这些体验如何影响他们对爱国主义的理解。

总结与提升：教师总结学生的讨论，强调爱国主义的多维度实践，并鼓励学生将模拟活动中的体验应用到现实生活中。学生被鼓励在学校或社区中组织或参与类似的活动，以实际行动展现他们的爱国情感。

为了加深学生对爱国主义的理解，教师可以设计一些延伸活动，如：

撰写反思报告：学生撰写参与模拟活动的反思报告，总结他们的学习体验和感悟。

组织主题班会：以"爱国主义在行动"为主题，学生分享他们在模拟活动中的体验，以及他们计划如何将爱国主义精神应用到日常生活中。

社区服务项目：学生参与或发起社区服务项目，如清洁环境、帮助老人等，以实际行动展现爱国主义精神。

通过这样的情境模拟法,学生不仅能够更深刻地理解爱国主义这一大观念,还能在实践中学会如何将其内化为自己的行动准则。这种方法有助于培养学生的批判性思维和实践能力,同时也增强了他们对国家和民族的认同感。通过亲身体验和角色扮演,学生能够更加直观地感受到爱国主义的力量,从而在心灵深处树立起对国家的热爱和忠诚。

### (九) 案例研究法

1. 案例选择

案例研究法的第一步是选择与思想政治教育相关的案例。这些案例可以是历史事件、社会问题、法律案件等,要求与大观念直接相关,能够体现大观念的实际应用。[①]

在全面依法治国的大背景下,选择与"公正司法"相关的案例符合高中生的学情。

历史案例。可以选择历史上具有里程碑意义的司法案件,如"平反冤假错案"的案例,这些案件展示了司法公正对于维护社会正义的重要性。

社会问题。选取当前社会中广泛关注的司法问题,例如环境保护、消费者权益保护等领域的司法判决,这些案例能够让学生看到法律在社会治理中的作用。

法律案件。选择近年来具有重大社会影响的法律案件,如"张扣扣案""于欢案"等,这些案件能够直观展示司法公正的实现过程和挑战。

在选择案例时,教师应确保案例具有代表性和教育意义,能够引发学生的思考和讨论,并且与公正司法的大观念紧密相关。

2. 案例分析

引导学生对选定的案例进行深入分析。在这一过程中,教师可以提供

---

① 李忠.高中政治教学中案例教学法的应用研究[J].教师教育论坛,2020,33(12):48—50.

一些指导性的问题,如"这个案例背后的大观念是什么?""这个案例如何体现大观念?"等,帮助学生深入理解案例与大观念之间的关系。①

在案例分析阶段,教师应引导学生深入探讨案例背后的法律原则和法治精神。以下是一些具有指导性问题的例子:

法律原则。这个案例体现了哪些法律原则?例如,无罪推定、程序公正、证据裁判等。

法治精神。这个案例如何体现法治精神?例如,尊重法律、遵守法律、维护法律尊严等。

法律适用。在案例中,法律是如何被应用和解释的?是否存在法律漏洞或争议?

社会影响。这个案例对社会有何影响?它如何影响公众对法律和法治的看法?

通过这些问题,学生可以更深入地分析案例,理解法律在实际生活中的应用,以及公正司法的重要性。

3. 案例总结

从案例中提炼出大观念,并进行总结。在这一过程中,教师可以引导学生思考案例中的哪些要素是普遍适用的,哪些是特定情境下的。通过案例总结,学生可以更深刻地理解大观念,并将其应用于实际问题中。

在案例总结阶段,教师应引导学生从案例中提炼出大观念,并进行总结。以下是一些总结的方向:

具备普遍适用性。从案例中提炼出的哪些法治原则和精神是普遍适用的?它们在其他情境下是否同样适用?

特定情境分析。案例中是否有特定的情境因素影响了法律的适用?这些因素是否对全面依法治国有特别的意义?

---

① 莫文凯.案例分析法在高中思想政治课中的应用[J].现代交际,2020(11):198—200.

实践应用。学生如何将从案例中学到的法治原则和精神应用到实际问题中？在面对社会问题时，如何运用法治思维进行分析和解决？

通过案例总结，学生不仅能够更深刻地理解全面依法治国的大观念，还能够学会如何将这些观念应用于实际问题中，培养法治思维和实践能力。

**案例一：平反冤假错案**

案例背景：选择一个历史上的冤假错案，如"赵作海案"，这是一个因司法错误导致无辜者被判刑的案例，后来经过复查，赵作海被宣告无罪。

案例分析：

问题1：这个案例背后的大观念是什么？

学生讨论：这个案例背后的大观念是司法公正和人权保障。

问题2：这个案例如何体现大观念？

学生讨论：这个案例体现了司法公正的重要性，即使在司法体系中存在错误，也应通过复查和纠正机制来维护公正。

案例总结：

普遍适用性：这个案例展示了司法复查和纠错机制的重要性，这是维护司法公正的普遍原则。

特定情境分析：这个案例中的特定情境是司法错误和冤假错案，这对于全面依法治国具有警示意义。

实践应用：学生应学会如何在面对可能的司法不公时，运用法律手段维护自己和他人的权益。

**案例二：环境保护法律案件**

案例背景：选择一个环境保护领域的法律案件，如某企业因违法排污被起诉，最终被判处罚金并要求整改。

案例分析：

问题1：这个案例背后的大观念是什么？

学生讨论：这个案例背后的大观念是法律对环境保护的重要作用。

问题2:这个案例如何体现大观念?

学生讨论:这个案例体现了法律在环境保护中的执行力度,通过法律手段对违法行为进行惩罚和纠正。

案例总结:

普遍适用性:这个案例展示了法律在环境保护中的普遍适用性,即法律是维护环境公共利益的重要工具。

特定情境分析:这个案例中的特定情境是企业违法行为和环境保护,这对于全面依法治国具有示范意义。

实践应用:学生应学会如何在面对环境问题时,运用法律手段保护环境和公共利益。

### 案例三:消费者权益保护案件

案例背景:选择一个消费者权益保护的法律案件,如消费者因购买假冒伪劣产品而起诉商家,最终获得赔偿。

案例分析:

问题1:这个案例背后的大观念是什么?

学生讨论:这个案例背后的大观念是法律对消费者权益的保护。

问题2:这个案例如何体现大观念?

学生讨论:这个案例体现了法律在保护消费者权益中的作用,通过法律手段对不法商家进行惩罚和纠正。

案例总结:

普遍适用性:这个案例展示了法律在保护消费者权益中的普遍适用性,即法律是维护消费者权益的重要保障。

特定情境分析:这个案例中的特定情境是假冒伪劣产品和消费者权益保护,这对于全面依法治国具有启示意义。

实践应用:学生应学会如何在面对消费者权益受损时,运用法律手段维护自己的合法权益。

为了加深学生对案例的理解，教师可以设计一些延伸活动，如模拟法庭辩论、撰写案例分析报告、组织法治主题讨论会等。这些活动能够让学生在实践中进一步体验和理解法治精神，增强他们的法治意识和社会责任感。

通过案例研究法，学生能够在具体的案例分析中深入理解全面依法治国的大观念，这对于培养他们的法治意识和提高参与社会治理的能力具有重要意义。通过亲身体验和角色扮演，学生能够更加直观地感受到法律的力量，从而在心灵深处树立起对法律的尊重和信仰。①

## (十) 跨学科整合法

跨学科整合法是一种将不同学科的知识和观点融合在一起，以深化对思想政治教育中大观念理解的教学方法。②

跨学科整合法的第一步是识别与思想政治教育相关的其他学科。这些学科可以是历史、经济、法律、社会学等，要求与大观念有直接的联系，能够为大观念提供不同的视角和解释。以下是以高中语文教材中的《在马克思墓前的讲话》为例，详细阐述跨学科整合法的实施步骤。

1. 学科识别

在开始跨学科整合之前，首先需要识别与思想政治教育相关的其他学科。对于《在马克思墓前的讲话》这一课文，我们可以识别以下几个相关学科：

历史：马克思的生平和历史背景，以及他的思想如何影响了世界历史的发展。

经济：马克思的经济学理论，特别是关于资本主义和共产主义的经济模型。

---

① 张凤莲,郭艳丽.案例教学法在高中思想政治课中的应用与反思[J].鞍山师范学院学报,2020(5):94—98.
② 翁丽明."大思政课"目标下高中思想政治课程跨学科整合探究[J].广西教育,2024(20):28—30.

法律：马克思关于法律与社会阶级关系的理论，以及法律在社会变革中的作用。

社会学：马克思的社会阶级理论，以及它如何解释社会结构和阶级斗争。

这些学科都与马克思的思想有直接联系，能够为理解《在马克思墓前的讲话》提供不同的视角和解释。

2. 学科整合

将不同学科的知识和观点整合到思想政治教育中，为大观念提供多维度的解释。在这一过程中，教师可以引导学生思考不同学科如何解释大观念，以及这些解释如何相互补充和整合。①

历史整合。马克思的生平：通过历史学科的知识，学生可以了解马克思的生平，包括他的出生、成长、教育背景以及他的主要活动和成就。历史背景：探讨马克思生活的时代背景，包括工业革命、工人阶级的兴起、资本主义的发展等，这些背景对他的思想产生了重要影响。

经济整合。经济学理论：通过经济学的视角，学生可以学习马克思的剩余价值理论、劳动价值论等，理解他如何分析资本主义经济体系。经济模型：讨论马克思对资本主义和共产主义经济模型的描述，以及这些模型如何影响现代经济政策和实践。

法律整合。法律与阶级：从法律学科的角度，探讨马克思关于法律是统治阶级意志体现的观点，以及法律如何反映和维持社会阶级结构。

社会变革中的法律：分析法律在社会变革中的作用，特别是在马克思看来，法律如何成为推动社会进步的工具。

社会学整合。社会阶级理论：利用社会学的知识，学生可以探讨马克思的社会阶级理论，包括阶级斗争的概念，以及它如何解释社会变迁。

---

① 韩庆芳.跨学科视域下高中思想政治课教学的创新策略[J].天津教育，2024(33)：43—45.

社会结构。讨论马克思对社会结构的分析,包括生产力和生产关系的概念,以及它们如何影响社会的发展和变革。

3. 学科深化

通过跨学科整合深化对大观念的理解。在这一过程中,教师可以引导学生思考不同学科如何深化对大观念的理解,以及如何将不同学科的知识应用于实际问题中。①

历史深化。马克思思想的影响:探讨马克思的思想如何影响了20世纪的历史发展,包括俄国革命、中国革命等。历史评价:分析不同历史时期对马克思及其思想的评价,以及这些评价如何反映社会和政治的变化。

经济深化。现代化经济体系:讨论马克思的经济理论如何解释现代化经济体系,包括全球化、金融危机等。经济政策:探讨马克思理论对现代经济政策的影响,特别是在社会主义国家的经济政策制定中。

法律深化。法律与社会正义:从法律的角度探讨社会正义的概念,以及马克思理论如何影响对法律公正性的理解和追求。法律改革:分析马克思理论对法律改革的启示,特别是在保护工人权益和社会福利方面的法律改革。

社会学深化。现代社会阶级:探讨马克思的社会阶级理论如何解释现代社会的阶级结构,包括中产阶级的兴起、贫富差距等问题。社会运动:分析马克思理论对社会运动的影响,特别是在工人运动、民权运动等方面的影响。

具体实施过程如下:

预习与资料收集:在正式上课前,学生需要收集与马克思相关的资料,包括他的生平、历史背景、经济理论、法律观点和社会阶级理论等。

课堂讨论。在课堂上,教师引导学生进行跨学科的讨论,每个学科的学

---

① 周伟明.在高中思想政治课中进行文史哲跨学科学习刍议[J].中小学教材教学,2021(7):48—50.

生代表介绍他们的观点和分析。

　　案例分析。选择与马克思理论相关的现代案例,如某个国家的社会主义实践、经济危机等,让学生应用跨学科知识进行分析。

　　角色扮演。学生扮演不同的角色,如经济学家、历史学家、法律专家等,从各自的专业角度解释马克思的理论。

　　写作与反思。学生撰写关于马克思理论的跨学科分析报告,并进行反思,探讨这些理论如何影响他们对现实世界的理解。

　　实践活动。组织学生参与社会实践活动,如参观历史博物馆、参加社会服务项目等,以实际行动体验和理解马克思的理论。

　　通过跨学科整合法,学生能够从多个角度深入理解马克思的思想,并将这些理论应用于对现实世界的理解中。这种方法不仅能够加深学生对思想政治教育中大观念的理解,还能够培养他们的批判性思维和综合分析能力。

　　通过上述十种方法,教师可以有效地引导学生从高中思想政治课程中提炼出大观念,不仅加深对课程内容的理解,而且培养了学生的批判性思维、社会责任感和终身学习能力。这些方法的实施既需要教师的精心设计和引导,也需要学生的积极参与和反思。通过师生的共同努力,高中思想政治教育可以更好地实现其教育目标,培养学生的核心素养,为他们的未来学习和生活打下坚实的基础。

# 第三章 高中思想政治大观念教学策略

## 一、基于活动型学科课程的大观念落实

### (一) 基于活动型学科课程的大观念落实研究现状

1. 关于高中思想政治活动型学科课程的研究

(1) 关于高中思想政治活动型学科课程内涵的研究

针对高中思想政治活动型学科课程定义,朱明光在其研究中从两个角度对活动型学科课程进行了深入解读:首先,基于课程实施理念来说,他认为活动型学科课程融合了活动课程和学科课程的优势,既尊重学生的主体性,又强调学科知识的中心地位,这种课程设计归根结底属于学科课程的范畴;[①]其次,围绕教学方式的区别,他进一步指出,活动型学科课程的教学方式与传统的被动接受式教学不同,它通过围绕议题的探究活动来促进学生学习方式的转变,鼓励学生在学科内进行探究性学习。[②]从课程与活动的关系来说,朱明光基于《普通高中思想政治课程标准(2017年版)》进一步指出,活动型学科课程通过活动及其结构化设计,实现了"课程内容活动化"和"活动内容课程化",即让学生在参与活动中发现和内化知识,同时确保活动有学科内容的支撑和引导。

王礼新在其研究中提出了活动与学科的统一性,他认为活动型学科课

---

① 朱明光.关于活动型思想政治课程的思考[J].思想政治课教学,2016(4):4—7.
② 朱明光.关于活动型思想政治课程的思考[J].思想政治课教学,2016(4):4—7.

程不是简单地将"活动"和"学科课程"相加,而是两者的深度融合,其中学科课程是思想政治课的核心,通过活动来实现教育目标和育人任务。①李晓东则从"四个结合"的角度对活动型学科课程的特征进行了概述,包括活动设计与教学设计的结合、讨论议题与学科内容的结合、思维活动与社会实践的结合、育人目标与实现路径的结合,②这四个维度共同勾勒出活动型学科课程的独特性。顾润生从哲学角度对活动型学科课程进行了解读,他认为这种课程在解决间接经验与直接经验的对立方面具有重要意义,实现了学科课程与活动课程的统一。③

这些研究为我们理解高中思想政治活动型学科课程提供了多维度的视角,从课程实施的理念、教学方式的区别、课程与活动的关系、活动与学科的统一、课程特征的结合、教学形式的界定以及哲学层面的解读等方面进行了深入探讨。通过这些研究成果,我们能够更全面地把握活动型学科课程的内涵和实施策略。

（2）关于高中思想政治活动型学科课程特征的研究

高中思想政治活动型学科课程是近年来教育改革的重点之一,其特征和实施方式受到了广泛关注。苏百泉认为活动型学科课程坚持以学生为中心,着眼于学生的生活经验而非学习结果。④正如《普通高中思想政治课程标准（2017年版 2020年修订）》中所强调的,要将理论知识与生活切实结合,构建学科逻辑与实践逻辑相融合的活动型学科课程。⑤李晓东教授提出活动型学科课程要满足"四个结合",即活动设计与教学设计的结合,讨论议题与学科内容的结合,思维活动与社会实践的结合,育人目标与实现路径的结合。⑥

---

① 王礼新.对"活动型学科课程"的几点思考[J].思想政治课教学,2018(3):17—20.
② 李晓东.活动型学科课程辨析与实施研究[J].教育参考,2019(3):10—16.
③ 顾润生.活动型学科课程的哲学解读[J].江苏教育,2018(75):7—10.
④ 苏百泉.高中思想政治课"活动型学科课程"性质刍议[J].思想政治课研究,2019(3):132—134.
⑤ 中华人民共和国教育部.普通高中思想政治课程标准（2017年版 2020年修订）[S].北京:人民教育出版社,2020:2.
⑥ 李晓东.活动型学科课程辨析与实施研究[J].教育参考,2019(3):10—16.

朱志平认为活动型学科课程特征表现为导向性、主体性、参与性、现实性。①丁超将活动型学科课程特征总结为主体性、综合性、实践性、开放性、系统性。②王守其认为思想政治活动型学科课程具有德育性、体验性和主旨性的独特性。③

综上所述，高中思想政治活动型学科课程的特征体现在以学生为中心、理论与实践相结合、主体性与综合性等多个方面，旨在通过活动型教学实现学生的全面发展和核心素养的培育。

(3) 关于高中思想政治活动型学科课程实施路径的研究

目前已有研究中对高中思想政治活动型学科课程教学实施路径的系统研究较少，主要体现为依据教学案例对活动型学科课程的教学实施进行探讨。

马晓艳认为，应从落实核心素养引领活动开展、创设真实情境构建活动载体、挖掘有效议题引导活动开展、提升教师综合素质助力活动开展、构建教学评价体系优化活动五个方面实施活动型学科课程。④母卫萍认为，应该注重三个环节的实施路径，即课前准备、课堂实施、课后拓展。⑤

从具体的实施内容上来看，贺晓敏认为活动型学科课程要在选择议题、确定教学目标、选择与组织教学内容、设计教学活动、设计评价的基础上，⑥对教学设计进行一系列规划和安排。教学进行一系列规划活动。张安举和韩广军认为应该聚焦活动议题、学科内容、活动设计和测试评价四个要素进行教学设计。⑦边洪伟提出了活动型学科课程的四维设计：依据课程标准设

---

① 朱志平.基于核心素养的思想政治活动型学科课程[J].思想政治课教学,2016(5):4—8.
② 丁超.核心素养视角下活动型学科课程设计策略：以《价值与价值观》的教学为例[J].中学教学参考,2021(4):41—44.
③ 王守其.活动型课程建设的问题与优化[J].思想政治课教学,2019(3):33—36.
④ 马晓艳.思想政治活动型学科课程的实施策略[J].中学教学参考,2021(31):34—35.
⑤ 母卫萍.高中思想政治课活动型学科课程的构建研究[J].新课程导学,2021(27):54—55+70.
⑥ 贺晓敏.高中思想政治活动型课程教学研究[D].昆明：云南师范大学,2019.
⑦ 张安举,韩广军.谈高中政治"活动型学科课程"的教学设计[J].江苏教育,2018(67):49—50.

计学习目标,依据学习目标设计学习活动,依据学习活动设计环境,依据核心素养设计评价。①杨维风从教学目标的确定、教学议题的选择、教学活动的设计三个方面对活动型学科课程教学实施路径进行了具体阐述。②杨婉丽进行了素养目标、议题主线、活动载体、主题板块、案例精选、生本课堂六要素分析。③

因此,我们可以看到,大多数学者和教师都聚焦了议题设置、情境创设、活动设计与开展、教学评价等方面,这为后续开展活动型学科课程的大观念落实的具体时间路径提供了依据。

(4) 关于高中思想政治活动型学科课程研究的总结

高中思想政治活动型学科课程的内涵、特征、实施路径和教学设计方法研究涵盖了理论层面和操作层面,学者们从不同角度提出了各自的见解和策略。这些研究成果为后续基于活动型学科课程的大观念落实提供了理论支持和实践指导。

同时,在审视高中思想政治活动型学科课程的现有研究时,我们可以发现以下几个关键的不足之处:

理论探索的浅尝辄止:虽然有关活动型学科课程的研究作品众多,但它们往往缺乏深度,重复性较高,没有深入地挖掘理论根基,导致理论体系的构建不够完善。

实践应用研究的匮乏:目前的研究多集中在个别案例的分析上,这些研究虽然能够提供实际操作的见解,但缺少一个全面和系统的理论框架来支撑这些实践。

教学设计研究的短板:相比于教学实施策略的研究,教学设计方面的研究显得不足。对于高中思想政治活动型学科课程的教学设计中存在的问

---

① 边洪伟.活动型学科课程的四维设计[J].思想政治课教学,2019(1):28—31.
② 杨维风.体现活动型学科课程特点的思政课教学设计[J].江苏教育,2020(59):52—55.
③ 杨婉丽.活动型学科课程六要素例析[J].中学政治教学参考,2022(33):36—39.

题,缺乏深入的原因分析和实证研究的支持。教学设计是活动型学科课程成功实施的关键,但目前对于教学设计中存在的问题和不足,缺乏及时的识别和针对性的解决策略。

教学评价体系的不健全:议题式教学作为活动型课堂的重要组成部分,其教学评价体系尚未完善,需要进一步地优化以提升学生的学科核心素养。

教师专业发展研究的不足:提升高中思政课教师的专业素养对于实现教育目标至关重要,但目前对于教师专业素养在教学实践中的不足之处,研究还远远不够。

总体而言,高中思想政治活动型学科课程的研究需要在理论深度、实践应用、教学设计、研究视野、内涵阐释、教学评价以及教师专业发展等方面进行更深入的探索和研究。

2. 关于大观念教学在活动型学科课程中落实的相关研究

大观念教学在高中思想政治课中的落实是一个多维度、深层次的教育改革实践,这种方法强调通过对学科核心概念的深入理解和应用,来促进学生的思维能力发展和学习方式的转变。基于之前论述,关于"活动型学科课程"和"大观念"的相关研究均已在不断深入。而将"活动型学科课程"和"大观念"两个关键词同时在知网数据库中检索则发现还是寥寥无几。

(1) 大观念在高中思政课中的构建相关研究

从高中思政课中的大观念构建来说,杨小平以"文化生活"为例,展示了如何基于大观念构建知识框架,并在教学中利用真实情境和活动来促进学生核心素养的发展;[①]王凤君、黎胤灵、徐一丁以必修1"中国特色社会主义"为例,阐述提炼、构建、运用大观念的整体过程;[②]张翰、郭敏提出构建学科

---

① 杨小平.学科大概念的教学应用[J].思想政治课教学,2019(5):22—25.
② 王凤君,黎胤灵,徐一丁."三新"背景下的学科大概念教学实施路径:以思想政治必修1《中国特色社会主义》为例[J].教育科学论坛,2024,(01):41—45.

大观念需要满足适应课标、掌握多种方法、实现教学转向等要求；①兰青青以必修2"经济与社会"为例，提出基于学科大概念进行问题逻辑、生活逻辑、学科逻辑三大核心课程逻辑的构建。②

从中可以看到，关于大观念的具体构建大多是一线教师基于具体实践和实例展开，归纳出大观念构建的方法论，但还没有系统论述，也没能根据不同情况形成普遍性的方法。

(2) 大观念教学在高中思政课中的应用相关研究

针对具体的大观念教学来说，李永勤通过"企业经营与发展"这一主题，实践了大观念教学的"四化"策略，即知识结构化、情境真实化、问题探究化和能力综合化，以提升教学效果；③罗开文、秦翠从提炼大概念、预设教学目标、确定评价方式、开展教学活动出发，探讨高中思政课大观念教学的设计路向。④除此之外，许多学者和教师提出了大观念教学与议题式教学的关系，朱文彦认为大观念教学能显著提升议题式教学的效果，提出了从议题、问题、情境、评价四个维度提炼大概念的策略；姜云、沈鸿辉以必修2"经济与社会"为例，提出基于议题式教学的具体路径，实现教学评一致化；⑤沈雪春老师提出"大概念教学"要结合议题式教学进行，形成一种议题系列的结构化的梳理和思考。⑥

这些实践路径与课程标准具有一致性，强调了在高中思想政治课程学习中，针对学科概念需要强化辨析，选择积极价值引领的学习路径。⑦

---

① 张翰,郭敏.提炼学科大概念实现教学新转向[J].中学政治教学参考,2020(19):41—43.
② 兰青青.基于学科大概念的课程逻辑构建[J].思想政治课教学,2022(6):33—36.
③ 李永勤.大概念下的"四化"教学实践[J].思想政治课教学,2020(7):40—42.
④ 罗开文,秦翠.高中思政课大概念教学探析[J].中学政治教学参考,2024(39):41—43.
⑤ 姜云,沈鸿辉.大概念引领的《经济与社会》议题式教学实践路径[J].中学政治教学参考,2024(5):48—50.
⑥ 沈雪春.学科大概念:议题式教学的结构化指向:以"人民代表大会:国家权力机关"教学为例[J].教学月刊·中学版(政治教学),2019(7/8):23—27.
⑦ 中华人民共和国教育部.普通高中思想政治课程标准(2017年版2020年修订)[S].北京:人民教育出版社,2020:44—45.

(3) 关于大观念教学在活动型学科课程中落实的相关研究总结

大观念教学在高中思想政治课中的落实是一个复杂的过程,涉及教学理念的更新、知识体系的重构、教学方法的创新等多个方面。学者和教师从构建知识体系、利用议题式教学进行大观念教学等方面对大观念在高中思想政治学科的实践价值进行深化,但对于大观念教学如何落实在高中思想政治活动型学科课程中以及在具体教学环节中如何进行教学实施等方面则有所欠缺,在以下方面还有待完善:

研究焦点的局限性:目前的研究成果多集中于理论层面,或者仅针对某一学科核心素养(如政治认同)进行探讨,对于大观念教学在高中思想政治学科提升学生核心素养方面的应用价值上,还需要进一步的实证研究和深入挖掘。

教学实践的探索不足:学者们在大观念教学的目标、活动、评价设计方面的研究,主要关注于知识的构建和掌握,集中在理论构建方面,而在培养学生的关键能力素养和正确的学科价值观方面以及具体教学设计和实施方面,研究显得不够充分。

课程性质和基本理念的凸显不足:目前许多研究尽管已经从议题等方面进行大观念教学的实践,但是聚焦活动型学科课程进行探索的还不是很多。

总体来看,大观念教学在高中思想政治课中的应用仍处于探索阶段,虽然取得了一定的成效,但仍需在教学实践中不断深化和完善,需要更多地关注教学实践,探索具体的教学策略,以实现学生核心素养的全面提升,也让基于活动型学科课程的大观念教学落实有了必要性和创新性。

## (二)基于活动型学科课程的大观念落实相关内涵界定

### 1. 活动型学科课程

《普通高中思想政治课程标准(2017 年版 2020 年修订)》中指出,活动型学科课程指的是学科内容采用思维活动和社会实践活动等方式呈现。①区别于学科课程和活动课程,将高中思想政治课程定义为一门综合性、活动型学科课程。

活动型学科课程首先要区别于传统的学科课程。廖哲勋在《课程学》中提出,学科课程是以学科作为课程结构的基本成分,根据教育的需要,分别从相关科学中选取一定的材料,组成各种学科,并按照一定的时间和空间关系组合形成的课程体系。②学科课程的特征是以学科知识为中心,更加强调学科知识的重要地位,因此,学科课程一直以来在培养学生的认知能力方面扮演着关键角色。这种教育形式在中国有着深远的历史,其根源可以追溯到商朝和西周时期的"六艺"等形态。③然而,在过去,学科课程常常因为过于死板的课程设计而变得僵化,课程的外延缩窄到课本知识,导致教学变成了单向的知识灌输的过程,并且知识变成只是一个个割裂的模块。这种做法已经无法满足社会的发展需求,因此对学科课程进行改革变得十分必要。

根据课程标准解读,活动型学科课程依然保持学科课程的性质,在类型上依然属于学科课程。作为学科课程,高中思想政治课程依然强调知识对于培育学生关键能力、必备品格和正确价值观的核心作用。在高中思想政治课程中,本身就包含了大量理论知识,例如,从必修1"中国特色社会主义"开始,生产力和生产关系、经济基础和上层建筑的矛盾就贯穿整个人类社会发展,学生需要理解并运用马克思主义基本原理认识、改造世界;同时也需要学生理解马克思主义中国化成果,从而坚定"四个自信"。此外,高中思想政治课程也必须强调学科课程的重要作用。思想政治课程关系到主流意识形态认同,只有通过思政课将完整的知识理论传授给学生,才能很好地

---

① 中华人民共和国教育部.普通高中思想政治课程标准(2017年版2020年修订)[S].北京:人民教育出版社,2020:1.
② 廖哲勋.课程学[M].武汉:华中师范大学出版社,1991:155.
③ 廖哲勋.课程学[M].武汉:华中师范大学出版社,1991:16.

完成德育任务,实现德育目标。①

但是活动型学科课程也不局限于学科课程。加上"活动型"的前缀,就可以看出这种定位是对传统学科课程的革新,提高了活动在高中思想政治课教学中的重要作用和形式。尽管上文提到理论学习在高中思想政治课程中的重要作用,但是思政课程除了涉及政治、经济、哲学、法律等方面的理论知识,还有与之相匹配的应用与实践体系,这也使得仅仅停留在传统的学科课程目标中是不够的。新修订的高中思想政治课程标准中指出,本课程不仅仅通过课堂教学实现,也不能忽视社会实践活动的重要作用。因此,活动型学科课程围绕学生的身心发展展开,能够利用学校小课堂和社会大课堂,通过多种活动充分联系学生实际,让学生在发现问题、分析问题、解决问题的过程中提高核心素养。

同时,活动型学科课程也不等同于活动课程。活动课程的相关理论是由杜威提出的,相较于学科课程中以学科为中心来进行编排,活动课程以经验为中心,根据学生的需要编排,甚至可以由学生自己设计组织。杜威认为应该在活动中学习,"学校科目相互联系的真正中心,不是科学,不是文学,不是历史,不是地理,而是儿童本身的社会活动"。②但是,这种课程的问题是,学生在成长和发展中,需求也会不断发生变化,课程规划既要能覆盖到不同学生的需求,也要根据实际情况进行弹性调整,在实际操作中具有很大的挑战性。此外,活动课程的形式一般包括常规活动课、联科活动课、科技活动课和社会实践活动课等,③活动课程可以通过一定的复杂情境,开展一系列教学活动,作为课堂的重要内容,从而实现教学目标。而这活动型学科课程则是围绕学科内容所展开的一系列活动及其结构化设计。并且,在活动课程中,知识为辅助,但前文已提及,高中思想政治课程具有很强的理论

---

① 刘强.思想政治学科教学新论[M].2版.北京:高等教育出版社,2009:41.
② 赵祥麟,王承绪编译.杜威教育论著选[M].上海:华东师范大学出版社,1981:6.
③ 靳玉乐.活动课程与学生素质发展研究[M].重庆:重庆出版社,2001:120.

性,仍需要系统的知识体系来对学生进行思政教育。

也就是说,活动型课堂不仅以活动作为基本形式进行展开和呈现,还要以促进学科核心素养发展为目标,以学科课程内容的结构化为参照,在把握学科性质的基础上形成序列化的设计。活动型学科课程既不同于传统的学科课程,也不是活动课程,更不是活动课程和学科课程的简单相加,而是二者相互融合的体现,用活动呈现学科课程的内容,或者在活动设计中体现学科课程的内容,实现"课程内容活动化""活动内容课程化"。①

2. 高中思想政治活动型学科课程

综上所述,思想政治活动型学科课程就是以培育学生思想政治学科核心素养为目标,在课内思维活动与社会实践活动等形式的基础上,进行序列化的活动设计为形式的课程实施类型。

高中思想政治课程的活动组织形式可以多样化,以适应不同学生的学习需求和思维发展。在前文所述,主要通过思维活动和社会实践活动来呈现。为了更好区分,这里的"思维活动"更加侧重于在高中思政课教学中学生的各种思考和认知活动,而"社会实践活动"则是学校或老师组织、指导学生走出课堂,亲身体验社会的一系列活动,具体形式如下:

(1) 思维活动的具体形式

课堂讨论:课堂讨论活动是最常见的一种教学策略,它鼓励学生就某个特定主题或问题进行交流和探讨。这种活动旨在通过对话和互动促进学生之间的思想交流,增强他们的理解力、批判性思维和沟通技巧。在讨论活动中鼓励所有学生参与进来,表达自己的观点和想法。教师可以通过精心设计问题、提供指导和建立讨论规则来有效地引导课堂讨论,确保讨论的质量和效果。

案例分析:课堂的案例分析活动通过研究真实或虚构的案例来帮助学

---

① 韩震,朱明光.普通高中思想政治课程标准(2017年版)解读[M].北京:高等教育出版社,2018:38.

生理解复杂的问题和概念。这种活动适用于必修2"经济与社会"中的社会经济现象、选择性必修2"法律与生活"中的法律案件等。案例分析活动鼓励学生深入研究一个具体情境,分析问题,提出解决方案,并讨论其影响。教师可以通过精心选择案例、提供指导和建立讨论规则来有效地引导案例分析活动,确保学生能够从中获得最大的学习收益。

角色扮演:课堂角色扮演活动是一种教学方法,它让学生通过扮演不同的角色来参与学习过程,通常用于提高学生的参与度、理解力和沟通技巧。通过让学生扮演不同的社会角色,模拟社会情境,进行角色扮演活动。通过角色扮演,帮助学生深入理解课堂知识,并锻炼其表达能力和团队协作能力。这种活动可以涉及历史事件、文学作品、社会情境或任何需要从不同角度理解的主题。

辩论活动:课堂辩论活动通过模拟正式辩论的形式,让学生就某个议题或问题进行有组织的讨论和争论。这种活动旨在培养学生的批判性思维、公共演讲、逻辑推理和团队合作能力。教师可以通过选择合适的议题、设定辩论规则和提供指导来有效地组织课堂辩论活动,确保学生能够在一个安全和支持的环境中学习和成长,在辩论中彰显价值取向。

知识竞答:高中生课堂知识竞答活动是一种教学活动,它通过竞赛的形式激发学生对学科知识的兴趣和参与热情。高中生课堂知识竞答活动可以是定期的,也可以是随机的,可以是整个班级的,也可以是小组之间的。竞答活动可以帮助学生复习和巩固已学的知识,加深对课程内容的理解和记忆。通过小组或个人之间的竞争,增加学生之间的互动,提高学生的课堂参与度和积极性。教师可以通过竞答活动评估学生对知识的掌握程度,为后续教学提供参考;学生在回答问题后能立即得到反馈,这有助于他们及时了解自己的学习情况。

这些组织形式可以根据教学内容和学生的实际情况进行灵活选择和组合,以收到最佳的教学效果。同时,教师还需要注重引导学生积极参与思维活动,鼓励他们发表自己的观点和见解,从而培养其独立思考和创新能力。

(2) 社会实践活动的具体形式

社会调查:高中生社会调查活动是一种通过科学的方法去观察和研究社会现象并且对此进行研究的实践方式,不仅能让学生学到知识,还能锻炼他们的团队合作和批判性思维能力。当前高中生在完成课题研究、研学活动时都会涉及社会调查。调查研究的主题非常广泛,比如在选择性必修2"法律与生活"中"相邻关系"的内容中,学生可以调查老旧小区加装电梯情况,或是在课题研究中学生广泛关注到新媒体、市场经济等现象,以及在研学中调查人物历史或是风土人情等。总的来说,高中生社会调查活动不仅是一种学习方式,更是一种让学生全面发展的重要途径。通过这些活动,学生可以更好地了解社会,提升自己的能力,同时也能培养他们的社会责任感。

人物访谈:人物访谈活动是一种沟通和信息搜集的方式,通过与特定人物进行面对面或远程的交流,来获取信息、观点和故事。这种活动在新闻报道、学术研究、市场调查、文化传播等多个领域中都非常常见。学生通过确定访谈目的、选择访谈对象、准备访谈问题、建立访谈关系、进行访谈、记录访谈内容、整理和分析访谈资料、撰写报告或文章、反馈和确认等环节,直接从信息源头获取信息,增加信息的真实性和可靠性,有助于建立人与人之间的联系,增进理解和共鸣。

职业体验:高中生职业生涯体验活动是在学校组织下,为高中生提供的一系列实践机会,让他们在实际工作环境中体验不同职业的工作内容和环境,从而帮助学生了解各种职业的特点、要求和发展前景。高中生职业体验活动的形式多样,在学校具体落实的过程中包括组织学生前往人民法院、人民检察院、高校、企业等地进行跟岗学习、职业模拟、职业讲座等活动。这种活动有利于帮助学生提高职业认知,让学生对不同行业和职业有一个直观的认识,了解各种职业的具体工作内容;制订职业规划,帮助学生根据自己的兴趣和能力进行职业规划,为未来的教育和职业选择提供参考;提升技能培养,在体验过程中,学生可以学习到一些基本的工作技能和职业素养;进行职业兴趣探索,通过亲身体验,学生可以发现自己对哪些职业更感兴趣,哪些职业可能不适合自己。通过这些活动,高中生可以更早地接触社会,更清晰地规划自己的未来发展方向。

志愿服务:高中生志愿服务是指高中生在学校的组织下参与的无偿、公益性活动,旨在帮助他人、服务社区和社会,同时提升自身的社会责任感和公民意识。当前在上海等地,学校或组织会为学生的志愿服务时间提供记录和认证,作为学生综合素质评价的一部分。高中生志愿服务场所主要分为校内和校外,在校内学生可以通过协助大型活动开展、图书馆工作等完成志愿服务,在校外则是在学校的统一安排下,以集体或团队的形式参与社区服务、教育支持、公益活动等。高中生志愿服务不仅有助于社会,也是高中生个人成长和社会化的重要途径。通过这些活动,学生可以更好地了解社会,培养同情心和合作精神,同时也能为将来的学习和工作积累宝贵的经验。

学农学军:高中生的学农、学军活动是学校组织的特别项目,让学生通过农业教育和军事教育来学习和成长。学农部分主要是让学生参与农业劳动,亲手做农活,体验农民的工作和生活,这样可以帮助他们更好地理解农业的重要性,培养吃苦耐劳的精神。学军部分则是让学生接受一些基础的军事训练,了解国防知识,增强纪律性、组织性。通过这些活动,学生可以更深刻地理解劳动的价值,增强对国家的责任感,同时也能让他们的校园生活更加丰富多彩。

3. 基于高中思想政治活动型学科课程的大观念教学

基于高中思想政治活动型学科课程的大观念教学强调在高中思想政治课程中落实大观念教学必须注重以序列化的活动为载体帮助构建学科知识体系的教学方式。

要把理论知识和实际活动结合起来,让学生在参与活动的过程中发展思想政治学科核心素养,这是教学设计的主要目标。通过尝试新的教学方法,进行情境模拟、案例分析等,来促进学生在认知、情感和行为上的成长,能让学生在真实或类似真实的环境中学习和探索。通过各类活动形式,学生可以把学到的理论知识用到现实生活中,从而看到课程内容的相互关联性,从而构建起一个系统化的知识结构。

### (三)基于活动型学科课程的大观念落实的现实价值

在深入理解思想政治活动型学科课程的内涵之后,我们进一步探讨为何要依托这种课程模式来落实大观念教育。活动型思政课堂不仅是一种教学方法的革新,更是一种教育理念的转变,它具有深远的育人价值和意义。以下是活动型思政课堂的几个核心育人价值:

1. 体现学生的主体性

在传统的教学模式中,教师往往是知识的传递者,学生则是被动的接受者。这种模式下,学生的主体性往往被忽视。而活动型学科课程将学生置于学习的中心,通过各种活动让学生主动参与知识的探索和构建。学生不再是被动接收知识的对象,而是通过实践活动主动构建和深化对知识的理解。

活动型学科课程鼓励学生通过实践活动主动构建知识。学生通过参与讨论、案例分析、角色扮演等活动,能够更深入地理解政治理论,并将其与现实生活联系起来。这种主动的知识构建过程有助于学生形成批判性思维和独立思考的能力。在活动型思政课堂中,学生有机会通过各种形式的活动来提升自己的能力。例如,通过小组合作,学生可以锻炼团队协作和沟通能力;通过公开演讲和辩论,学生可以提高语言表达和逻辑思维能力。这些能力的提升对于学生的个人发展和未来的社会参与都是至关重要的。活动型学科课程不仅关注知识的传授,更重视学生素养的提升。

活动型思政课堂要求教师从传统的知识传授者转变为学习的引导者和促进者。教师需要设计和组织各种活动,引导学生进行探索和讨论,而不是单向地传授知识。这种教学模式的变革有助于提高教学的互动性和实效性。这改变了学生构建知识的方式。学生不再是通过记忆和重复来学习,而是通过参与、体验和反思来构建知识。这种学习方式更符合现代教育理念,有助于培养学生的终身学习能力。

通过活动型思政课堂的实施,我们不仅能够增加学生的学科知识和提高技能,还能够培养他们的批判性思维能力、创新和社会实践能力,为学生的全面发展和未来的社会参与打下坚实的基础。这种教学模式的推广和实践,对于培养适应现代社会需求的高素质人才具有重要意义。

2. 提高教师教学能力

活动型学科课程的构建对教师提出了全新的挑战,要求教师在教学实践中不仅要掌握传统的教学技巧,还要具备驾驭课堂、教材和知识体系的高级能力。这种课程模式要求教师能够创造性地设计和组织活动,以适应不断变化的教育需求和课程标准。

在活动型学科课程中,教师的角色从传统的知识传授者转变为学习活动的设计师、组织者和引导者。教师需要根据课程目标和学生需求,设计出既有趣又富有教育意义的活动,以促进学生的主动学习和深度参与。教师需要能够创造性思维,能够根据教学内容和学生特点,设计出多样化的活动。这包括但不限于讨论、辩论、角色扮演、模拟实验等,以激发学生的学习兴趣和参与热情。

教师需要对活动进行系统性的规划和安排,确保活动与课程目标、教学内容和学生发展需求相匹配。这要求教师对课程标准有深入的理解,并能够灵活地将核心素养融入活动。同时,有效的活动组织是活动型学科课程成功的关键。教师需要具备良好的组织能力,确保活动能够有序进行,学生能够在活动中充分发挥,同时能够及时处理活动中出现的各种问题。

随着教育改革的不断深入,教师需要不断更新自己的教育理念和教学方法,以适应新的教育要求。这包括对课程标准的深入理解、对教育政策的敏锐把握以及对教学实践的持续反思。教师需要不断探索新的教学方法和活动形式,以适应不断变化的教育环境。这要求教师具备创新意识,能够勇于尝试和实践新的教学理念,在专业技能和教学水平上不断提升。这包括对学科知识的深入掌握、对教学方法的熟练运用以及对教育理论的不断学习。

3. 推进更科学的教学评价

传统的教学评价体系主要侧重于学生的书面作业和考试表现,这种评价方式往往只能从知识掌握的角度来考察学生,而忽视了学生在其他方面的能力,如创造力、合作精神、批判性思维等。这种单一的评价方式存在明显的局限性,因为它无法全面反映学生的实际能力和素养。相比之下,活动型课堂提供了一个更为全面和立体的评价体系,它能够从多个维度对学生进行评价,从而更准确地反映学生的综合能力。

在活动型课堂中,评价从学生准备活动开始。这包括学生对活动主题的理解和研究、资料的收集和整理,以及对活动计划的制订。在这一阶段,教师可以评价学生的自主学习能力、信息处理能力,以及规划和组织能力。

在活动进行中,教师可以观察学生的行为和表现,评价他们的参与度、合作态度、沟通技巧和解决问题能力。这种评价方式能够捕捉到学生在实际情境中的表现,从而更真实地反映他们的素养和能力。

活动结束后,教师可以评价学生的成果,包括他们的作品、报告或展示。这不仅包括成果的质量,还涉及学生的创新性、批判性思维和表达能力。

活动型课堂的评价体系更加注重学生素养的落实效果。通过观察学生在活动中的表现,教师可以评价学生是否能够将所学知识应用于实际情境,是否能够展现出良好的社会责任感和公民意识。评价学生在活动中的达成度,即他们是否达到了预定的学习目标。这不仅包括知识的掌握,还包括技能的运用和素养的提升。

活动型课堂中的评价不仅关注结果,还关注过程。过程性评价关注学生在活动过程中的表现和进步,而总结性评价则在活动结束后对学生的整体表现进行评价。在活动型课堂中,学生可以进行自我评价,反思自己在活动中的表现和学习成果。同时,同伴评价也是一个重要的组成部分,学生可以相互评价,这有助于培养他们的批判性思维和同理心。

通过这种多维度的评价方式,活动型课堂能够更全面地评价学生的能力,促进学生的全面发展。这种评价体系不仅能够提高学生学习的积极性和参与度,还能够帮助教师更好地了解学生的学习进程,从而提供更有针对性的指导和支持。

### (四) 基于活动型学科课程的大观念落实的实践路径

政治认同、科学精神、法治意识与公共参与学科核心素养是高中思想政治课承担的重要育人价值与目标。随着统编教材的广泛使用,《普通高中思想政治课程标准(2017年版 2020年修订)》中指出,思想政治学科的基本理念要"构建以培育思想政治学科核心素养为主导的活动型学科课程"。[1]而当前在思政课教学中,活动实施及开展并不少见,但是如何使活动内容大于形式,使大观念落实发挥出活动型课堂的育人价值与作用,还需要进行深入探讨。

朱志平老师指出:"思政课不是围绕生活中的主题开展探究,而是课内议题活动的延伸、拓展和深化。"[2]因此,依托大观念构建,思政课教学在考察学情的基础上,要以"大观念提炼—评价先行—情境连续化—议题结构

---

[1] 中华人民共和国教育部.普通高中思想政治课程标准(2017年版 2020年修订)[S].北京:人民教育出版社,2020:2.
[2] 朱志平.基于核心素养的思想政治活动型学科课程[J].思想政治课教学,2016(5):4—8.

化—活动序列化"为主线,将这一脉络贯穿到教学中。

1. 依托大观念,构建核心素养目标体系

有关大观念的构建策略和实例,在之前章节已经阐述。在分析教材和教学内容的时候,要重点厘清"这节课有什么内容""与本单元的关系是什么""与本册书的关系是什么",甚至"与初中教学的关系是什么""与思政课体系的关系是什么",对教材、教学有整体性的掌握与考量。在此基础上构建了大观念之后也就确定了教学内容。在落实具体教学内容的过程中,教学目标应该作为起点,成为课堂实施的具体依据。不同于过去的"三维目标",教学目标的确定需要符合以下几点要求:

(1) 凸显学生主体地位

学生是学习的主体,要让学生的学习和教师的教学具有一致性,必须引导学生的理解和学习过程与教师的预设与策略相匹配。[①]教了不代表学生学会了、达到目标了。因此,在基于活动型学科课程的大观念落实中,需要通过具体形式让学生回归主体,所以首先要对学情进行分析,这样才能确定在教师的教学之后,学生要学习到什么程度。那么教师需要从知识上考虑学生"已经学了什么""现在要学什么""将来还会学什么";从能力和发展空间上考虑学生"已经具备的经验是什么""想要知道的内容是什么""具备什么样的能力有利于本节课的学习"。当前学生接触知识的渠道越来越多,要想真正驾驭课堂,必须凸显学生想解决的问题。所以对学情进行分析的时候,首先要考查学生已有知识的掌握情况。此外,在实际教学中,也会遇到各种可能发生的情况,比如活动开展能不能在预计时间内按照计划向前推进,师生之间、同学之间对议题的争议等,这也都是需要事先考量的。

以"严格遵守诉讼程序"(完整教学设计见附录)一课为例,授课对象是高二学生,学生曾在初中学习过解决劳动争议和消费争议的几种手段,但没

---

① 崔允漷,夏雪梅."教-学-评一致性":意义与含义[J].中小学管理,2013(1):4—6.

有详细展开介绍;在高中必修3"政治与法制"全面依法治国单元中学习了司法机关的相关内容,在本册选择性必修2"法律与生活"中掌握了诉讼及其特点、类型。因此,学生对于诉讼这种途径本身有了基本的了解。

再以"争做青锋模范　共建精神家园"(完整教学设计见附录)一课为例,学生经过必修4第三单元的学习,对文化的内涵、载体、功能等有了一定的了解;能够较为正确地看待优秀传统文化的主要内容及特点;可以解释论证世界文化的民族性和多样性,但是对优秀传统文化创造性转化和创新性发展的了解还停留在认识层面。

在此基础上,除了考虑学生的知识逻辑,还要考虑学生的生活经验逻辑。思政课程要着眼学生的真实生活和成长,要将理论与生活经验相结合。在第一个课例中,大部分同学已满16周岁,对于即将面对社会生活的他们,需要掌握处理社会纠纷的能力,真正达到知法、守法、学法、用法,实现权利与义务的统一。第二个课例中,学生对于文化尤其是校史文化形成了较为全面的认识,并且面对当前不同文化冲击的复杂背景,都有了自己的思考,迫切需要形成文化自觉。

对于学生认知起点的分析决定了接下来学生"想学什么""要学什么""如何学""学到什么程度"。因此,后续基于活动型学科课程的大观念落实的目标设定、议题选择、活动开展、评价方式等都有了着落和基础。这也体现出真正落实学生主体策略,提升教学的课堂效益,也才能够真正让所学即所教,所评即所学。只有这样才能使教学与学生的发展和需求真正契合,凸显学生主体性。

(2)从三维目标向学科核心素养转变

教学中的"三维目标"通常指的是知识与技能、过程与方法、情感态度与价值观这三个维度。尽管这种目标分类在教学中被广泛应用,但它也存在局限性。目标分类学以行为主义为价值取向,更注重可量化、可观察的行为结果,适用于描述和评价知识、技能等教学层面的目标,但并不能真正解决整个教育目标的分级问题。①同时,针对"情感态度与价值观"维度的测量也存在争议。此外,针对活动型学科课程的实践性与综合性,"三维目标"也无法实现精准测量。

活动型学科课程以思想政治学科核心素养为主导,而学科核心素养是学科育人价值的集中体现,是学生通过学科学习而逐步形成的正确价值观、必备品格和关键能力。②也就是说,学生通过思政课教学之后在学科核心素养上得到整体提升,上述的三个维度也就不是割裂的关系,而是共同体现。学科核心素养在学科课程注重知识的基础上提出了更高的要求,进一步提高学生的综合素质,使思政课教学能够发挥出真正的育人价值。

以学科核心素养为主导的目标体系构建并非按照割裂的知识或是一个个独立的核心素养设置,而是要通过评价先行,以学生为主体,通过学生的行为条件、行为及最终落实的核心素养,制定可测量的教学目标。例如,在"严格遵守诉讼程序"一课中,大观念逻辑按照诉讼的顺序为起诉——开庭审理,教师通过序列化的活动即"书写起诉状"——"模拟法庭",让学生亲自感受诉讼的流程,制定教学目标:

① 通过探究起诉状的书写,能够阐释起诉的概念、条件和原则,明确起诉引起的法律效果;

② 通过模拟法庭活动,能说出开庭审理的主要阶段及其具体要求,并在此基础上表达认同公平司法的重要意义的立场。

我们可以看到,教学目标并非只有知识或是最终的学习结果,而是通过情境和活动等行为条件"探究起诉状的书写""模拟法庭活动",通过学生的行为"能够阐释起诉的概念、条件和原则""能说出开庭审理的主要阶段及其具体要求"来进行测量,最终指向学生素养的达成。其中,"明确起诉引起的

---

① 邓友超.从目标分类学的角度审视新课程的"三维目标"[J].教育理论与实践,2007(12):21—23.
② 中华人民共和国教育部.普通高中思想政治课程标准(2017年版 2020年修订)[S].北京:人民教育出版社,2020:4.

法律效果""能表达认同公平司法的重要意义的立场"代表的是政治认同、科学精神、法治认同、公共参与等核心素养在本课中的具体表现和落实。

又如"争做青锋模范 共建精神家园"一课中统整文化大观念,基于校史情境和相关学习任务制定目标:

① 通过小组合作设计校徽,实现对校史文化的创造性转化和创新性发展,进而深化对"四史"的了解。

② 通过对比不同校训,能够提炼背后的文化价值,理解文化的多样性。

③ 通过策划方案,为学校发展建言献策,树立文化自信。

学生在校史情境中,通过校徽、校训等内容设置学习条件,学生在课堂中将理论联系实际,达成"对校史文化的创造性转化和创新性发展""能够提炼校徽背后的文化价值""为学校建设建言献策"等行为,最终实现"深化对四史的了解""理解文化的多样性""树立文化自信"等素养目标。

相较于传统的三维目标,这样的教学目标体现的是核心素养,通过教学可以同时促进知识、能力、情感的提升,实现核心素养。行为动词参照布鲁姆教育目标分类理论,"评价先行"的方式有利于对教学效果进行检测。

2. 依据学习目标设置结构化议题

前文提及,当前在高中思政课中的大观念教学实践中,普遍涉及议题式教学。要支撑思想政治学科的学科知识和基本观点,需要在辨析和价值引领中不断深化理解,这就需要依据学习目标设置议题。

在课程标准中明确指出,议题既包含学科课程的具体内容,又展示价值判断的基本观点。[①]因此,议题指的是一个需要讨论、辩论或解决的问题或争议点。以下是议题的普遍特点:

开放性。议题,一定是可"议"的。议题的开放性指的是议题本身不预设固定答案或单一解决方案,而是允许并鼓励从多个角度、多种可能性去探

---

① 中华人民共和国教育部.普通高中思想政治课程标准(2017年版 2020年修订)[S].北京:人民教育出版社,2020:43.

讨和理解问题。从选择范围来说，既可以来自教材内容，也可以从情境中选择，可以来自学生的生活实际，也可以是社会中发生的。开放性议题鼓励学生从不同学科、不同文化、不同价值观的角度来看待问题，促进多维度的思考。由于没有固定答案，学生在探讨开放性议题时更容易产生新的想法和创意，要求学生批判性地分析不同的观点和论据，评估各种解决方案的优劣，而不是简单地接受一个标准答案。

引领性。议题在教学过程中有指导和驱动作用，它影响和塑造教学的方向、内容和方法。议题指出了教学的目标，帮助教师和学生聚焦于特定的学习目标，确保教学活动围绕这些目标展开。议题作为教学的线索，有利于将零散的知识点串联起来，更好构建大观念体系和教学体系。从价值引领角度来说，议题是为了让学生在辨析和价值冲突中形成或反思自己的价值观和态度，从而作出正确的价值判断，在学生的人格和价值观教育中起着重要作用。

在具体确立的过程中，需要满足这样几个要求：

（1）紧扣课程标准要求

从课程内容要求上来说，选择的议题应该在深刻理解并掌握课程标准的基础上选择，确保与教学目标及要求相一致。在课程标准的课程内容中，必修课程四个模块的教学提示中都给出了议题建议，同时在实施建议中也给出了四个具体案例供教师进行参考和学习。因此，议题的选择范围和难度应该与课程标准基本一致，不能脱离课标要求。在此基础上，再去考虑实际的教学目标和学生实际，以激发学生兴趣并引导他们关注现实生活的重大问题。例如，"严格遵守诉讼程序"一课所涵盖的内容不多但是比较脱离学生实际经验，因此严格按照课程标准和知识体系的具体要求来安排。从顺序上来看，完整的诉讼程序包括"起诉与应诉——审理与判决"，因此，教师要在和学生探究"如何起诉与应诉"与"真实的审理与判决是什么样的"，来解决"如何严格遵守诉讼程序"这一议题，从而提高学生依照法定程序解决现实争议的能力。

从核心素养达成来说，教师在设计课程议题时，应致力于让学生在掌握知识的同时，将这些知识内化为个人的情感体验，以此深化他们的政治认同感。议题的设计不应仅仅停留在政治宣传的层面，而应通过深入的分析和讨论，引导学生深入理解并领悟真理，进而自主形成独立的见解。对于高中生而言，他们的世界观、人生观和价值观正处于形成和完善的关键时期，容易受到外界思潮的影响。因此，教学的目的不仅是传授知识，更在于激发学生的情感共鸣，引导他们树立正确的人生导向。

在选择议题时，我们的目标是激发学生的科学精神，使他们能够深入理解世界的复杂性，并据此作出正确的价值判断和价值选择。课程不仅要灌输主流价值观念，还要培养学生识别和批判错误观点的能力。在这一过程中，教师不仅要传授马克思主义的基本立场和方法，还要教会学生如何面对各种错误思潮，进行有效的甄别和反驳。通过精心设计的议题，我们可以激发学生的好奇心和求知欲，引导他们进行深入的思考和讨论，从而建立起合理的思考框架。面对高中生接触到的多元价值观，教师应帮助他们学会独立分析和判断，为他们提供必要的资源和环境，以促进他们的自主辨析能力。同时，应该鼓励学生超越简单的对错二元判断，引导他们认识到世界的复杂性和多样性。通过富有思辨意义的议题设计，教师可以促进学生的深入讨论，帮助他们在掌握知识的同时，提高思维能力，并作出恰当的价值和行为选择。

议题设置要通过议题设计和教学实践，引导学生深入理解和实践法律知识，从而培养他们的法治意识。教育不仅仅是直接传授知识，还要挖掘课程中隐含的思想政治教育元素，实现全面的教育目标。鉴于青少年犯罪率上升和犯罪低龄化的趋势，学校教育在培养学生的法治意识方面扮演着关键角色。在高中阶段，通过有效的议题设置，可以帮助学生更好理解和接受国家法律，内化规则意识，有效培养学生的法治意识。

议题的设定应该既注重理论的传授,也强调实践的应用,通过具有价值导向的议题,让学生在实践中学习和体验,从而提高公共参与能力。通过议题的讨论,让学生将课堂上学到的理论与社会现实中的问题相联系,增强实践性。教师在设计议题式教学时,应该明确每个议题背后的价值导向,确保整个教学过程都能够引导学生形成正确的价值观。

例如,课程标准中有这样一个议题:"疏堵"措施的评析和建议。①这个议题通过对城市交通的"扩容"和"限行"进行评析并提出相应的解决建议,有助于在提高公共参与素养的同时,也培育法治意识和科学精神。

(2) 联系学生生活实际和社会现实

学生是课堂的主体,议题的设置需要吸引学生的兴趣,选择议题时需兼顾学生的认知水平与接受能力,确保议题具有挑战性但不过分繁杂。高中学生伴随着生活经验的不断积累,逐渐关注到个人生活和社会生活中的许多现象。因此,教师在教学中应选择与学生日常生活紧密相关的议题,以激发他们对课程的兴趣。只有当学生对所讨论的议题产生兴趣时,他们才会愿意深入学习和思考。教师需要从学生的实际生活出发,结合他们的真实体验和参与感,关注学生所处的现实环境,考虑学生所面临的实际问题,例如环境保护、网络安全、社会公正等,这些都是与学生生活息息相关的话题。通过将这些议题引入课堂,教师不仅能够让学生感受到课程的现实意义,还能帮助他们理解这些问题对个人和社会的影响。

此外,教师还可以利用社会热点事件作为教学议题,鼓励学生分析事件背后的社会、经济和政治因素。这种方式不仅能够培养学生的批判性思维能力,还能帮助他们建立对社会现象的深入理解。通过这种方式,教师能够有效地将课堂学习与学生的生活实际相结合,增强学生的学习动机,使他们在学习中感受到知识的价值和应用,从而更好地培养他们的自信心和社会

---

① 中华人民共和国教育部.普通高中思想政治课程标准(2017年版2020年修订)[S].北京:人民教育出版社,2020:47.

责任感。

例如,"争做青锋模范　共建精神家园"一课充分利用学生校园生活中的校史文化,通过校史中的人物、学校发展历程等,揭示文化的相关概念,共同探讨议题"如何争做青锋模范,共建精神家园"。

(3) 充分利用各类资源

议题的选择不应局限于课本知识,而应融合社会、文化、历史、科技等多个维度的资源,形成一个综合视角,这样可以帮助学生从不同角度理解议题,促进他们的全面思考。社会热点、新闻事件、历史案例等都是宝贵的社会资源,这些资源中蕴含着丰富的价值观,可以使学生更好地理解理论知识在现实世界中的应用,增强学习的现实意义。比如,可以利用时政新闻资源传递党和国家的路线、方针、政策等信息设置议题,引导学生及时了解党和国家取得的各方面成就,坚定"四个自信";也可以活用优秀文化资源设置议题,探究文化传承故事。例如,在"老房装电梯　品质好'升活'——妥善处理相邻关系"一课(完整教学设计见附录)中,融合社会民生资源,设置议题:老房装电梯何以提升品质好"升活"？这个议题不仅联系到学生身边的社会现象,背后也蕴含了"人民城市人民建,人民城市为人民"的价值取向。

从上述可知,高中思想政治活动型课程的大观念落实要基于课标、教材及学情等要求对议题进行结构化设计。教师既要对课标、教材进行系统性地分析和掌握,也要根据学生的基础设置议题,从而提高学科核心素养。也就是说,议题不仅要反映学科基本教学内容,也要为最终核心素养服务,涵盖基本的价值判断,具有导向性。

3. 基于议题确定连续性情境

教学情境作为活动型学科课程教学设计的重要环节,需要构建真实复杂的教学情境,要让学生在真实情境中学习,让他们亲身体验和理解知识的发展过程,引导他们勇于面对和处理生活中的实际问题,以此更有效地培养他们的学科核心素养。

（1）生活化教学情境：连接课堂与生活

核心素养的体现最终还是落实到学生在解决复杂的现实问题中的行为表现上,因而复杂的、连续化的真实情境有利于提高学生分析问题与解决问题的能力。考虑到学生真正参与社会生活的机会和经验有限,因此在创设情境时更加要以现实生活为着眼点,选择贴近学生、贴近生活的情境,这也是课程标准中对于思政课的要求。在情境选择中,我们应当延续贴近生活、贴近学生、贴近实际的教学理念。生活是学生个人成长的舞台,他们所学知识和形成的思想行为最终都要在生活实践中发挥作用,并展现个人的能力与素质。学生已有的日常经验和学习积累,使他们对各种问题和现象有了自己的看法,即使面对新问题,也能利用已有的知识和能力进行思考。

教学应该将学生视为社会关系中不断发展的个体,而非仅仅是学习书本知识的人。教学的内容和情境要反映学生的生活实际,追求教育的生活化意义。教学应该源自生活,但又不局限于生活表面,基于生活体验,但又超越生活细节,这是构建课堂教学情境的基本方向。

为了构建基于生活的教学活动情境,教师需要全面了解学生的生活经历和实际经验,关注他们的学习风格、心理特点以及知识和技能水平,从而设计出能够激发学生兴趣、引发思考的教学情境。教师可以将生活场景引入课堂,根据教学内容创造模拟情境,让学生在问题思考或角色扮演中融入情境。

例如,在"争做青锋模范 共建精神家园"一课中,利用校史中校训、校歌、历届校徽的设计理念、不同年代的校友故事等元素来创设情境,串联起不同时代背景下学校建设的理念和成就,通过这些元素来构建一个与学生生活紧密相关的学习情境。在革命年代的校徽设计中穿插校友陈虞钦、邹韬奋等人的事迹;在改革开放后的校徽设计中介绍当时国家对学校体育的政策,介绍学校在篮球上的突破和建设;在校训中引出近年来校友的故事。

在这个情境之中,通过将抽象的文化概念与学生熟悉的校园生活相结合,使得学习内容更加生动和具体,从而激发学生的学习兴趣。通过校史中的校训、校歌、校徽等元素,学生可以直观地感受到学校文化的传承和发展,增强对学校文化的认同感和归属感。在讨论不同年代校友的故事和校徽设计时,学生可以学习到不同时代的文化背景和社会价值观,这有助于理解文化的多样性和复杂性。通过将文化大观念与具体的校史实例相结合,学生可以更直观地理解文化的力量和影响,以及文化在社会发展中的作用。

(2)社会现实情境:拓展教学的现实维度

思想政治教育课程应当与时俱进,实现理论与实践的紧密结合。这意味着在教学过程中,我们不仅要传授理论知识,还要强调这些理论在现实世界中的应用和实践。为了达到这一目标,教学情境的创设必须反映出当前的时代特征,将学科教学内容与社会现实中的实际情况紧密联系起来。

我们可以从时政新闻和社会热点话题中汲取素材,这些素材不仅具有时效性,而且能够引起学生的兴趣和关注。通过将这些鲜活的案例融入教学情境,我们可以让学生感受到学习的现实意义,激发他们对社会问题的思考和对时代发展的关注。这样的情境不仅能够提高学生的学习热情,还能够帮助他们在分析和解决现实问题时,运用所学的思想政治理论。最主要的是,通过这类情境创设,实现了高中思想政治课程与时政教育的相互补充。

此外,将时代性融入教学情境,也意味着我们能够培养学生的时事敏感性和批判性思维。学生将学会如何从政治、经济、文化等多个角度分析社会现象,形成自己独立的见解。这种教学方式有助于学生在面对复杂多变的现代社会时,能够保持清晰的思考和正确的价值判断,从而更好地适应社会,成为具有责任感和使命感的公民。

例如,在"老房装电梯 品质好'升活'——妥善处理相邻关系"一课中,设置情境:繁华的城市中,却有不少老人因为居住的小区没有电梯,出行不便,只能被困在狭小的居住空间里,有的甚至连下一趟楼都成了奢望。为老旧小区加装电梯,解决"悬空老人"出行难题,是群众的热切期盼。人民城市为人民,民生实事暖民心。在上海,一些街道社区充分发挥党建引领作用,化解电梯加装过程中的种种难题,加快推进加梯工作。

在这个情境中,包含着丰富的学科内容。既关系到经济社会发展,也和民生息息相关,同时置于选择性必修2"法律与生活"的框架之下,又与德治和法治有着密切关系。而在这个情境中,不同群体所代表的利益也是不同的,例如低楼层住户对此需求不大,反对的较多;而高楼层住户尤其是有老人的住户却迫切需要加装电梯来改善出行。同时,加装电梯又涉及政府、电梯公司、居委会、居民等不同主体。所有上述内容都有赖于学科知识的支撑,贯通多个模块,更有利于学生在提升公共参与的同时,能够基于教材相关内容,对利益冲突作出价值判断,培养法治意识和科学精神。

总之,思想政治课程的教学情境创设应当与时代同步,通过将学科内容与社会现实相结合,选取具有时代感的素材,我们能够引导学生直面社会问题,关注时代发展,从而培养他们成为具有现代意识和实践能力的社会主义建设者和接班人。

(3) 情境与活动对接:实现知行合一

在教学中,评估一个教学情境是否真正有效,其核心在于它能否紧密地与学生活动相融合。一个真正具备教育价值的教学情境,应当是与学生活动相互补充、相互促进的。在这种情境下,学生能够通过亲身参与和实践活动,获得实质性的知识积累和深刻的内心感悟。这样的教学模式,对于培育学生的学科核心能力和综合素质具有极其重要的意义。一个优秀的教学情境设计,其质量不仅仅取决于情境本身的选择是否恰当,还与学生活动的设计是否合理紧密相关。换言之,一个成功的教学情境,需要与学生的活动进行巧妙的结合。一方面,我们可以通过构建真实的教学情境,来引导学生参与各类学习活动;另一方面,学生活动的具体展开,又能反过来帮助我们更深入地理解和优化教学情境,使其更加符合学生的实际学习需求和认知水平。

在实际的教学过程中,我们经常会发现,有些教师虽然精心设计了非常吸引人的教学情境,但由于没有合理地安排学生的活动,导致这些情境并未能充分发挥其应有的教学作用。相反,有些看似平淡无奇的教学情境,由于教师巧妙地设计了学生的活动,使得整个教学过程变得生动有趣,取得了令人惊喜的教学效果。

在教学情境的设计过程中,我们不能仅仅追求情境本身的新颖独特和吸引力,更要注重它与学生活动的契合程度。只有当学生能够在教学情境中积极参与、主动探索时,教学情境的价值才能得到真正的实现,从而有效地提升学生的学科素养和综合能力。同时,这也启示我们,在教学设计和实施过程中,要始终坚持以学生为中心的原则,尊重学生的主体性,注重学生的实践体验,让教学情境与学生活动相互促进、共同发展,收到最佳的教学效果。

因此,在选择情境的基础上,依据学生理解能力和已有知识水平,教师要对素材进行筛选和整合,考虑到情境的相关性、目标性、灵活性,既要凸显主体、事件的复杂性,让学生在复杂情境中解决问题,又要把过多、杂乱的部分删除,防止过复杂、过累赘。最后,围绕课标、教材、课程目标进行情境连续化设计,切忌"喧宾夺主",要让情境最终为课堂服务,不能将学生的注意力仅仅停留在情境的内容上。

依然以"严格遵守诉讼程序"一课为例,学生对法律知识与素养的需求与兴趣和目前实际生活经验间不成正比,因此在情境设置中更要以真实情境为背景,让学生身临其境,但又难以从学生生活实际中选择。为了更好开展教学活动,笔者在这一课中对电影《没有过不去的年》进行剪辑整合,让学生在复杂情境中,梳理不同主体的角色,厘清片段中主人公、村民、矿企、村委等角色的关系,随着情境的不断深入引发法律纠纷,从而探究"如何起诉与应诉"与"真实的审理与判决是什么样的"。

通过综合考虑这些因素,教师可以设计出既真实又有效的教学情境和学生活动,从而提高教学效果,培养学生的学科核心素养。这种教学方法不仅能够提升学生的学习兴趣,还能帮助他们在实际情境中应用所学知识,为未来的学习和生活打下坚实的基础。

4. 围绕情境开展序列化活动

活动是教学的重要环节。基于课内议题的选择与情境的创设,活动成为了延伸与深入的部分。"活动"一词在《新华字典》中有(肢体)动弹;运动;动摇;灵活,不固定;为达到某种目的而从事的行动之意等。[1]这一概念最早由亚里士多德提出,他将活动分为理论活动、制作活动和实践活动这三类,[2]但是这个表述没有揭示出活动的本质。直到马克思对"活动"这一概念进行阐述,我们才得以在哲学范畴对"活动"有了深刻的理解。马克思把人的活动定义为能动的、感性的社会实践活动,人的活动具有主观能动性、客观现实性、社会历史性等特征。[3]

活动型学科课程中的"活动",聚焦于教学中的活动,因此,这里的"活动"也就是为了在课堂教学中实现学习目标所开展的一系列学习活动。学习活动是教师、学生、教学内容、教学手段等各个因素在教学过程中的相互作用。既包括课堂上辩论、设计方案、模拟法庭、小组探究等具体形式,也包括在学校、教师的组织和引导下,学生参与的社会实践活动。活动型学科课程中的"活动"更强调学科内容与社会活动的结合,采取思维活动和社会实践活动等方式呈现,[4]其内涵更加丰富、全面。具体的活动形式在前文已经详细介绍,这里主要涉及活动的组织和开展。思政课的活动要让学生围绕议题,通过各种活动形式进行自主学习与合作探究。[5]在活动设计和开展中

---

[1] 新华词典编纂组.新华词典(1988年修订版)[M].北京:商务印书馆,2020.
[2] 潘洪建.活动教学基本理论探讨[J].宁夏大学学报:人文社会科学版,2003(5):111—116.
[3] 高峡.活动课程的理论与实践[M].上海:上海科技教育出版社,1997年,第13页.
[4] 中华人民共和国教育部.普通高中思想政治课程标准(2017年版2020年修订)[S].北京:人民教育出版社,2020:2.
[5] 于雪.活动型政治课的有效实施策略[J].思想政治课研究,2017(6):129—132.

需要把握以下几个要求：

（1）活动流程符合序列化要求

在构建高中思想政治活动型学科课程的大观念落实时，活动是关键步骤。课程标准指出要以议题为核心来设计活动，这意味着在提出议题后，教师需要精心规划学生怎样利用活动来掌握知识。活动设计引导学生思考的情境、合作探究的策略、解决问题的方向，以及为学生的学习成果展示提供平台。这样的设计使得活动成为实现教学目标的主要途径和载体。

首先，活动设计应与课程内容要紧密结合，确保每个活动都能有效地支持和加强学生的学习目标。这要求教师对课程内容有深入的理解，并能够创造性地将这些内容融入活动。其次，活动应该有明确的开始、中间和结束阶段，每个阶段都应该有明确的目标和预期成果，以确保活动的连贯性和有效性。为了确保活动能得到有效组织，教师在活动中扮演着引导者和评估者的角色，需要提供及时的反馈，帮助学生理解他们的学习进度和需要改进的地方。教师应该预见可能的问题，并制定应对策略，以确保活动能够顺利进行，即使在出现意外情况时也能迅速调整。教师需要对活动流程、学生可能的反应和结论进行预先规划，以避免在活动中出现意外情况时感到不知所措，导致活动失控。

为了让教学凸显活动型课堂，充分调动学生兴趣，给予学生展示机会，在设计的过程中，我通常会考虑几个问题"学生在课堂学习中会出现什么样的问题""如果出现问题，我应该如何解决""基于什么样的理论设计有效的教学"等。

在课堂中，我会不断观察学生的状态，例如在"争做青锋模范　共建精神家园"一课的"创新设计"活动中，学生对校徽进行再设计并说明蕴含的理念，以及在"严格遵守诉讼程序"一课中学生要在复杂情境中梳理不同主体的角色以及在案件中的作用，选择适当类型的诉状书，并能按要求书写。教师在这类环节中要能够观察到学生的参与情况，并快速进行比较，选择具有代表性问题的作品进行点评,从而让学生集体进行修正。

"双新"背景下,在教学中反对传统的知识性讲授课程,而是以活动型课堂来培养学生的核心素养。教师由传统的知识传授者转变为对学生学习的组织者;同时,教师不再是学生学习活动的主导者,而是引导者。

(2)活动参与凸显学生主体

在实施活动型学科课程时,关键在于凸显学生主体地位。教师在设计活动时,应以学生为中心,确保活动不仅仅是形式上的参与,而是能够促进学生的深度学习和个人成长。教师需要密切关注学生在活动过程中的表现和体验,确保学生能够通过参与活动获得深刻的个人感受。理想的学习活动是那些能够让学生全身心投入,并从中获得深刻体验的活动。

为了体现学生主体,活动设计应以学生的需求和兴趣为出发点,确保活动能够激发学生的好奇心和探索欲,从而促进他们的主动学习。活动不应仅仅停留在表面的参与,而应鼓励学生深入思考,通过实践活动将理论知识与现实问题相结合,实现知识的深度理解和应用。教师应持续评估活动的效果,并根据学生的反馈和表现进行调整,以确保活动能够持续促进学生的深度学习和个人发展。活动结束后,教师也要积极引导学生进行反思,总结活动中的收获和不足,这有助于学生内化学习成果,并为未来的学习提供指导。

在"严格遵守诉讼程序"一课中,在探究"如何起诉与应诉"时,设置的是"书写起诉状"的学习活动。但是在开展过程中一共经历了两个版本:

表1 修改前:"书写起诉状"学习活动

| 教师活动 | 学生活动 |
| --- | --- |
| 1. 出示三种类型起诉状(民事、行政、刑事)。<br>2. 播放电影《没有过不去的年》片段。<br>3. 点评、展示学生书写的起诉状。 | 1. 对比三种类型起诉状(民事、行政、刑事)的异同,归纳起诉的条件和原则。<br>2. 厘清片段中角色的关系和在案件中的作用,选择适当类型的诉状书,并能按要求书写。<br>3. 修改起诉状。 |

从表 1 可以看到,在修改前是通过"书写起诉状"的学习活动进行,但是虽然是以活动的形式进行,在开展过程中还是以"教师讲授—学生练习—教师点评—学生修改"的传统模式进行。通过教师的讲解,学生被动吸收后加以操练运用。在实际开展中,效果并不佳,由于不是自主、主动学习吸收,学生在教师讲授的过程中很难完全掌握并加以运用。课堂的效益和氛围,以及学生的主体作用都很难彰显。

表 2　修改后:"书写起诉状"学习活动

| 教师活动 | 学生活动 |
| --- | --- |
| 1. 播放电影《没有过不去的年》片段。<br>2. 点评、展示学生书写的起诉状。 | 1. 厘清片段中角色的关系和在案件中的作用,选择适当类型的诉状书,运用所学内容书写。<br>2. 修改起诉状,并归纳起诉的条件。 |

而表 2 修改后的活动则变成了"学生独立分析—学生自主探究—学生集体交流点评"的方式完成知识的构建。在这个过程中,不仅保证了学生自行探索、实践,还在探究合作中相互交流、进行观点的交换和补充,使学生的主体性作用得到充分发挥,也利用了集体的力量共同对问题进行分析、探究和解决。

而第二个角色模拟活动中,教师扮演的是"书记员",这样既参与了学生的活动中,但又不是一个重要的角色,可以把课堂交给学生,同时,根据事先设计的评价表对学生的表现进行记录。这也是一个大胆的尝试,让学生切身感受司法过程。

通过这节课,最后让学生能够将生活事实上升到法律事实,从而感受司法公正的意义。而课后和学生的交流反馈中,学生说道:"这样的课堂给了我们很多自主性和施展的空间,也让大家在团队合作中感受到法律的魅力。"也有学生说:"通过书写起诉状,牢牢记住了起诉的条件,也复习了民事主体的内容。学以致用真的很重要,以为自己之前学得很扎实,但到了要用的时候才发现还有不足。"

当然，教学要充分调动学生的积极性和参与性，凸显学生的主体地位，但是也不能使活动的形式大于内容，仅仅通过丰富且活跃的学生活动但脱离课程的主题和内容也是不行的。

（3）活动类型利用课内外结合

高中思想政治活动型学科课程是一种将理论与实践紧密结合的教学模式，通常采用思维活动和社会实践活动相结合的方式，促进学生对政治理论知识的深入理解和应用。这要求学生不仅要理解学科大观念，还要学会如何将这些知识应用到解决现实问题中去，从而实现知识的转化和应用。这种方式的活动设计通常遵循以下步骤：

课程的开始阶段，学生通过参与社会调查、实地考察等实践活动，收集第一手资料。这些活动帮助学生走出课堂，直接接触社会现实，了解社会问题和现象。在实践活动后，学生需要对收集到的数据和信息进行整理和分析。这一步骤要求学生运用批判性思维，识别信息的可靠性，分析数据背后的社会、经济和政治因素。通过这个过程，学生能够培养信息处理和分析的能力。

在收集和分析资料的基础上，学生回到课堂，通过小组讨论或全班讨论的形式，分享他们的发现和分析结果。这种互动式的讨论能够激发学生的思维火花，促进不同观点的交流和碰撞。教师还可以提供与社会调查相关的案例，让学生进行深入分析。案例分析不仅要求学生理解案例的背景和细节，还可以要求他们运用所学的政治理论来解释案例中的现象，提出解决方案。

在经历了发现问题、分析问题的过程后，学生需要尝试解决问题。这可能涉及提出具体的政策建议、设计社会活动方案或制定行动计划。这一步骤要求学生将理论应用于实践，发挥创造性思维。

在《老房装电梯 品质好"升活"》一课中，首先布置了课前活动：

表3 课前学习活动任务单

### ×××老旧小区加装电梯的现状调查与研究

一、背景

国家统计局2019年底发布的统计公报显示,我国65岁以上的人口已增加至1.6亿,占全国总人口的11.47%,占世界老龄人口的22.97%,当前我国已逐步迈入老龄化社会。随着我国老龄化问题的日益突出,改造老旧小区居住环境,完善小区配套设施,满足独居老人、高龄老人的生活需求,已成为社会普遍关注的问题。党的十九届四中全会明确指出坚持和完善民生保障制度,以满足人民日益增长的美好生活需要。在这一社会背景下,老旧小区加装电梯就成为一种新型而迫切的规划建设需求。2012年以来,上海已有多个城区开始了老旧小区加装电梯的工作,但就目前开展情况来看,老旧小区加装电梯的整体进程十分缓慢。

二、调查内容

1. 电梯安装概况的调查

(1)你调研的居委需加装电梯的楼宇数量。

(2)已经被列入安装计划的楼宇数量,没有被列入安装计划的楼宇数量。

(3)被列入计划并安装成功的数量,没有成功的数量。

2. 访谈(面对面或电话,注意防疫)

(1)对象:居民(不同楼层);物业和居委会相关工作人员。

(2)内容:对老旧小区加装电梯的看法以及对邻居观点的看法。

3. 基于调研情况,分析老旧小区安装电梯成功的原因及存在的阻力。

三、方案设计

基于调查结果,结合"价值判断与价值选择"的相关内容,针对本组调查的老旧小区加装电梯存在的问题,提出具有可操作性的方案。方案至少需要具备以下基本要素:方案名称、方案背景、具体操作步骤、目的。

| 方案名称 | |
|---|---|
| 方案背景(调研小区的特点和情况;政策背景等) | |
| 具体操作步骤(包括如何处理多方意见、安装过程和程序等) | |
| 目的(解决什么问题,达到什么目标) | |
| 其他(如有) | |

在调查研究的基础上,学生需要在课堂中进行小组汇报,共同分析问题。之后通过探究教师提供的解决方案,针对自己小组的调查情况提出针对性的

建议或方案。这样学生通过课前调研—课堂分享—合作探究—共同解决,实现了对活动的深度体验,也实现了课堂上的深度学习,让学习真正发生。

通过这样的活动型学科课程,学生不仅能够加深对政治理论知识的理解,还能够培养他们的社会实践能力、批判性思维和问题解决能力。这种教学模式有助于学生形成全面的知识结构,为他们成为具有社会责任感和实践能力的公民打下坚实的基础。

5. 评价素养达成情况

对于教学是否有效、思政课是否有效落实核心素养、是否达到目标要求,最终还要落实在评价上。朱明光教授指出,要通过学生在完成学科任务过程中所表现出来的关键行为来断定某个核心素养的发展水平。[1]尽管在后面章节会对评价进行更为完整、详尽的介绍和阐述,这里作为对于活动型学科课程的素养落实情况也需要进行评价。为避免重复,这里主要体现的是对某个具体活动的评价。

首先,学生在评价中的表现也是对预设学习目标的达成程度,因此要加强学生在课堂学习任务中的过程性评价。当前思政课的评价不能拘泥于传统对作业、书面检测的终结性评价。在模拟法庭活动中,针对法庭文书准备、法庭表现等项目进行评价,从多个维度依据具体要求衡量学生在活动中的表现:

表 4 模拟法庭活动评价量表(部分)

| 评价项目 | | 具体要求 |
| --- | --- | --- |
| 法律文书 | 法律依据 | 有充分的法律依据并能准确引用法律条文 |
| | 事实认定与举证 | 基本符合案情事实,并进行充分举证 |
| | 法律文书形式 | 格式正确,用词严谨,结构清晰,逻辑合理 |

---

[1] 朱明光.普通高中课程标准(2017年版)教师指导[M].上海:上海教育出版社,2020:252.

续表

| 评价项目 | | 具体要求 |
|---|---|---|
| 法庭表现 | 法庭辩论内容 | 对案件理解正确,辩论时有较强说服力,所引法条准确 |
| | 语言表达 | 语言表达清晰、有层次,法律用语规范,语言流畅、简明有力 |
| | 逻辑推理 | 在法庭辩论过程中,运用法律对案情进行分析的条理清晰,推理逻辑严密、结论恰当且能论证 |
| …… | | |

在活动中,表4基于课标中学业质量4个水平制定,体现学生的综合素养,指向学生自身发展和适应未来社会所必备的关键能力和核心素养。[1]例如,"准备法律条文和法律文书"需要学生有搜集资料的能力,"事实举证"和"文书的书写"需要小组合作交流的能力,而"法庭辩论""语言表达"等需要学生能够展示成果进行交流等。通过表4评价量表及时关注到学生在学习任务中的过程性表现,也符合高中学段学生的特点和高考指挥棒下的要求。核心素养并不是可以具有标准答案的表达,而是三维目标整体性的提升,是学生的品质与综合的能力。在思政课一体化教学中,通过指向核心素养的结构化议题、连续化情境、序列化活动,观察、测量学生的行为表现,可以推断学生核心素养的落实情况。

评价以活动为载体,注重对学生核心素养的培养。在对活动进行评价时,将评价学生的表现,以及教师的教学,实现多元评价。对学生的评价采用表现性评价,评价学生"知道什么",以及"能做什么",依照梯度性的活动,评价也从知识、能力、情感态度价值观角度进行螺旋上升的评价。

在模拟法庭活动中,根据学生在活动中的表现制作评价表,既要评价学

---

[1] 梁英姿,沈雪春.教学评协同:议题式教学的提效路径:以"自主创业与诚信经营"为例[J].中学政治教学参考,2022(25):55—57.

习情况,又要引导活动过程。主要包括以下角度:法庭辩论内容、语言表达、逻辑推理、角色状态、程序遵守、诉讼仪态与道德风貌、临场应变,考查学生的知信行合一。

评价的目的是为学生提供有实质意义的反馈信息,并且改进教师的教学。从而实现各个教学环节的有效性,提升教师的教学效率和效果。具体多元评价机制的实施和设计方式在后续章节会详细论述。

# 附 录

## 课例一 "严格遵守诉讼程序"

所属教材:高中思想政治选择性必修2"法律与生活"——第四单元 社会争议解决——第十课 诉讼实现公平正义——第二框 严格遵守诉讼程序

**【整体设计思路、指导依据说明】**

科尔伯格认为,儿童的道德发展的各阶段是"结构化了的统一体"。在道德认知发展的过程中,不同阶段有着不同的特点甚至各成系统,但各个阶段是自然连续的。这说明我们的思想政治课应该遵循学生不同发展阶段的特点。初中阶段在《道德与法治》教学中重在打牢学生的思想基础,让学生具有初步的宪法意识、法治观念。而高中阶段重在提升学生的政治素养,能够树立宪法法律至上、法律面前人人平等观念,进一步增强法治意识。

本课程要求构建以思想政治学科核心素养为目标,要让学生进一步增强法治意识这一素养,需要教师通过情境创设,构建序列化活动,深化学生认知、增强能力培养,达到知信行合一。

**【教学背景分析】**

(一)教材分析

本单元作为选择性必修2的最后一个单元,在了解了法律中具体的权利和义务后,回到现实生活,解决社会交往中遇到的争议纠纷。第十课在前一课介绍了纠纷的多元解决方式后,详细介绍解决争议的最终途径——诉讼,为学生提供解决现实问题的具体手段。

本课时是第十课第二框,在本课中承前启后,在了解了公民的诉讼权利后详细阐释诉讼的条件和程序,并为后一框证据规则做铺垫,提高学生依照法定程序解决现实争议的能力。

(二)学情分析

本届高二学生在初中教学中曾学过解决劳动争议和消费争议的几种手段,但没有详细展开介绍;在高中必修3"全面依法治国"单元中学习了司法机关的相关内容,在本册书中掌握了诉讼及其特点、类型。因此,学生对于诉讼这种途径本身有基本的了解。

同时,大部分同学已满16周岁,到了完全负刑事责任年龄,也即将成为完全民事行为能力人。因此对于即将面对社会生活的他们,需要掌握处理社会纠纷的能力,真正达到知法、守法、学法、用法,实现权利与义务的统一。

所授班级的学生基础较好,思辨能力强,但是课前在个别访谈调查中发现学生对于程序法的内容还是比较陌生,在程序的具体开展和落实上还有许多疑问。

【教学目标分析】

(一)课标分析

第十课诉讼实现公平正义对应的课标是:

4.3 解析民事诉讼、刑事诉讼、行政诉讼的特点和程序,说明不同诉讼中的举证规则,树立证据意识;

4.4 概述公民的诉讼权利,熟悉公民获得法律援助的渠道。

因此在第二框严格遵守诉讼程序中,需要解析民事诉讼、刑事诉讼、行政诉讼尤其是民事诉讼的特点和程序。

（二）教学目标

1. 通过探究起诉状的书写，能够阐释起诉的概念、条件和原则，明确起诉引起的法律效果；

2. 通过模拟法庭活动，能说出开庭审理的主要阶段及其具体要求，并在此基础上表达认同公平司法的重要意义的立场。

【教学重点、难点分析】

教学重点：开庭审理的主要阶段。

本课的重点是开庭审理的阶段，而模拟法庭活动的开展也是本课的"重头戏"，在整节课里通过同学们模拟不同角色感受公平司法的重要意义和实现路径，从而树立宪法法律至上、法律面前人人平等观念，进一步增强法治意识。因此是整节课的教学重点。

教学难点：起诉的条件。

而书写起诉状环节需要学生联系本册教材第一单元的内容，确定起诉人、受理的法院等，对学生整合知识并加以运用的要求较高，因此为本课难点。

【教学流程设计】

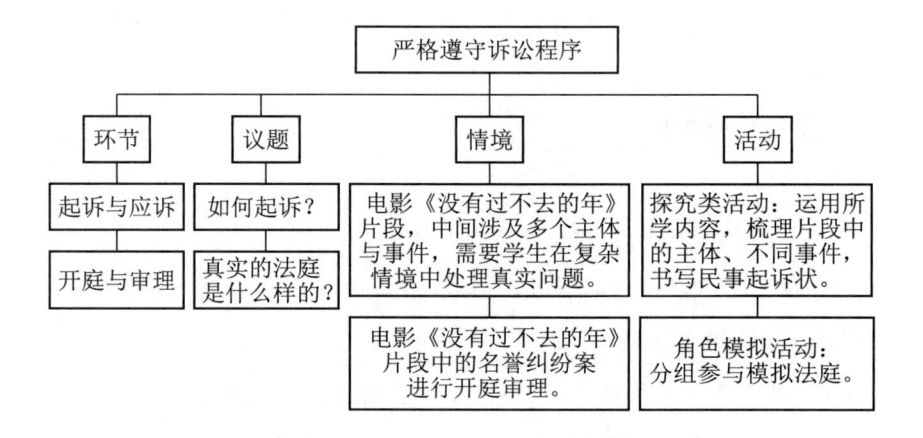

```
                    严格遵守诉讼程序
        ┌───────────┬──────────┬──────────┬──────────┐
       环节          议题         情境           活动
        │            │            │             │
    起诉与应诉    如何起诉？   电影《没有过    探究类活动：运用所
                              不去的年》      学内容，梳理片段中
                              片段，中间涉及   的主体、不同事件，
                              多个主体与事件， 书写民事起诉状。
                              需要学生在复杂
    开庭与审理   真实的法庭   情境中处理真实问题。
                是什么样的？

                              电影《没有过不去的年》  角色模拟活动：
                              片段中的名誉纠纷案     分组参与模拟法庭。
                              进行开庭审理。
```

**【教学过程】**

| 教学环节 | 教师活动 | 学生活动 | 设计意图 |
|---|---|---|---|
| 第一环节：起诉与应诉 | 1. 播放电影《没有过不去的年》片段，让学生为当事人维权，写一份民事起诉状。<br>2. 点评、展示学生书写的起诉状。 | 1. 在复杂情境中，梳理不同主体的角色，厘清片段中王自亮、村民、矿企、村委等角色的关系和在案件中的作用，选择适当类型的诉状书，并能按要求书写。<br>2. 修改起诉状，并归纳起诉的条件。 | 电影片段既作为导入，引起学生兴趣，又串起后续整节课。<br>书写起诉状，运用所学内容解决真实案例，培养归纳材料、在复杂情境中解决问题的能力，从而能够学法、知法、守法、用法，进一步从公民和司法角度理解起诉的意义，增强对我国法律制度的认同。 |
| 第二环节：审理与判决 | 1. 复盘电影片段中名誉权纠纷案，引导学生开展模拟法庭活动，体会开庭审理流程。<br>2. 点评模拟法庭活动，归纳开庭审理重要阶段。 | 1. 根据分组进行讨论后，挑选代表参与模拟法庭，其他人作为旁听人观察流程展开情况。<br>2. 针对模拟法庭提出建议和问题。 | 通过学生从收集材料到直接进行模拟法庭活动，可以理解开庭审理的主要阶段及其具体要求，并亲身感受司法程序的严格与公正。 |

**【参考资料】**

《青少年法治教育大纲》

《新时代学校思想政治理论课改革创新实施方案》

**【教学评价】**

1. 书写起诉状活动评价表

| 维　　度 | 评价等级 |
|---|---|
| 能准确理解案件争议 | |
| 能完整、准确记录案件信息 | |
| 能准确写清自己的诉求 | |
| 总　　评 | |

2. 模拟法庭活动评价表

| | 评价项目 | 具体要求 |
|---|---|---|
| 法律文书 | 法律依据 | 有充分的法律依据并能准确使用法律条文 |
| | 事实认定与举证 | 基本符合案情事实,并进行充分举证 |
| | 法律文书形式 | 格式正确,用词严谨,结构清晰,逻辑合理 |
| 法庭表现 | 法庭辩论内容 | 对案件理解正确,论辩有力有据,有较强说服力,引用法律条文准确无误 |
| | 语言表达 | 语言表达清晰、有层次,法律用语规范,语言流畅、简明有力 |
| | 逻辑推理 | 法庭辩论过程中,运用法律分析案情的思路清晰、推理严密、结论恰当且有说服力 |
| | 角色状态 | 与所扮演角色高度融合,表现力强 |
| | 程序遵守 | 遵守庭审程序,没有遗漏诉讼程序和违反庭审规则的情况 |
| | 诉讼仪态与道德风貌 | 精神饱满,庄重大方,举止得体,尊重对方、法官及其他人员 |
| | 临场应变 | 在法庭论辩中反应灵活、沉着,配合默契 |

3. 评价先行

4. 作业:探究优秀法官代表唐汉华的工作经历与事迹,思考成为这样的人需要具备哪些条件?写一份职业生涯规划。

## 课例二 "争做青锋模范 共建精神家园"

所属教材:高中思想政治必修4"哲学与文化"—第三单元 文化传承与文化创新

【课程标准】

辩证地看待传统文化,领会对中华优秀传统文化进行创造性转化、创新性发展的重要意义,弘扬民族精神。

感悟世界文化的多样性,理解文化多样性的机制,明确文化交流互鉴的途径和意义。

辨识各种文化现象,领悟优秀文化作品的影响力和感召力,展示中国特色社会主义文化自信。

**【教材分析】**

本单元由七、八、九共三课构成,第七课以时间为纵轴,强调对中华优秀传统文化的继承与发展,主要借助的途径是对优秀传统文化的创造性转化、创新性发展;第八课从空间的维度凸显文化的民族性与多样性,我们应该学习借鉴外来文化;无论对待中华优秀传统文化还是外来文化,都应坚持辩证法"扬弃"的观点。第九课是本单元的落脚点,我们必须坚持以马克思主义为指导,坚守中华文化立场,构筑中国精神、中国价值,建设文化强国,坚定文化自信。总之,哲学是文化的活的灵魂。

**【学情分析】**

文化,于学生而言,并不陌生,但感性认识多于理性认识。

经过必修4第三单元的学习,对文化的内涵、载体、功能等有了一定的了解;能够较为正确地看待优秀传统文化的主要内容及特点;可以解释论证世界文化的民族性和多样性。

对优秀传统文化创造性转化和创新性发展的了解还停留在认识层面。

南洋模范中学(以下简称"南模")文化源远流长,无处不在,但学生尚未对此形成文化自觉。

**【学习目标】**

1. 通过小组合作设计校徽,实现对校史文化的创造性转化和创新性发展,进而深化对"四史"的了解。

2. 通过对比不同校训,能够提炼背后的文化价值,理解文化的多样性。

3. 通过策划方案,为学校发展建言献策,树立文化自信。

**【重点难点】**

重点:继承发展南模优秀传统文化;认同文化的多样性及其价值。

难点:发展有特色的优秀文化。

**【教学方法】**

学科融合　合作探究　方案策划

**【教学过程】**

| 过　　程 | 教师活动 | 学生活动 | 活动目标 |
| --- | --- | --- | --- |
| 导入 | 挑选竞答软件、准备竞答内容、知识小结 | 知识竞答 | 检测"文化传承与文化创新"所学知识;评价学生对南模文化的了解程度。 |
| 创新设计 | 展示不同时代的南模校徽;美术老师点评学生作品 | 校徽再设计并解释蕴含理念 | 了解蕴藏在校徽背后的"四史";实现南模优秀传统文化"创造性转化和创新性发展" |
| 校训比较 | 展示不同学校的校训、视频播放 | 挑出最喜欢的校训并说明理由 | 感悟校园文化的多样性以及南模文化的价值;理解文化多样性的价值 |
| 策划方案 | 草拟校园微景观方案要求;点评方案;课堂总结 | D2学生点评D1学生的微景观方案 | 在参与中树立南模文化自信 |
| 合唱校歌 | 事先通知交响乐队特长生准备乐器;与学生齐唱校歌 | 特长生伴奏;其他学生合唱 | 升华爱校荣校的情感 |

**【作业布置】**

"洋节热"社会现象的调查研究

具体要求:小组成员根据调查任务进行分工合作;设计调查方案,进行现场调查、问卷调查、访谈、查阅文献等;整理调查资料和搜集的文献;对资料进行取舍、分类、归纳后形成调研报告。

## 课例三　"老房装电梯　品质好'升活'"

所属教材:高中思想政治选择性必修2"法律与生活"——第一单元　民事权利与义务——第四课　侵权责任与权利界限——第二框　权利行使　注意

界限—第二目　妥善处理相邻关系

【课程标准】

理解相邻关系的实质、作用、原则、依据、担责。

讨论邻居之间的相邻权关系,列举团结互助邻里关系的事例,彰显友善的价值观念。

引用自己的经验或家人的感受,说明法律与道德之间的关系。

【单元分析】

第一单元由第一、二、三、四共四课组成,在第一课介绍民法、民法典以及民法关系相关内容的基础上,第一课又重点突出了民事法律关系中的人身权利,依法保护财产权在第二课得到了很好的阐释,物权是最基本的财产权,物权包括动产与不动产,相邻关系是对不动产所有权的限制或延伸,故基于整个单元的分析,将第四课调到第三课前面完成。

"妥善处理相邻关系"是第四课的最后一目,本单元的探究二"老旧小区加装电梯的难与易"是针对第四课"妥善处理相邻关系"设计的项目,项目的研究有本单元第一、二课以及第四课的第一框和第二框的第一目的相关理论作为支撑。

【学情分析】

1. 学习第一、第二课后,学生有了民法相关知识储备,了解我国民法的基本原则,能够识别我国公民的民事权利和民事责任,懂得维护物权的途径,法治意识这一核心素养较之前有所增强。

2. 能力层面,仅限于用学过的法律知识分析案例,活动仅限于校内或课堂上,尚没有机会走向社会实践的大课堂。

3. 必修3"政治与法治"学习过程中,学生大多认为法治比德治重要,尽管老师有论证和说明,但这样的认知还停留在理论层面,没有实践体验。

4. 通过课前预习提问(你最想在本节课学到什么?),大部分学生最想知道处理邻里关系的具体方法。

【学习目标】

知识目标：理解相邻关系的实质、内容、作用、原则、依据、担责。

过程与方法目标：借助科学的观察工具，有计划地对处于自然状态下的社会现象进行直接感知；搜集、整理并分析调查结果，针对调查结果设计方案；在真实的调查情境中提升观察和分析社会问题的能力、参与社会生活的实践能力。

情感、态度与价值观目标：在进行项目调查的过程中，培养科学精神，同时理清法律与道德之间的关系，提升政治认同；讨论邻居之间的相邻权关系，列举团结互助邻里关系的事例，彰显友善的价值观念。

【重点难点】

重点：在妥善处理相邻关系的过程中理解相邻关系的实质、内容、作用、原则、依据、担责。

难点：正确运用处理相邻关系的原则设计方案，并凸显邻里友善的重要性。

【学习方法】

学科融合　合作探究　方案策划

【教学过程】

| 过　程 | 教师活动 | 学生活动 | 活动目标 |
| --- | --- | --- | --- |
| "声"临其境 | 准备图片 | 看图配音 | 感受居民加装电梯成功后的喜悦之情 |
| 为什么要？ | 呈现申城加装电梯总体进程表 | 结合任务单和所学知识讨论 | 培养学生的科学精神并提升政治认同 |
| 为什么难？ | 提炼学生调查报告中出现的高频词 | 汇报调查结果、讨论 | 针对调查结果设计方案，在真实的调查情境中提升观察和分析社会问题的能力（感性的具体）；提升政治认同。（理性的抽象） |

续表

| 过程 | 教师活动 | 学生活动 | 活动目标 |
| --- | --- | --- | --- |
| 为什么能？ | 搜集数据、邀请专业工作人员现身说"道" | 小组代表作汇报 | 提升友善的价值观念，坚定"四个自信"。 |
| 随"寓"而安 | 点评方案、布置作业 | 阅读获奖案例、修改方案 | 正确运用处理相邻关系的原则设计方案。（理性的具体行动） |

【作业：方案完善】

基于调查结果，结合"妥善处理相邻关系"的相关内容，针对本组调查的旧小区加装电梯存在的问题，提出具有可操作性的方案。方案至少需要具备以下基本要素：方案名称、方案背景、具体操作步骤、目的。

## 二、初高中一体化视域下的大观念教学

### （一）初高中一体化视域下的大观念教学相关研究综述

1. 大中小学思政课一体化的研究

在当前思政课的研究中，思政课一体化方面的研究大多来自高校。其中，有关大中小学思政课一体化的具体研究较少，更多的是一体化的系统性思考和对一体化的某一具体方面的研究。

李昕结合上海市"一体化建设"教育经验，从平台建设、师资等方面提出了一体化建设的重要方面——他认为要促进教学平台一体化、学校建设一体化、师资建设一体化、区校联动一体化、校内外育人一体化。① 高德毅提出要构建德育顶层架构，形成全员德育的系统性需求，将社会主义核心价值观

---

① 中共上海市教育卫生工作委员会副书记、上海市教育委员会副主任 李昕：推进一体化建设，助力全面育人[J].上海教育，2019(34)：14.

融入课程体系中。① 于漪强调了"在基础教育领域首先要突破的就是推进大中小学政治类课程一体化建设"。②

而在现实研究中,许瑞芳、张宜萱基于上海市的数据发现,思政课教师的专业素养不足与思政教材的"简单重复"等现实困境,使得深入推进大中小思政一体化必须从顶层设计上加强统筹管理,搭建教研一体化的互动平台,完善一体化建设的保障机制等解决路径。③

基于这些学者的研究我们可以看到大中小思政课一体化建设的重要性与迫切性,只有通过社会各个环节的有效合力,才能实现思政课各个学段纵向衔接、学科横向贯通。

2. 初高中思政课一体化教学路径的研究

当前涉及初高中思政课教学一体化的研究主要包括大中小学思政课教学一体化、小初高思政课教学一体化以及初高中思政课教学一体化三个方面的研究。

在大中小学思政课教学一体化方面,徐俊峰从教学模式出发,指出大中小学思政课教学一体化必须破解"'知识型'教学与'实践型'教学的矛盾和'理论塑造'诉求与实际探索不足的矛盾",针对这些困境,他提出了要"拓宽中小学思政课实践教学的路径""探索大学思政课理论'灌输'模式"。④ 余华、涂雪莲认为,厘清思政课的三级进阶是大中小学思政课教育教学循序渐进、螺旋上升的必然要求,⑤ 在此基础上,构建相关制度体系,加强不同学段思政课教师的交流互动。

---

① 高德毅.实施大中小德育课程一体化建设的现实需求[J].社会主义核心价值观研究,2017,3(2):72—79.
② 于漪.立德树人,推动大中小幼一体化德育体系建设[J].上海教育,2019(1):36.
③ 许瑞芳,张宜萱.大中小学思想政治理论课一体化建设现状调研与对策分析:基于上海市的数据[J].思想理论教育,2021(7):60—65.
④ 徐俊峰.大中小学思政课教学衔接问题及对策研究[J].学校党建与思想教育,2009(36):41—42.
⑤ 余华,涂雪莲.关于大中小学思想政治理论课教学有效衔接的思考[J].思想理论教育,2019(09):62—67.

在中小学思政课教学一体化方面的研究较少。一方面是随着统编教材的使用,过去对于小学品德与社会和初中思想品德的研究已经不再具有现实性,另一方面是仅有硕士论文对此进行具体研究,还有一线教师基于教学实际的思考和经验性总结。李晓东以"厚植爱国主义情怀"为例,提出在教学设计中要遵循政治性、生活化、整体性、针对性、超越性等原则。①

而在初高中思政课一体化上,一线教师也基于教学经验揭示了其重要作用。

杨使兵、侯新旺针对当前"形式化、空洞化、断层化、碎片化、浅表化和单一化的思想政治课教学让学生对思政课兴趣缺失"的现实难题,提出教学目标、教学方法、教学内容、学生学习方法的一体化对策。②陈小春针对学生的认知起点与发展规律,提出了"分步递进,分层达标策略要求"。③

可以看出,解决思政课教学一体化的问题需要国家、教师等主体从教学目标、内容、方法、教师专业素养发展等具体方面着手。综上所述,当前国内外相关研究大都考虑了这些因素,这为本人对初高中思政课一体化教学的相关研究提供了研究方向和思路。

但是,相关研究中的整体性思考占大多数,对教学路径的思考还不是很多,在初中部编版道德与法治教材与高中部编版思想政治教材广泛使用的背景下,基于教材进行研究的就少之又少了。

3. 初高中一体化视域下的大观念教学

在初高中一体化视域下的大观念教学目前研究还不多,只有一线教师基于教学实践总结了相应的经验。张小惠以法治教育主题"全民守法"教学为例强调在内容衔接上要注重学段大观念的阶段性、学科大观念的连续性,

---

① 李晓东.中学思政课教学的一体化设计及其优化:以"厚植爱国主义情怀"为例[J].福建教育,2021(4):25—27.
② 杨使兵,侯新旺.新时代初高中思政课一体化教学实践的探索与研究[J].安徽教育科研,2019(18):114—115.
③ 陈小春.初高中思政教学一体化设计探索[J].中学政治教学参考,2021(21):22—23.

在活动衔接上要注重活动任务的递进性和有效性,最后通过多样性和指向性评价促进反思。①宋超贤以"经济发展与社会进步"为例,通过单元教学的方式通过分析比较教材,提炼大观念,在此基础上设置单元教学目标、设置议题和情境,以单元教学的方式落实初高中一体化视域下的大观念教学。②这些具体经验也为提炼初高中一体化视域下的思政学科大观念以及教学提供了借鉴和依据。

4. 国外研究现状

我国的思想政治课是实现思想政治教育的重要途径和渠道,"是社会或社会群体用一定的思想观念、政治观点、道德规范,对其成员施加有目的、有计划、有组织的影响,使他们形成符合一定社会或一定阶级所需要的思想品德的社会实践活动"。③国外并没有"思想政治课"这一课程,但从目标和内容设置上来看,不论是美国的公民教育、法国的公民与道德教育、新加坡的品格与公民教育课程等,都聚焦于一定的素养目标,具备"政治性""教育性""心理性"等共同特质,从而培养其社会成员成为合格的"公民"。因此,他们的课程体系对我国思政课一体化构建有着重要的借鉴意义。

美国作为世界教育强国,向来高度重视意识形态。正如美国政治学家罗伯特·达尔曾说过:"美利坚民族实则高度重视意识形态,作为个人一直无法注意到意识形态的原因在于,因为他们高度一致地赞同这样的意识形态。"因此,在公民教育中,往往采用间接性与隐蔽性的方式进行。④虽然作为联邦制国家,各个州甚至是各所学校有充分的自主性,但通过政府审定的统一教材使得美国的公民教育具备系统性与一致性。

---

① 张小惠.大概念引领初高中思政课教学衔接:以法治教育主题"全民守法"教学为例[J].思想政治课教学,2024(6):18—21.
② 宋超贤.基于大概念的高中思政课单元教学探究:以"经济发展与社会进步"为例[J].中学教学参考,2024(33):20—22.
③ 陈万柏、张耀灿.思想政治教育学原理[M].3版.北京:高等教育出版社,2015:4.
④ 林慧.美国公民教育的策略及局限性研究[J].教育教学论坛,2021(18):66—69.

作为世界上较早将公民与道德教育纳入教育体系的国家,法国的公民与道德教育课程强调共同的"知觉感受、法律规则、评判力和参与介入"四种素养,①通过跨学科知识与跨学段教学促进本课程一体化的有效实施和高质量推进。②

新加坡的品格与公民教育课程强调课程目标、课程内容、课程结构、课程资源的一体化,③从而构建大学预科、中学、小学的一体化课程体系。④

日本是我国的近邻,其公民教育也一直是我国比较思政教育的重要部分。公民科、社会科都是日本公民教育的重要实现形式,以国家认同为核心,课程不仅仅覆盖于不同学段的学校,甚至是教育机构等场所,实现社会全覆盖。⑤同时,通过社会、学校、家庭三方合力,和其他各个学科有机结合,形成教育体系的整体性。

科尔伯格认为,儿童的道德发展的各阶段是"结构化了的统一体"。在道德认知发展的过程中,不同阶段有着不同的特点甚至各成系统,但各个阶段是自然连续的。这说明我们的思想政治课一体化应该遵循道德发展阶段的纵向衔接。

综上所述,世界各国的公民教育、道德教育等都考虑了学生的认知发展规律,在实现课程目标的基础上,在各个学段进行符合学生特点的教育,继

---

① MEN. L'enseignement moral et civique au Bulletin officiel spécial du 25 juin 2015[EB/OL]. (2015-06-25)[2019-12-20]. https://www.education.gouv.fr/l-enseignement-moral-et-civique-emc-au-bulletinofficiel-special-du-25-juin-2015-5747.
② 张梦琦,高萌.法国公民与道德教育课程一体化:理念、框架与实践路径[J].比较教育研究,2020,42(11):69—77.
③ 周莹.新加坡品格与公民教育课程的一体化建设及其对我国的启示[J].老区建设,2020(06):87—96.
④ Ministry of Education Singapore. Student-Cent ric, Values-Driven Education: Nurturing an Inclusive and Stronger Singapore[EB/OL]. https://www.moe.gov.sg/news/speeches/fy-2012-committee-of-supply-debate-1st-reply-by-mr-heng-swee-keat-minister-foreducation-on-student-centric-values-driven-education-nurturing-an-inclusive-and-stronger-singapore. 2012-3-8/2019-12-25.
⑤ 张夏蕊.近代日本公民教育经验及其对我国思想政治教育的启示[J].喀什大学学报,2020,41(1):88—91.

而循序渐进，构建整体的课程体系。这些也为实现我国思政课一体化教学提供了不同的视角与借鉴意义。

### （二）初高中一体化视域下的大观念教学相关内涵的界定

#### 1. 初高中思政课

根据中共中央宣传部、教育部印发的《新时代学校思想政治理论课改革创新实施方案》，从课程目标和课程体系对各个阶段的思政课内涵进行了说明。当前，思政课以了解学习、理解把握习近平新时代中国特色社会主义思想为课程主线，在政治认同、家国情怀、道德修养、法治意识、文化修养等学科核心素养方面提出明确要求。因此，要探究初高中思政课一体化教学，先要对初高中阶段的思政课内容和体系进行了解。

初中阶段重在强调学生的思想基础。为了引导学生对于习近平新时代中国特色社会主义思想的初步了解、对马克思主义的初步感知和对中国特色社会主义实践的认同，开设"道德与法治"必修课程。课程内容主要包括中国特色社会主义、道德、法律、文化、心理等基本内容。由于各地具体实施情况存在差异，本文将以《道德与法治》（五·四学制）为例。

高中阶段重在提升学生的政治素养。为了引导学生深入理解习近平新时代中国特色社会主义思想，初步掌握马克思主义基本原理，了解马克思主义中国化历史进程及其理论成果，普通高中开设"思想政治"必修课程与选择性必修课程，部分地区和学校开展选修课程。必修课程包括"中国特色社会主义""经济与社会""政治与法治""哲学与文化"四个模块，选择性必修课程包括"当代国际政治与经济""法律与生活""逻辑与思维"三个模块。

#### 2. 一体化

要弄清初高中思政课一体化教学，首先要对一体化进行界定。根据《现代汉语词典》，一体化指"使各自独立运作的个体组成一个紧密衔接、相互配合的整体",①例如世界经济一体化、一体化服务等。

因此,通常一体化是将各自独立的主体,按照一定的原则方法,构成相互作用、密不可分的共同体,形成整体和部分的辩证关系。而在教学中,"一体化"由于学科性质或是教学目的的不同,也有着不同的内涵。例如,在勘查技术与工程专业课程中,由于课程及教学特点,需要构建"理论—实验—应用"一体化教学,②从而提高学生综合应用能力;而为了科学提高评价的有效性和学生的素养,在中学教学中,"教·学·评一体化"教学模式也广泛应用。③

因此,本文探究的初高中思政课一体化教学是聚焦在思政课课程体系中,将初中和高中两个不同学段的思政课程,按照学科的性质和立德树人的总目标,把握初高中思政课的内在逻辑,根据初高中教材对教学内容进行统筹设计和实施,形成螺旋上升、整体性的思政课一体化教学体系。

3. 初高中思政课一体化教学

上文提到"一体化"在本研究中指的是内在紧密联系的教学体系,因此在初高中思政课一体化教学中,要遵循不同学段学生发展规律以及学段特点,让初高中思政课形成统一体系。马宝娟认为,在思政课一体化过程中要"在思想政治教育模块、主题、关键内容,融入课堂教学、社会实践、校园文化、社会环境中,统筹课程标准制定、教材编写、课堂教学、考试评价等进行有效衔接和有机结合,从而形成完善的、系统的一体化教育体系"。④

而放到具体的教学范畴,在思政课一体化教学中,首先要坚持"培养什么人""怎样培养人"以及"为谁培养人"这一根本主题。当前初中《道德与法

---

① 中国社会科学院语言研究所词典编辑室.现代汉语词典(第7版)[M].北京:商务印书馆,2016.
② 王保丽,印兴耀,张广智."理论—实验—应用"一体化教学的探索与实践[J].实验室研究与探索,2015,34(11):152—155.
③ 唐云波.初中化学"教·学·评一体化"教学模式的构建与实施[J].化学教育,2013,34(06):50—54.
④ 马宝娟,张婷婷.大中小学思政课一体化:问题与对策[J].思想政治课教学,2020(2):4—8.

治》课在学生体验基础上强调筑牢学生的思想基础,而高中《思想政治》课则以学生认知为出发点,从而着重提升学生政治素养。要促使初高中不同学段的思政课在各个层面和维度达成衔接,规避学生在接受思想政治教育的过程中出现断层、重复、割裂、缺失等情况,既要保持不同学段的相对独立性,又要收到循序渐进式、螺旋上升式的效果,必须形成以下的统一体系:以课程标准、教材为基础和核心,通过设立课程目标、安排教学内容、设置课堂教学、进行教学评价,从而构建健全初高中思政课一体化教学体系。

要达成这一体系的构建,对教师的教学从各个方面提出要求,首先,要深入掌握课标与教材内容特点,合理有效地对教学的内容中重合的问题进行螺旋上升的安排,使思政课的知识体系得以增强;其次,要深刻把握不同学段学生发展规律,在各学段和学期教学中实现教学设计的精准性,切实增强思政课的时效性;最后是以科学的评价体系进行反馈和检验教学效果。

4. 初高中一体化视域下的大观念教学

在初高中一体化的教学视角下,大观念教学的核心在于实现初中和高中阶段的衔接。这种教学方法要求我们不仅要关注学生在每个阶段的学习内容,而且要从更广阔的视角出发,理解道德与法治以及思想政治学科的整体结构和深层联系。这意味着教师需要根据学生的成长和发展情况,整合和梳理学科知识,确保学生能够把握学科的基本框架和深层次的联系。

为了实现这一目标,我们需要在以下几个方面进行一体化的设计和实施:

教学目标的一体化。确立清晰、连贯的教学目标,这些目标应该贯穿初中到高中的整个学习过程,确保学生在每个阶段都能朝着既定的学习目标前进。

教学内容的一体化。教学内容应该根据课程标准和教材内容进行有机整合,形成一条连贯的知识线,帮助学生构建起完整的知识体系。

教学方式的一体化。采用多样化的教学方法,如情境教学、探究学习、案例分析等,这些方法应该能够适应不同年龄段学生的认知特点,激发他们的学习兴趣和参与度。

教学评价的一体化。建立一个全面、科学的评价体系,这个体系应该能够全面反映学生在不同阶段的学习成果,同时也要能够激励学生不断进步。

在实施大观念教学的过程中,教师需要做的不仅仅是传授知识,更重要的是引导学生学会学习、思考和实践,帮助学生发现不同知识点之间的联系,构建跨学科的知识网络。同时,也要根据学生的不同需求和特点,提供个性化的学习指导和资源。

### (三) 初高中一体化视域下的大观念教学理论依据

#### 1. 布鲁纳结构主义教育思想

1959年,布鲁纳在《教育过程》中提出世界闻名的结构主义教育思想,该思想的出现,引起了结构主义教育思潮,并在人类教学论发展史上具有不可磨灭的意义。[1]

布鲁纳提出的观点是"任何学科中的知识都可引出结构",[2]而学科的基本结构在整个学科体系中占据核心地位。也就是说,学习的本质其实是掌握学科的基本结构。结构主义强调事物的整体性,注重对内在结构的研究。对于初高中一体化视域下的大观念教学而言,思政教学从来都不是一个个阶段独立运作的集合体。各个不同阶段的思政课衔接的本质其实就是将思政教育教学的内容与处于适当阶段的学生相衔接与匹配,使得学生适应相应的教学内容与展开,既不能错位,也不能越位,这样才能构成有衔接的学科结构。

在初高中一体化视域下的大观念教学中,注重知识的结构化则需要提

---

[1] 石月,王喜贵.布鲁纳结构主义教育思想对中学化学教学改革的启示[J].化学教与学,2022(8):14—17.
[2] 布鲁纳.教育过程[M].上海师范大学外国教育研究室,译.上海:上海人民出版社,1973:25.

炼、构建大观念，这样更有利于学生探索知识之间的客观联系，将零散的知识点连成知识块或者知识链，从而构建成知识网。在此基础上，对于初高中思政课一体化教学来说，教师需要对思政课教学内容和知识构建"螺旋上升"的结构形式来呈现学科基本结构。

除此之外，布鲁纳也指出，学习的最好动机，是让学生对所学内容本身产生兴趣，而不是通过过度的奖励或竞争之类的外在刺激。也就是教师要强调学生的主体地位，激发学生的内在动力，通过内因发挥作用，并非利用外部因素使学生被动接受知识。

2. 皮亚杰认知发展理论

尊重学生发展规律应当是首要的。思政教育是育人的过程，最终落脚点还是在学生身上。众多著名教育心理学家对儿童道德发展规律的探索为思政课一体化视域下的大观念教学的开展提供了重要的思路与指导意义。以极具代表的皮亚杰作为依据，皮亚杰在结构主义的基础上提出了认知发展理论。

认知的发展本身是一个不断建构的过程，初高中一体化视域下的大观念教学也离不开对知识和内容的建构。皮亚杰强调，所有的结构都是建构出来的，离不开主体对客体的活动。在此基础上，他认为认知结构要通过"同化"和"顺应"来适应外界环境的变化。[①]

所谓同化，就是要把新的知识内容纳入个体已有的图式或结构之中，与原有知识进行对应，从而达到丰富和加强结构体系的目的。当然，在进行同化的过程中，知识结构体系也在发生着一定的变化，也就会出现顺应。顺应是指个体在接受新的知识时，通过调节自己的内部结构来接受新的内容刺激，从而构建一个新的体系的过程。

而在实际教学过程中，当一个学生由一个学段上升到下一个学段，并不意味着身心认识发展水平出现标志性的变化，因此思政课教学一定要充分

---

① 皮亚杰.皮亚杰学说及其发展[M].长沙:湖南教育出版社,1983:46.

遵循学生的发展规律,才能达到学生对大观念知识的构建。一方面,教师在面对学生"同化"和"顺应"的过程中必须充分把握学生已有知识和认识结构,引导学生在已有认知的基础上接受新的知识,从而丰富知识体系。另一方面,要把握学生认知结构发展的水平和能力,在教法上合理调整,激发不同学段学生的好奇心和兴趣。

3. 马克思主义认识论与系统论

马克思认为教育是一个育人的过程,而"培育什么样的人"则是马克思教育观的首要问题。"个人的自由全面发展"作为马克思教育观的根本方向与最终目标,明确了社会主义教育的根本目的。而这也和《义务教育道德与法治课程标准(2022年版)》《普通高中思想政治课程标准(2017年版2020年修订)》中的课程性质与理念一致,通过优化课程设置,进行一体化设计,引导学生明确发展方向,成为德智体美劳全面发展的社会主义建设接班人。"人的本质力量的公开展示"是人的自由全面发展的核心目标。[1]为实现这一目标,马克思的认识论和系统论提供了理论支撑:

认识论提出,认识主体在实践基础上通过分析与综合、归纳与演绎可以实现由感性认识到理性认识的飞跃。也就是说认识的发展离不开劳动与实践能力的提升,通过人的自由自觉的活动使自身的价值得到提升。因此对于思政课教学来说,必须强调培养学生知、信、行合一的观念,将观念与素养最终可以在实践中得以体现。在具体的教法上,要摒弃传统的灌输模式,要在强调学科核心素养的基础上提高学生实践水平。

此外,马克思主义认为,人的认识是个开放的系统。一般来说,人的认识系统要经过"实践—认识—再实践—再认识"循环往复的过程。这个过程,则是认识的系统。因此,人的认识和实践上的循环往复并不是简单的机械重复,而是螺旋式上升、不断在实践中突破的过程。认识来源于实践,实

---

[1] 马克思恩格斯全集:第42卷[M].北京:人民出版社,1979:125.

践决定认识并推动认识的发展。每一次认识都来源于实践,同时反作用于实践,通过实践的发展不断产生新的认识。经过多次反复的实践和认识,人的认识才会实现飞跃,从而接近真理。这告诉我们,不同学段的思政课应该在同一系统中,朝着一致的培育目标前进。初中承接小学的内容,并和高中进行衔接,而高中的思政课与大学的内容相承接,共同指向人的全面发展。学生在实践和认识的反复中不断构建对思政学科的系统认知。

因此,初高中一体化视域下的大观念教学要把握马克思的认识论和系统论思想,这样培育出来的学生才能够符合当今时代的需求,为社会主义现代化建设带来新鲜血液,从而成为实现中华民族伟大复兴的中国梦的一分子。

### (四) 初高中一体化视域下的大观念教学的必要性

初高中思政课一体化教学是大中小学思政课一体化建设的一环,因此初高中一体化视域下的大观念教学是贯彻党的教育方针政策的重要手段,又是实现思政课教学系统化、提高思政课教学效率的需要,更是把握学生发展规律,实现学生全面发展的必然要求。

#### 1. 全面贯彻党的教育方针政策的手段

习近平总书记在2019年3月18日主持召开的学校思想政治理论课教师座谈会上强调:要把统筹推进大中小学思政课一体化建设作为一项重要工程,推动思政课建设内涵式发展。在大中小学循序渐进、螺旋上升地开设思想政治理论课是当前深化思想政治教育的重点和热点,是国家政策制定、思政研究、学校思政实践关注的重要内容。

中央宣传部、教育部在此基础上制定了《新时代学校思想政治理论课改革创新实施方案》,其中指出"思想政治理论课在立德树人中的关键课程作用",该方案于2021年秋季学期在全国大中小学普遍实施。该方案对初高中不同学段的课程设置、课程目标体系、课程内容进行了介绍,强调要"循序渐进、螺旋上升地开设好大中小学思政课"。

因此，初高中一体化视域下的大观念教学是在党中央的部署下，遵循当前思政课教学要求的重要手段。

2. 提高思政课教学效率的需要

在过去的教学中，思政课教学过程中存在照本宣科、灌输教育、模式固定、强调应试等问题。许多教师仅从应试角度出发，将侧重点放在纯粹的知识理解上，脱离实际与素养的培育。除此之外，在各学段教学中也存在知识倒挂、简单重复等现象，这都源于不同学段的各自为政。这就导致不同学段的教学在评价要求不同的基础上，存在一定割裂。比如初中更加注重学生体验，高中更注重学科的逻辑，但部分教师仅从本学段出发，脱离思政课的系统性，导致思政课并没有真正发挥育人作用。学生的能力、情感态度价值观没有得到有效提升，思政课教学没有实效性。不少学生进入大学之后仍然缺乏应对社会生活的能力，甚至面对如今信息时代的诱惑，没有足够的识别能力与处理能力。因此，初高中思政课一体化更加迫在眉睫。

从初高中一体化视域下的大观念教学来看，这些问题都是由于在教学实践中缺乏实效性和针对性，不同学段之间的衔接与整体性不强，大大降低了思政课教学效率。而初高中思政课一体化教学可根据不同学段的特点，统筹规划初高中思政课一体化教学，从备课、教学、评价等环节统筹安排，合理设置教学目标、教学内容、教学方法、教学评价，推动思政课教学效率的提升。同时，本研究在此基础上，也将为初高中思政课一体化教学提供实践案例与理论研究。

3. 遵循学生发展规律是实现学生全面发展的必然要求

前文结构主义与认知发展理论介绍过，学生的认知发展与教学的构建都有一定的规律。例如，初中生认识事物多从生活经验出发，多为感性的具体的认识；而高中生的思维能力进一步发展，不仅能够从知识逻辑出发，还具备理性认识和抽象思维的能力。学生在接受思政课教学内容的过程中，既不能将高中内容提前，要求学生达到理性的抽象认识，更不能重复初中内容,将知识停留在感性认识层面。这些规律和不同的特点要求在思政课教学中,必须符合学生的身心发展规律,形成系统化的体系,不能人为、随意断裂,从而较好地起到促进学生认知的发展、素养的提升。

同时,尽管学生认知过程是循序渐进的,但是核心的目标和方向是一致的,需要围绕不同阶段的教学定位,既"螺旋",又"上升"。随着学生的发展,教师也应该对不同学段学生进行教学时坚持螺旋上升的要求,由感性认识上升到理性认识,从简单到困难,由具体到抽象,让学生在符合身心发展特点的基础上掌握不同阶段的内容,并构建完整的学科体系。

当然,学生对内容的建构不是一次就能完成的,需要经历多次转化的过程,要让学生的认知从低级到高级发展往往需要经历数次从量变到质变的突破。因此,教师只有在尊重学生发展规律的基础上不断推进初高中思政课一体化教学,合理安排初高中不同学段的思政课内容,才能实现不同学段在内容上既有所侧重却又有机统一,从"感性的具体"上升到"理性的抽象",再应用到"理性的具体",实现学生的全面发展。

## (五)当前初高中思政课一体化教学的已有经验

### 1. 课标对初高中一体化视域下的大观念教学导向不断加强

王立仁和白和明认为:"思政课教学的每次改革创新都是通过落实到内容上来实现的,因而大中小学思政课教学一体化建设的根本要考察教学内容的一体化。"[1]而课程标准为教学内容的一体化提供了重要的基础与依据。

当前初中的课标为《义务教育道德与法治课程标准(2022年版)》,高中阶段使用的为《普通高中思想政治课程标准(2017年版2020年修订)》。新修订的课标围绕初高中学段的核心素养,确立课程目标,让立德树人根本任务的总目标贯穿不同学段的思政课建设与学生成长。在宏观课程目标的指

---

[1] 王立仁,白和明.关于大中小学思想政治理论课课程内容一体化建设的构想[J].思想理论教育,2019(11):11—16.

导下,也就可以系统性制定思政课一体化教学实践中的教学目标,有目标、有方向地发挥思政课教学的育人价值。这为思政课一体化教学的方向带来了导向作用。

除此之外,《义务教育道德与法治课程标准(2022年版)》首次明确了课程核心素养为政治认同、道德修养、法治观念、健全人格、责任意识,而高中思想政治学科核心素养为政治认同、科学精神、法治意识、公共参与。可以看出,初中阶段更加注重学生的思想基础,从道德、责任等角度初步树立良好品质,促进价值观的形成;而高中阶段则在常识性学习的基础上提高政治素养,对学生分析问题、解决问题过程中表现出来的综合品质提出了更高的要求。因此,初高中课程标准虽然不是同步制定,但结合初高中学段的目标和特点,体现出学生素养目标在学段上的层次性与整体上的一致性。

课程标准的修订不仅为初高中各自学段的教学提出了要求和方向,也在初高中一体化教学的实现上发挥了整体的导向作用。

2. 教材对思政课一体化视域下的大观念教学支撑不断完善

教材是教师和学生据以进行教学活动的材料。近年来,在国家的积极促进中,初高中思政课教材趋于统一,为教学一体化建设奠定了良好的基础。

从宏观层面来看,国家对于教材建设的要求发生了变化。《中国教育改革和发展纲要》在1993年提及"中学教材要在统一基本要求的前提下实行多样化"。①在此基础上,在党和国家的方针政策指导下,依据统一的课程标准,教材依据不同地区的特点实现多样化,允许教材在内容的选择和体系的安排上有不同风格,符合当时的实际情况和现实需要。②因此,在过去,初中学段的思政课教材分为鲁人版、陕教版、科教版、苏人版等多个版本,高中阶段的教材分为人教版和沪教版两个版本。

---

① 中国教育改革和发展纲要[J].人民教育,1993(4):4—11.
② 石鸥,张文.改革开放40年我国中小学教材建设的成就、问题与应对[J].课程·教材·教法,2018,38(2):18—23.

而 2020 年《新时代学校思想政治理论课改革创新实施方案》指出，教材实行"一标一本"，并由教育部负责组织编写。①从教学内容和依据来看，学科教材内容已经逐步实现了由过去的"一纲多本"，甚至是"多纲多本"阶段转向"一标一本"的整合。现在，国家教材委员会统筹不同学段思政课教材建设，科学规划教材建设，从而提升思政课教材的政治性、时代性、科学性、可读性。初中使用部编版《道德与法治》教材，尽管分为六·三学制和五·四学制，但是在初中阶段的教材内容是一致的；而各地高中思政教材也广泛使用部编版教材，并已在 2023 年前实现统一使用。

从微观层面来看，初高中思政课教材的内容在梯度上也更加有层次性。具体教材分为以下几册：

表 1　各学段思政课的课程名称

| 学段 | 课程名称 | |
|---|---|---|
| 初中 | 道德与法治 | |
| 高中 | 必修 1　中国特色社会主义<br>必修 2　经济与社会<br>必修 3　政治与法治<br>必修 4　哲学与文化 | 选择性必修 1　当代国际政治与经济<br>选择性必修 2　法律与生活<br>选择性必修 3　逻辑与思维 |

从表 1 可以看到初高中思政教材的主题和册数。初中《道德与法治》的教材（以五·四学制为例）在六年级从"少年有梦"作为起点，着重学生初入初中生活的变化，引导学生认识自我、认识初中学习，接着从友谊、师长、生命等主题出发；七年级教材主要包括青春期的情感和情绪，自尊、自信、自强等个人品质的培养以及对中华优秀传统文化和法治社会有基本感知；而八年级教材重点对网络、国家法治建设、国家利益等内容进行学习；九年级教材更多从宏观层面出发，围绕富强、民主、文明、和谐等社会主义核心价值观介绍国家发

---

① 中共中央宣传部，教育部.新时代学校思想政治理论课改革创新实施方案[EB/OL].[2020-12-18]. http://www.gov.cn/zhengce/zhengceku/2021-01/01/content_5576046.htm.

展,并初步接触以人类命运共同体为核心的外交观。整体来看,教材在初中阶段引导学生认识自己,并处理个人与家庭、他人、社会、国家发展和人类文明建设的关系,从小到大,由近至远,逐步深入,具有层次性。

而高中阶段的教材如上表所示,共有 7 册。必修四册作为高中思政学科基本载体,而选择性必修三册则是对必修四册的延伸和深入。①前者强调学科核心素养,后者对于学生个性化的专业素养进行补充。其中,必修一依循历史进程,介绍科学社会主义的理论和实践,讲述为何坚持和发展中国特色社会主义;而必修二、必修三、必修四依托必修一的基本原理,从经济、政治、哲学讲述如何坚持和发展中国特色社会主义。选择性必修三个模块对必修进行补充,相互配合,紧密联系,在内容梯度上逐步渐进。

总而言之,当前初高中思政课教材内容符合课程标准的要求,在凸显知识逻辑的基础上,遵循学生认知发展规律,为初高中思政课教学一体化视域下的大观念教学提供有力的支架和条件。

3. 初高中一体化教学的理论研究与实践成果不断丰富

在前文的文献综述时提及,当前在理论层面,不少学者就思政课一体化建设的顶层设计中的平台建设、师资建设等方面提出思考,也从教学模式上针对教学目标、教学方法、教学内容、学生学习方法总结思路。这为初高中一体化视域下的大观念教学提供了借鉴和思路。

此外,国家多次出台文件和政策推动思政课一体化建设。如 2005 年 4 月,教育部《关于整体规划大中小学德育体系的意见》指出,"大中小学德育不断提高针对性实效性和吸引力感染力,坚持把有效衔接、分层实施、循序渐进、整体推进作为根本要求,始终保持学校德育的生机与活力"。②2019 年

---

① 中华人民共和国教育部.普通高中思想政治课程标准(2017 年版 2020 年修订)[S].北京:北京师范大学出版社,2020:10.
② 教育部关于整体规划大中小学德育体系的意见[J].中华人民共和国教育部公报,2005(6):25—29.

3月习近平总书记主持召开学校思想政治理论课教师座谈会并作重要讲话,强调"在大中小学循序渐进、螺旋上升地开设思想政治理论课非常必要",是"落实立德树人根本任务的关键课程",要"理直气壮开好思政课"。2019年8月《关于深化新时代学校思想政治理论课改革创新的若干意见》和2020年12月《新时代学校思想政治理论课改革创新实施方案》中也都提及要注重思政课统筹性、总体推进一体化。

在政策方针的指导和保障下,相关思政课教学一体化教学实践也在积极推进。以上海为例,2020年,上海市大中小学思政课一体化建设教学观摩系列活动暨上海学校"四史"学习教育进课堂专场在华东师大中山北路校区举行;松江区利用大学城的优势,与九所高校签订大中小幼思政课一体化共建协议;普陀区发布推进思政课改革创新的四大品牌工程;复旦大学副教授宋道雷与杨浦高级中学教师朱忠壹进行同课异构,为复旦大学与杨浦高级中学学生同上一课《共产党宣言》……全国各地也开设相关研究基地、展开相关研讨、举办相关教学设计和观摩活动。

### (六)当前初高中思政课一体化视域下大观念教学的阻碍

当前,国家层面为初高中思政课一体化教学搭建了许多平台,提供了许多政策保障,但在具体教学过程中仍然存在内容安排缺乏层次性、教学目标缺乏科学性、教学手段丰富性不足等问题,这也都阻碍了初高中一体化视域下的大观念教学。

1. *教学内容缺乏层次性*

思政课教学内容一体化指的是各个学段间的内容应该是循序渐进的,初中内容为高中内容做铺垫,高中内容对初中内容进行延伸和展开,以符合学生的认知发展。教材是教学内容的基本依据,在教学过程中,为了合理安排教学内容,需要教师能够把教材中的内容和学科知识转化为自身的知识体系,以完善教学体系。但是在实际教学过程中,尽管教材的逻辑和知识体系已经日趋完善,教师在教学过程中对不同学段教学内容的安排仍然存在割裂、断层、重复以及知识倒挂等现象,导致教学内容缺乏层次性。

前文提及,当前统编教材的广泛落实和施行为初高中一体化视域下的大观念教学奠定了基础。在对教材内容进行分析时,我们可以发现不同学段的内容安排本身遵循着各个学段的阶段性特点。以我国基本经济制度中的所有制为例,对教材内容进行对比(见表2):

表2 我国基本经济制度教材框架对比

| 内容 | 教材 | |
|---|---|---|
| | 道德与法治八年级(下) | 高中必修2 经济与社会 |
| 公有制为主体、多种所有制经济共同发展 | 第三单元 人民当家作主<br>第五课 我国基本制度<br>第一框 基本经济制度<br>1. 我国现阶段的基本经济制度是什么<br>2. 公有制经济的构成<br>(1) 国有经济的地位<br>(2) 集体经济的地位<br>3. 非公经济的构成<br>4. 我国所有制的地位及作用<br>5. 两个"毫不动摇" | 第一单元 生产资料所有制与经济体制<br>第一课 生产资料所有制<br>第一框 公有制为主体 多种所有制经济共同发展<br>第一目 公有制主体地位及其体现<br>1. 生产资料所有制的地位和作用<br>2. 我国所有制的地位<br>3. 公有制的构成<br>(1) 坚持公有制的必要性<br>(2) 公有制主体地位的体现<br>(3) 国有经济的作用和主要实现形式<br>第二目 多种所有制经济共同发展<br>1. 非公经济的构成<br>2. 非公经济的地位<br>3. 发展非公经济的意义<br>第二框 坚持"两个毫不动摇"<br>第一目 毫不动摇巩固和发展公有制经济<br>1. 巩固发展国有经济<br>2. 巩固发展农村集体经济<br>第二目 鼓励、支持、引导非公有制经济<br>1. 原因<br>2. 措施 |

从表2我们可以看到,高中教材的知识体系在初中教材的基础上对初中内容回顾后对所有制进行深入探究,对于不同所有制经济地位的体现和原因以及如何坚持"两个毫不动摇"进行补充等。因此,初高中在教学的时

候也不能"各自为政",要注意好前进上升的衔接性。我们看到,在教材中仍然有初中的内容在高中继续提及比如公有制经济和非公有制经济的构成。一方面是为了对后续内容进行铺垫,另一方面是对已学内容的复习巩固,也是知识衔接的表现。因此,在实际的教学中,思政课教学内容的一体化一定会包括核心内容的必要重复,不能避免所有重复。这也是体现出教学内容渐进性的必要路径。

但是,必要的重复不是对相同知识重复讲解说明。不少高中教师在教学过程中,依然会对初中的内容进行简单重复,甚至对高中不再提及的内容额外进行补充,担心学生无法掌握。实际上,考虑到学生的认知起点和真实学情,对于学生已经掌握的内容不需要再重复进行讲解,这样既是无意义的重复劳动,也在教学安排上影响新的知识的比重。基于同一主题或核心内容的前提下,教师要注意内容横向广度的补充和纵向深度的延伸。同时,重复的讲解也会让学生失去对思政课的兴趣和预期,影响学生的学习积极性,让学生产生思政课不断"炒冷饭"或者重复灌输的错觉。

此外,也有一些初中老师在教学中会将高中知识提前到初中来讲,造成知识倒挂。比如为了让学生了解我国基本经济制度,过度对所有制的地位、公有制与非公有制的关系等进行讲解,这既不符合初中学生的思维水平和认知水平,也对知识的建构"画蛇添足"。最后又会沦入高中内容与初中内容重合的境地。而学生对于不符合认知水平的内容只会一知半解或者强行背诵记忆,最后对知识的掌握只是生硬识记。

这种情况导致学生在构建大观念时并不是"螺旋式上升"的发展路径,可能只是相关知识的简单累加。初高中思政课教学内容应该在重复的基础上补充和深化,从而提高学生在思政课上的获得感。只有这样,才能实现初高中思政课教学内容相辅相成,从而更好构建学科大观念。

2. 教学目标缺乏科学性

初高中思政课教学目标一体化是一体化视域下的大观念教学的重中之

重。精准设置初高中思政课教学目标一体化,是教学一体化设计必须遵循的依据,是完善思政课教学内容、增强思政课有效性的必然要求。① 但是在当前教学实践中,部分教师对课程标准与教材、学情把握不够到位,出现教学目标缺乏衔接性、定位太模糊难以达成等难题。

在思想政治课教学工作中,教学目标是为了培养学生的学科核心素养而设立的,因此教学目标对教学和学生的学习有重要导向性。其中,课程目标与教学目标相互联系但又有差异,课程标准中的目标对于实际教学具有方向性的指导作用,但教学目标是在具体教学实践中指定的以学生为中心的定位。既然思政课的主体是学生,因此在制定教学目标的过程中首先要突出学生的地位,要将学生最终收到的学习效果作为依据。但是在教学实际中,不少教师的目标定位具有模糊性,忽视了学生的主体地位,仅仅将目光放在自身的教学任务上。这就导致部分教学的目标出现过于笼统、层次不清晰、梯度进阶不明显等现象。具体来说,就是在制定教学目标的时候缺乏对学生学到什么程度、达成什么素养缺乏明确的预设和要求,这就导致教学中出现过深或过浅或达不到真正效果的情况,也无法进行前后的衔接。这不仅达不到思政课的育人目标,也降低了教学的质量与效率。②

除此之外,课标新修订之后,初高中的课程标准都更加符合各学段的特点,不过在教学实践中还是存在着教学内容安排与学生的认知发展水平不相符的错位现象,或是初高中学段的思政课教学容易只关注本学段知识的讲授与中高考的应试要求,无暇顾及前后的衔接作用,导致教学目标存在错位脱节的情况。

例如,前文提及的所有制经济,在初中课程标准中需要学生通过学习能

---

① 董沛淇.大中小学思政课教学目标一体化设计的规律性依据[J].山西高等学校社会科学学报,2022,34(5):30—34.

② 徐华梅.高中思政课教学目标素养化设计的问题与对策[J].公关世界,2022(8):125—126.

了解我国的基本经济制度,①能初步感受基本经济制度是中国特色社会主义建设的成就;而高中需要理解各种所有制经济的地位与作用以及两个"毫不动摇"的具体举措,从而理解我国基本经济制度与生产力的关系,②体现出思政课目标符合从具体到抽象的思维要求。

但是实际教学中,出现初中教学要求学生能够区分不同所有制经济的成分,而高中又没有挖掘出基本经济制度与生产力的关系的现象,这都是教学目标断裂错位的现象。

邱伟光提出,学生的身心发展和思政课发展都是从量变到质变、循序渐进、逐步提高的过程,是阶段性和连续性、反复性和渐进性的统一。③所以高中思政课教学目标一体化不仅要体现渐进性,更要体现初高中学段的差异性,需要符合学生思维水平的逐渐提升。

3. 教学手段丰富性不足

马克思认为,实践是认识的来源。认识从实践中产生,并回到实践中去,从而实现"实践—认识—再认识—再实践"的循环往复。④因此,在具体的思政课教学中,一定要摒弃传统灌输的方式,运用实践的手段让学生达到"知、信、行"合一。然而,现阶段初高中思政课教学手段丰富性不强,理论与实践存在割裂,导致学生对思政课教学内容的掌握出现知行脱节。

初高中思政课教学手段的衔接不足,主要体现为初高中不同学段在教学过程中实践活动的缺乏和教学形式的不足。当前,初中阶段的思政课以学生生活经验为基础,更加强调情感体验,因此在形式上可以通过参观博物馆,或是抓住学雷锋日、植树节、重阳节等开展活动,增强初中学生的爱国主

---

① 中华人民共和国教育部.义务教育道德与法治课程标准(2022年版)[S].北京:北京师范大学出版社,2022:42.
② 中华人民共和国教育部.普通高中思想政治课程标准(2017年版 2020年修订)[S].北京:人民教育出版社,2020:14—15.
③ 邱伟光.中小学和大学德育内容有效衔接探析[J].现代基础教育研究,2012(3):7—23.
④ 斯大林.斯大林选集:上卷[M].北京:人民出版社,1979:199—200.

义意识、尊老爱幼的道德素养,从而增强情感体悟。而高中阶段更加强调知识逻辑,需要学生在构建知识体系的基础上能够进行辩证思维,尽管面临高考压力,实践活动减少,但是也可以充分利用职业生涯体验、志愿者服务等形式加强思政教育。除此之外课题教学活动也应该从直观的情感渲染转换为学生自主探究。比如针对"人身权和财产权"内容,初中生在七年级《道德与法治》教学中可以通过课堂观看视频直观感受到民法典对公民生活的保障,而高中在必修3的"全面依法治国"和选择性必修2的"民事权利与义务"中,则可以通过调查和访谈,探究民法典修订的时代背景等。通过同样的教学内容,教学形式的不同也可以增强和解决初高中学生与现实生活的"知、信、行"合一,从而减少因为脱离生活实际引起的道德失范、法治意识淡薄等问题。

初高中一体化视域下的大观念教学的路径归根结底产生于教师和学生对实践的不断总结与反思和提升。回顾初高中思政课教学一体化的发展,理论和实践成果的丰富令人欣喜,但是我们也要关注教学一体化中教学内容缺乏层次性、教学目标缺乏科学性、教学方式缺乏丰富性等问题,进一步加深对初高中思政课一体化视域下的大观念教学的理解和探索。

### (七) 初高中思政课一体化视域下大观念教学优化路径

近年来,我国初高中思政课教学一体化建设稳步推进,但依旧面临诸多现实挑战。要落实初高中思政课一体化视域下的大观念教学,就要立足于立德树人根本任务,加强新时代的育人价值引领,需要教师优化思政课教学,从教学目标一体化、完善教学内容一体化、落实教学方式方法一体化等角度进行完善。在具体的实施策略中,除了教师本身的教学实施,还要通过集体备课、资源共享等机制完善一体化教师队伍,助力初高中思政课一体化视域下大观念教学。

从课程角度来说,课堂教学既是出发点,也是目的和归宿。随着统编教材的广泛使用,《普通高中思想政治课程标准(2017年版2020年修订)》中指出,思想政治学科的基本理念要"构建以培育思想政治学科核心素养为主导的活动型学科课程";①《义务教育道德与法治课程标准(2022年版)》指出,"以社会发展和学生生活为基础,构建综合性课程"。②而当前在思政课教学中,活动实施及开展并不少见,但是如何使教学内容大于形式,发挥出活动型课程和综合性课程的育人价值与作用,还需要进行深入探讨。

《汉语大词典》中对于"综合性"的解释为"不同种类、不同性质的事物组合在一起"或是"思维把事物的各个部分联结成一个整体加以考察"。从思政学科角度来说,综合性课程在内容上指的是学科涵盖了政治学、经济学、社会学、哲学、法学等内容,将不同种类的知识组合在一起;从思维层面又遵循螺旋上升的原则,引导学生发现问题、分析问题,从而解决问题。在形式上可以通过在课堂教学中实现学习目标所开展的一系列学习活动,比如辩论、设计方案、模拟法庭、小组探究等形式,构建真实情境,提升学生解决现实问题的能力。

而活动型课程在上一节中已有解释,是通过一系列活动及其结构化设计,实现"课程内容活动化""活动内容课程化"。③也就是说,活动型课程不仅以活动作为基本形式进行展开和呈现,还要以促进学科核心素养发展为目标,以学科课程内容的结构化为参照,在把握学科性质的基础上形成序列化的设计。思想政治活动型课程也就是以社会主义核心价值观为目的,把握思想政治学科核心素养,注重高中思政课与初中道德与法治的衔接,在课内思维活动与社会实践活动等形式的基础上,进行序列化的设计。

---

① 中华人民共和国教育部.普通高中思想政治课程标准(2017年版2020年修订)[S].北京:北京师范大学出版社,2020:2.
② 中华人民共和国教育部.义务教育道德与法治课程标准(2022年版)[S].北京:人民教育出版社,2022:3.
③ 中华人民共和国教育部.普通高中思想政治课程标准(2017年版2020年修订)[S].北京:北京师范大学出版社,2020:2.

因此,综合性课程和活动型课程能够基于学生认识,构建真实的复杂情境,创设激发学生主体性的活动,实现所学即所教、所教即所评,才是初高中思政课一体化视域下大观念教学的方式方法。

1. 依据课程标准,推进教学目标一体化

教学目标是教学活动主体在活动中所要达到的预期标准或目标效果。一节课如果没有明确的目标,也就像河流失去了源头。教学目标在课标、教材、学情和教学设计的基础上,将教学总体目标分为具体的子目标,对学生在教学中的学习成果、学习行为、学习表现进行规定,以便于后续的评价和检验。

前文提及过,社会主义现代化的教育要求与马克思人的全面发展观相吻合,而思政课在政治认同、道德修养、意识形态教育等方面占据重要地位,对落实立德树人根本任务发挥重要作用。教学目标不仅关系着教学活动的具体方向、环节和方法,而且指向学生最终能达到的素养表现和能力层级。为确保两个学段思政课的有效衔接,既要注重各个学段的相对独立性,又要注重学科整体的系统性。因此,必须在围绕立德树人总任务的基础上,明确各个学段教学目标之间的关系,从而实现教学目标一体化。

(1) 注重初高中学段目标的层次性

在思政课程目标方面,《新时代学校思想政治理论课程改革创新实施方案》中明确指出"初中阶段重在打牢思想基础,高中阶段重在提升政治素养"。[1]因此,思政课内容的教学目标设定应该在深入了解目标学生的认知水平和思维特点的基础上合理制定教学目标,为后续教学设计打下基础。

对于初中阶段的学生而言,刚刚进入青春期的他们,自我意识逐渐觉醒,逐渐开始更加深入了解自我、了解身边的环境,因此这个阶段需要重视学生心理变化和成长,多从学生的生活经验出发,加强观念性的、感性的认

---

[1] 中共中央宣传部,教育部.新时代学校思想政治理论课改革创新实施方案[EB/OL].[2020-12-18]. http://www.gov.cn/zhengce/zhengceku/2021-01/01/content_5576046.htm.

识,让学生更好认识自己,处理好与身边父母、朋友、同学、老师的关系,并逐渐认识社会和国家的发展,加强社会主义核心价值观的培育。

而高中阶段的学生逐渐具备抽象思维的能力,即将真正迈入社会,此时他们可以逐渐了解社会、国家、世界发展的背后规律,深入探究我国的制度政治法律常识。以认知为基础,引导他们逐渐具备步入社会的责任担当、法治意识和家国情怀等。

因此,不同学段的思政课承担着各自的教学任务,各有侧重。在制定教学目标时,应该把握学生主体地位,充分考虑到不同学段学生的实际情况。在具体的教学中,以促进学生核心素养为目标,教师要在此基础上以学生为主体,通过学生的行为条件、行为及最终落实的核心素养,制定可测量的教学目标。

以初中《道德与法治》(八年级下册)"我国的基本经济制度"一课(完整教学设计见附录)为例,制定以下教学目标:

表3 "我国的基本经济制度"教学目标

| 教材内容 | 课标核心素养要求 | 教材教学内容 | 教学目标设置 |
| --- | --- | --- | --- |
| 我国的基本经济制度 | 能了解中国特色社会主义制度的优越性,坚定道路自信、理论自信、制度自信、文化自信,能够在生活和学习中自觉维护国家主权、尊严和利益。 | 以公有制为主体,多种所有制经济共同发展;以按劳分配为主体,多种分配方式并存;社会主义市场经济体制。 | 1. 通过分析数据,区分公有制经济和非公有制经济的地位、作用和国家态度。<br>2. 通过案例解读,能说出我国分配制度的内容。<br>3. 通过创设情境,在小组探究中能阐述社会主义市场经济体制的优越性。 |

可以从表3看出,尽管在初中道德与法治的教材中对整个基本经济制度的内容进行了介绍,但考虑到初中学生的认知特点和要求,八年级的学生对我国的政治经济制度了解不充分,对我国的社会制度不够自信,认为国家的制度离自己还很遥远,没有切实认识到作为新时代青年所肩负的历史使

命,需要通过学习,帮助学生增强制度自信,增强对国家经济发展的认同感、使命感。此外,八年级的学生开始在日常生活中初步遇到一些经济现象,需要有相关理论支撑。因此,在本课中,需要学生初步了解所有制、分配制、市场经济体制,旨在通过基本经济制度能够更好彰显我国中国特色社会主义制度的优越性,但是在课程标准的学业要求中只需要学生了解我国的基本经济制度,所以不需要对其具体手段、作用、意义进行阐述。因此,在高中思想政治必修2"经济与社会"中三课的内容只需要一节课就可以完成。

而高中同样对基本经济制度进行学习,需要学生达到的目标却不同,以高中思想政治必修2"公有制为主体　多种所有制经济共同发展"一课(完整教学设计见附录)为例,制定以下教学目标:

表4　"公有制为主体　多种所有制经济共同发展"教学目标

| 教材内容 | 课标教学内容要求 | 教材教学内容 | 教学目标设置 |
| --- | --- | --- | --- |
| 公有制为主体　多种所有制经济共同发展 | 1.1 理解公有制为主体、多种所有制经济共同发展既体现了社会主义制度优越性,又同我国社会主义初级阶段社会生产力发展水平相适应,是党和人民的伟大创造。 | 公有制主体地位及其表现;<br>多种所有制经济共同发展。 | 1. 通过在具体情境中,辨析不同企业的性质,归纳生产资料所有制度的作用和地位。<br>2. 通过案例分析,能说出我国公有制经济的主体地位和国有经济的主导作用的不同。<br>3. 以小组为单位,运用所学知识探究学习用品的生产,总结多种所有制经济统一在我国现代化进程中的必要性和路径。 |

可以看到,由于学生经过初中的学习对这一课内容的认识大多还是碎片化的认识,对基本概念也没有精准掌握,仅仅从"是什么"的层面要求学生了解内涵,还需要系统性的学习,提升学生对我国所有制结构进行理性、辩证的认识水平,在高中阶段则既要知道"为什么",更要学会"怎么办"。

（2）注重整体目标的统一性

虽然初中和高中思政课在不同阶段的内容和侧重点各有不同，但是思政课教学本身符合结构主义的要求，因此在整体目标上统一，并在内部形成紧密的联系。这要求不同学段思政课教学必须明确育人目标，保证教学目标的整体性和一致性，才能实现学生素养培育的渐进性，有利于思政课达到最大效益。

此外，思政课是意识形态教育的主阵地，必须把握社会主义的根本方向，把落实立德树人根本任务贯穿大中小学思政课全过程。[①]在对课程标准进行对比的过程中，我们可以看到任何阶段思政课的根本任务都是"立德树人"，它贯穿于青少年成长成才的全过程，从而努力将学生培养为德智体美劳全面发展的社会主义建设者和接班人。

从实际教学来看，每个学段、各个学段之间都要以立德树人为标准，按照循序渐进的原则，提升学科核心素养。尽管初高中两个学段都各自承担着不同的教育任务，但是，这些学段间的教学目标并不是完全独立的，教学任务的安排也不是毫不相关的。

以上文"我国的基本经济制度"和"公有制为主体　多种所有制经济共同发展"为例，学生在初中《道德与法治》的学习中已经接触了我国的所有制结构这一内容，了解了我国基本经济制度以及公有制经济和非公有制经济的基本内容、重要地位和作用。并且在此基础上，根据初中所学的相关知识和对经济社会中的具体现象的感悟，已经了解在社会主义初级阶段坚持公有制为主体、多种所有制经济共同发展，体现了中国特色社会主义制度的优越性和重要作用，这些都为学生在高中阶段继续理解各种所有制经济的区别和联系奠定了理论基础。此外，学生从必修1"中国特色社会主义"中，已经学习了人类社会发展基本规律，能够从生产力和生产关系上对经济制度

---

① 石书臣.以问题导向推进大中小学思想政治理论课一体化建设的思考[J].思想理论教育，2020(05):24—29.

有一定了解,在此基础上才能深化认识,理解我国生产资料所有制与生产力水平相适应,达成课标要求。在教学目标上两者存在先行后续的关系,相互之间构成循序渐进的目标体系。

而假如两个学段教学目标缺乏衔接,则会在具体教学中出现错位、缺位等问题。比如在教学实践中容易出现教学目标中不聚焦于育人总目标,或者各学段只完成自身的教学目标,忽视前后学段的衔接和层次,甚至与教学内容的梯度不符。因此,在制定某一学段的教学目标时,应该考虑到前后学段的衔接与层次性,让教学目标体现出渐进上升的趋势,由易入难。除此之外,在具体教学中,教师也应该考虑到具体实际,不仅仅是基于学段特点和课标要求,更要考虑到地方特点、不同年级、不同学校甚至是不同班级的特点,细化并且明确不同受众学生的学习目标,真正做到因材施教,构建有层次性的教学目标体系。

综上所述,在初高中思政课一体化视域下大观念教学过程中,首先要将整个思政课教学目标作为一个整体考察,确保教学的系统性。在此基础上,也要突出不同学段的特点和层次性。除了在总体上保持教学的系统性以外,也必须突出不同学段思政课的相对独立性。只有把各个学段思政课目标的独立性和系统性实现有机统一,才能确保初高中思政课教学一体化的有序开展。

2. 建构完整大单元体系,推进教学内容一体化

在弄清了教学目标之后,教师只有加强自身教学知识储备,才能够推进教学内容一体化。在构建教学知识体系时,教师需要从最小的单位到整个学科体系,理清课时与课时、课与课、单元与单元、教材与教材、学段与学段之间的关系与衔接,从而构建学科基本结构。

因此,面对初高中思政课一体化视域下大观念教学,教师需要转变教学理念,以"学科大观念"统整教学内容,才能把握新课标新教材背景下的核心素养,从而破除对教学体系的建构不完整的困境。"单元"在这里指的是作为体现内容结构化和落实素养整体化的基本单位,并非仅仅是教材中设置

的每一单元,需要教师基于教学经验、学科认识与知识体系在纵向上把握学科教学全局,从而对内容进行整合,驾驭学科教学。

(1)课与课之间形成单元教学

在对教学内容一体化的过程中,要摒弃每节课"独立运行"的情况,思政课教学中每课在纵向上和前后课的关系、在单元中的地位,都是教师需要考察的。教师只有把握好课与课之间的逻辑关系,才能更好构建大观念。例如,高中思想政治必修2"经济与社会"由两个单元、四课组成,在第一单元"生产资料所有制与经济体制"中包括"我国的生产资料所有制"和"我国的社会主义市场经济体制",第二单元"经济发展与社会进步"中包括"我国的经济发展"和"我国的个人收入分配与社会保障"两课。从教材逻辑来看,"经济与社会"讲中国经济社会是在什么样的制度基础上通过怎么样的运行实现什么样的发展,发展的结果如何保障人民共享。

普通高中《思想政治》统编教材"经济与社会"分册主编陈友芳是这样分析编写原则和理念的:本教材围绕"社会主义国家的财富"这个主题分别引导学生思考社会主义国家物质财富的生产背景、交换、生产、分配问题,这是中国特色社会主义政治经济学的核心问题,让学生了解社会主义国家的物质财富"生产什么、怎样生产、为谁生产"。①

但是在教学中,教材逻辑并非不可调整的。基于我国基本经济制度,第一课的生产资料所有制、第二课的社会主义市场经济体制和第四课中的分配制度构成了我国基本经济制度。按照唯物史观基本观点,生产关系的三要素为所有制、分配制以及人们在生产中形成的人的地位,其中生产资料所有制是核心,决定了实行什么样的分配制度。从这个角度来看,教师也可以根据课的需要和知识逻辑构建单元,将生产资料所有制、分配制、社会主义市场经济体制的相关内容进行单元整合。

---

① 陈友芳.统编《经济与社会》教材的编写特点及教学建议[J].人民教育,2019(19):51—54.

（2）教材与教材之间形成单元教学

除了纵向上的前后关系，横向上不同教材之间也有联系。前文提及，思政学科在教材的设置上有时每册教材都聚焦于同一领域和主题。高中思政课内容在不同教材中主题不同，而初中道德与法治尽管教材名称相同，但每册教材的主题也具有阶段性特点。例如，对于刚刚升入初中的六年级学生而言，校园生活、亲子关系等内容是重点，而八年级逐渐对于法治有了深刻的认识，九年级则对国家国内发展对外政策有初步的认识。尽管每册教材的主题不同，但是却也呈现螺旋上升的特点，需要对教材与教材之间的内容构建更加立体的结构。

以九年级上册第二单元第三课"追求民主价值"为例，与八年级下册第三单元"人民当家作主"整合，从学生认知发展与学科内容衔接出发，构建螺旋上升的内容结构，如图1所示。

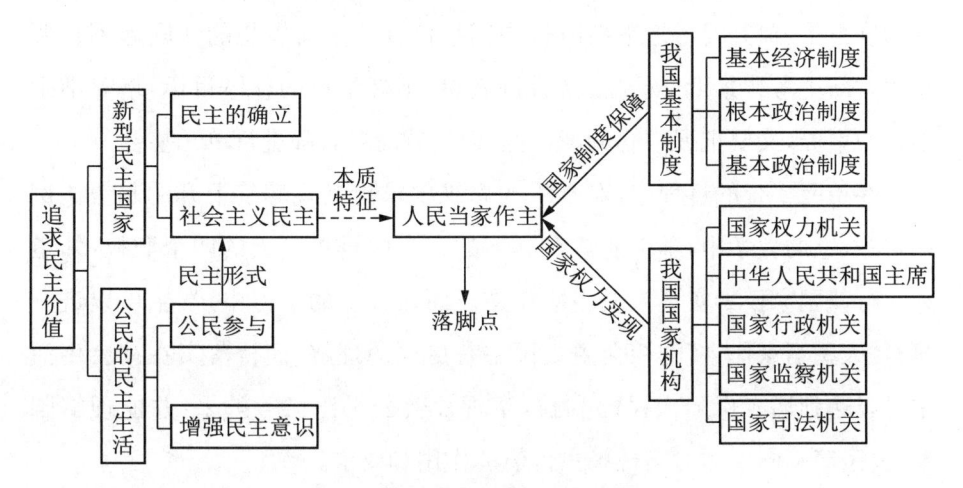

**图1 《道德与法治》民主内容整合**

在学科教学中，需要把握"循序渐进、螺旋上升"的规律，具体表现为：基于目标的整体性，内容上层层渐进。通过深入研读教材，发现八年级下册第三单元"人民当家作主"与九年级上册第二单元第三课"追求民主价值"三课均属于政治民主化，并且在层次上逐渐深入，从民主的表现回归到民主的实质和内涵,符合这一规律。

实行社会主义制度的国家在其根本制度下形成的一系列基本制度,其本质是要保障人民当家作主。同时,依据宪法设立的国家机关都以为人民服务为宗旨。也就是说,人民当家作主既需要完善的国家制度予以保证,又需要国家机关行使国家权力来实现。人民民主是社会主义的生命,而我国的社会主义民主是维护人民根本利益的最广泛、最真实、最管用的民主,本质特征即人民当家作主。

综上所述,内容上既整体推进,又各有侧重,以"人民当家作主"作为线索与落脚点:八年级上册第三单元是从具体的民主制度以及国家机构来体现实现民主的过程,九年级上册第三课归纳民主的价值追求与内涵,并从公民的角度对青少年提出要求,培养学生的民主意识。

政治民主化作为社会主义政治文明的重要部分,对培养学生公民意识和制度自信、提升对习近平新时代中国特色社会主义思想的认同起到重要作用。新中考背景下,既要整体看待教材,把握学科的整体目标,培养学生的核心素养,又要把握内容的渐进性,而这就需要教师进行单元整合。

在单元整合的过程中,对学生的思维要求也呈现螺旋上升的趋势。例如,在八上的教学中,学生能够在具体的行为中辨析人大的四个职权,知道人大行使国家权力实现人民当家作主。而在九上的学习中,学生可以进一步对"人民当家作主"的社会主义民主有更深的理解,懂得落实在社会生活中可以达到切实保障人民的利益,实现社会公平正义等效果,并能理解国家、公民等不同主体对实现民主价值的作用和要求。

在这样的单元整合的过程中,培养学生对同一学段内容的纵向把握,从而更好形成学科知识体系。

(3)学段与学段之间形成单元教学

根据前文的理论论述,我们可以得知只有综合思政教育的规律、学生认知发展规律以及不同学段思政教育的目标定位,合理确立教学内容的分配,实现同质性内容的"螺旋上升",才能推动思政课建设内涵式发展。

思政课教学内容是以知识体系、学科基本结构的形式存在的。根据思政课一体化思路,教材编委会成员在编写的过程中既要遵循循序渐进、螺旋上升的原则,又为了保持各自学段教材体系的相对独立性和完整性,不可避免地出现初高中教材内容重复及交叉问题。因此,要在初高中学段之间对思政课教学内容进行整合并形成单元教学,整体性地对教学内容进行规划,才能增强思政课教学质量与育人价值。

就我国的基本制度而言,在初中学段的教材中已经有交叉,呈现螺旋上升的特点。而初中思政课《道德与法治》八年级下册教材与高中思政课必修2、必修3在我国的经济制度和政治制度的内容上也有较大篇幅的交叉。

要在学段与学段之间形成单元教学,首先要对不同学段教材交叉的内容进行梳理,对初高中教材内容的知识体系进行对比。从中我们会发现,尽管初高中教材中都涉及基本经济制度、根本政治制度和基本政治制度,但是难度系数完全不同,呈现出螺旋上升的难度梯度。接下来,拿我国的基本经济制度中的所有制的表述和内容进行具体比较,如表5所示:

表5 初高中思政教材所有制经济表述对比

| 内容 | | 表达程度 | |
|---|---|---|---|
| | | 初中 | 高中 |
| 我国的所有制 | 全称 | 公有制为主体、多种所有制经济共同发展 | 公有制为主体、多种所有制经济共同发展 |
| | 含义 | 国有经济的生产资料属于全体人民共同所有;集体经济的生产资料属于一部分劳动者共同所有。 | 没有关于国有经济和集体经济含义的专门表述 |
| | 构成 | 公有制经济包括国有经济、集体经济以及混合所有制经济中的国有成分和集体成分;我国还存在个体经济、私营经济等非公有制经济。 | 公有制经济包括国有经济、集体经济以及混合所有制经济中的国有成分和集体成分;非公经济包括个体经济、私营经济、外资经济以及混合所有制经济中的非公有制成分。 |

续表

| 内容 | | 表达程度 | |
|---|---|---|---|
| | | 初中 | 高中 |
| 我国的所有制 | 是什么 地位 | 国有经济是国民经济的主导力量;公有制经济与非公有制经济都是社会主义市场经济的重要组成部分,都是我国经济社会发展的重要基础。 | 生产资料所有制在生产关系中起着决定性作用,是生产关系的核心,是经济制度的基础。占支配地位的生产资料所有制决定着一个社会的基本性质和发展方向。公有制为主体、多种所有制经济共同发展的基本经济制度,是中国特色社会主义制度的重要支柱,也是社会主义市场经济体制的根基。公有制为主体是社会主义初级阶段经济制度的根本特征。公有制的主体地位主要体现在……国有经济起主导作用,主要体现在控制力上。 |
| | 为什么 | 坚持公有制为主体、多种所有制经济共同发展,促进了生产力的发展、综合国力的增强和人民生活水平的提高,为人民当家作主奠定了坚实的物质基础。 | 以公有制为主体是促进生产力发展的根本要求;以公有制为主体是实现共同富裕的基本前提。非公经济不断发展壮大,成为稳定经济增长和改善民生的重要力量、创业就业的主要领域、技术创新的重要主体、国家税收的重要来源,为我国社会主义市场经济发展、政府职能转变、农村富余劳动力转移、国际市场开拓等发挥了重要作用。多种所有制经济共同发展,有利于形成各种所有制之间的市场竞争关系,调动不同经济主体的积极性和创造性,有效利用各方面的资源,取长补短,激发社会主义市场经济的活力推动经济持续健康发展。 |
| | 怎么样 | 毫不动摇巩固和发展公有制经济;毫不动摇鼓励、支持、引导非公有制经济发展。 | 如何毫不动摇巩固和发展公有制经济;如何毫不动摇鼓励、支持、引导非公有制经济发展。 |

从上表的比较中,我们可以总结出以下几点:

第一,新统编教材确实已经注意到初高中教材内容的一体化。比如,上表中,国有经济和集体经济的概念解释,初中教材完成了这一任务,高中教材便不再重复。

第二，为了解释某个概念，或者支撑某一观点，高中教材中出现更多的概念，比如，非公经济的构成中，高中出现了"外资经济"的概念。

第三，从"是什么—为什么—怎么样"角度看，初中也都涉及了相关的内容，但是大多点到为止，不做过多的深入。对"为什么"和"怎么样"，高中教材更强调知识体系的架构，更强调概念的综合性和体系化。例如，高中教材对"公有制作用"的呈现，缘起于生产力、生产关系的关系，与高中思想政治必修1"中国特色社会主义"提及的人类社会发展规律相适宜。

除此之外，初中将"我国基本制度"的所有内容，无论是经济制度还是政治制度都集中呈现在八年级下册的第三单元第五课中，第一框的框题为"基本经济制度"，第二框"根本政治制度"，第三框"基本政治制度"，内容多为"是什么"。而在高中学段上述基本制度则出现在必修2"经济与社会"和必修3"政治与法治"两本教材中，必修2第一单元第一课"我国的生产资料所有制"、第二课"我国的社会主义市场经济体制"、第四课"我国的收入分配与社会保障"三课内容涵盖了我国当前的基本经济制度。此外，八年级（下）第三单元第五课第二框中的"根本政治制度"，与高中阶段必修3第五课"我国的根本政治制度"相对应；八年级（下）第三单元第三框"基本政治制度"则在高中学段延伸成为必修3第六课"我国的基本政治制度"。同样的主题，高中教材中的相应内容更注重逻辑结构，侧重于回答"为什么"和"怎么样"的问题。以"我国基本制度"为主题，通过对两套教材的深度梳理，初高中思政课中的相关内容呈现出"是什么"—"为什么"—"怎么样"的梯度。

初中生对于知识的掌握一般停留在表面，在学习中感性思维运用得比较多，对于知识的把握往往停留在"是什么"的阶段，当然随着上海中考评价制度的改革，初中思政课对"为什么"也有涉猎，不过他们对于我国基本制度一般只具有初步的认识，在其思想中形成的概念是"我应该拥护和支持"。但是进入高中之后，思政课教学对学生的学习目标与要求也在提升。对于部分同学即将步入社会的情况下,学生应该能够学以致用,在面对复杂的社会真实情境下能够提高自己解决问题的能力。可以看出,两个学段对于学生知识、能力的要求都有很大差别,但是学生并不能在初高中学段之间迅速提升自己各方面的能力,这时候如果没有对初高中教学内容进行整体性规划,学生在初三转化到高一的过程中就会面临认知方面"跳水"的局面,最终对思政课的教学内容掌握和学习热情都会大打折扣。

基于前面对教学内容一体化的例证,首先一线教师要走出一个认识误区。平时的教学实践中,不少思政课教师认为初高中思政课教材任何内容的重复都是不应该的,错误的是教材编写过程中存在的漏洞。事实上,一方面,初高中思政课教材内容重复,首要的原因在于保持各自学段教材体系的完整性。另一方面,从习近平总书记在召开学校思想政治理论课教师座谈会上强调"要把统筹推进大中小学思政课一体化建设作为一项重要工程,推动思政课建设内涵式发展"以来,思政课一体化建设都非常关注各学段教学内容的衔接,注重统筹设计各个学段思政课的内容,科学出台针对不同学段学生认知特点的思政课教材,这在上述的梳理中已经得到证实。而人的认识系统本身就要经过"实践—认识—再实践—再认识"循环往复的过程实现在实践中突破。所以在具体教学过程中,必要的重复是不可避免的,通过将新的知识内容加入已有的知识结构中,才能实现认知结构的"同化"与"顺应"。教师构建完整的知识体系就是为了更合理安排教学内容,知道哪些应该重复,哪些无需重复,哪些内容之间存在先行后续的关系,如何引出。

此外,从初高中思政课教材编写理念来看,两者存在共同点。两者都明确了思政课教材建设的新方位,强调了坚持(着眼于)习近平新时代中国特色社会主义思想。新时代巩固马克思主义在意识形态领域的指导地位是党和国家的根本要求,这就体现了初高中思政课教学本身就在一个系统内。

因此,思政课教学内容一体化要始终坚持辩证唯物主义、历史唯物主义以及马克思主义人的全面发展观,同时以马克思主义中国化的重大理论成果尤其是习近平新时代中国特色社会主义思想育人。

3. 教学方式一体化

（1）教法要注重深度和广度的递进性

选择合适的教学手段、营造适宜的教学情境和提出有针对性的问题，是提升教学吸引力和鼓励学生积极参与的有效途径。这种做法有助于防止教学内容过于泛泛而谈，同时也避免了低年级学生教育过于成人化和高年级学生教育内容重复的问题。在初高中一体化视域下的大观念指导下，教师需要全面考虑学生的发展，规划多层次的学习活动，帮助学生在不同学习阶段吸收、理解和构建知识。

《义务教育道德与法治课程标准（2022年版）》中针对教学提出要"积极探索议题式、体验式、项目式等多种教学方法"，"通过参观访问、现场观摩、志愿服务、生产劳动、研学旅行等方式走向社会"等；① 高中思想政治课程的相关要求在前文提及过，经过对比我们可以看出，初高中思政课教学方式有许多相似之处，如"情境""议题""社会实践"的重要性。但是这些方面也有所不同，从活动和组织形式来看，初中道德与法治要让学生在模拟活动、角色扮演、情境体验、社会实践等活动中实现说理教育和启发引导。而高中思政课的活动在前文提及过，社会实践活动的形式比初中更加多样，除了志愿服务、研学活动之外，研究性学习和社会调查是初中不常见的，在思政活动中更加注重深入探讨和批判性思考，以培养学生的独立思考和分析能力。总的来说，初中道德与法治课程更注重基础性和启蒙性教育，强调体验式教学；而高中思想政治课程则在此基础上更加注重深度和广度，以及学生的独立思考和实践能力的培养，强调辨析式教学。②

---

① 中华人民共和国教育部.义务教育道德与法治课程标准(2022年版)[S].北京:北京师范大学出版社,2022:49.
② 王政伟.核心素养视域下辨析式教学在高中思想政治课中的运用策略研究[J].学周刊,2024(14):89—91.

进一步来说,教师可以采取以下措施来帮助学生从初中顺利过渡到高中的思政学习:通过情境模拟和实例研讨来促进学生认知层面的发展;通过模拟体验和批判性讨论来引导学生情感层面的成长;通过校园内的宣传和校外的实践服务活动来激励学生行为层面的改变。这些方法不仅能够提高学生的学习动力,还能够加深他们的情感体验和实际行动的参与度。

在初中道德与法治"我国的基本经济制度"教学中,采取了:①热点分析:阅读政府工作报告体会国家经济发展的成就。②情境体验:琦琪几位亲人的收入、小龙虾市场的波动、大雪后蔬菜价格的变化等,通过小组合作探究的方式来增加对社会的认识。这些情境材料都由教师创设,学生通过讨论、探究来达成核心素养的培育。

而在高中"公有制为主体　多种所有制经济共同发展"教学中,学生为了更好理解多种所有制经济共同发展的必要性和路径,要在课前小组合作探究的基础上完成课堂汇报和讨论:①介绍一个你喜欢的学习用品,它是哪个公司生产的吗?这个公司是何种性质的经济体?②当前商品如此丰富多样,得益于我国实行何种经济制度?③为这个学习用品的发展提出有建设性的意见。在这个过程中,学生既需要解释和论证,也需要预测和选择,并且在理解"是什么"基础上要能够分析"为什么",并提出"怎么办",真正做到发现问题、分析问题、解决问题。

(2)学法体现学生发展的层次性

在初中阶段,思政课的设计往往与学生的日常生活经验紧密相关,教学内容相对直观,重点在于培养学生的感性认识和道德修养,有助于学生在具体的生活场景中理解道德与法治学科的核心概念。然而,当学生步入高中,思政课程则开始深入探讨更抽象的概念和理论,要求学生具备更强的逻辑思维和辩证分析能力,以理解事物的深层次规律和本质。

为了在初高中一体化视域下落实大观念教学,需要注重学生学法的衔接，帮助学生顺利地从初中过渡到高中。为此，教师可以鼓励学生在课堂上主动提问和参与讨论，并且在初中的作业反馈中设计一些包含学科内容的开放性学习项目，这样可以增强学生的参与感和主体性，同时也能激发他们的学习兴趣和积极性，帮助学生从多角度理解社会现象和政治问题。例如，在"我国的基本经济制度"一课中布置了课后任务：选择一家企业，收集资料完成：①该企业的所有制性质是什么？②该企业有多少职工？生产经营的主要产品是什么？一年纳税多少？③你感兴趣的其他问题。

而在高中阶段的任务则知识性更强，对学生的分析能力也提出了更高要求，教师应培养学生的批判性思维能力，教会学生如何分析和评价不同的观点和论据。例如，在"公有制为主体　多种所有制经济共同发展"一课中布置的课后任务：胖东来以其巨大的流量和影响力，辐射带动了周边店铺的快速发展。例如，在许昌市，胖东来的门店开设在哪里，附近的地皮价格就会随之上涨。胖东来天使城店和时代广场在春节假期共接待游客817.6万人次，同比增长173%；实现旅游综合收入50.69亿元，同比增长543%。这表明胖东来不仅自身取得了商业成功，还显著促进了当地旅游业和周边商业的发展。胖东来实行员工持股超过95%的策略，这一举措不仅确保了企业利润的公平分配，而且极大地激发了员工的工作热情和创造力。结合材料，运用我国生产资料所有制相关内容对胖东来的发展进行评析。

通过这些扩展的教学方法和策略，教师不仅能够帮助学生在知识层面实现从初中到高中的平稳过渡，还能够在思维能力、情感态度和价值观等多方面促进学生的全面发展。这样的教学衔接将为学生的终身学习和未来的社会生活打下坚实的基础。

4. 搭建思政课教师一体化沟通平台

除了教学的具体路径和实施，提高教师自身的素养和教学能力也至关重要。要提高思政课教师一体化教学素养，需要完善思政课教师一体化机制，通过集体备课机制和资源共享体系提高教师自身的主动性和师资队伍建设的科学性。

（1）推进集体备课机制，助力一体化教学设计

集体备课是中小学教师以备课组或者教研组为单位，在把握学情的基础上根据学习目标制定教学计划，并对每课时内容进行细化的过程。通常就教学的目标、实施过程、资源选取、评价方式等进行讨论、分享、反思、交流。这个过程中教师之间充分沟通，不仅可以集思广益，也可以提高教学效率。然而，在目前的备课或是集体备课中仍然存在许多误区和不足，严重影响了教学的质量与效率。

为了更好推进一体化教学设计，在整体备课的参与对象上，要打破传统的思路，要让不同年级不同学段的思政教师参与对课程体系的总体分析。教师首先要夯实自身的专业素养，不断地研读教材、驾驭教材。为此可以以整个学科组或是多个学科组共同为中心展开集体备课，对课程标准、教材内容等有充分的把握。这样才能形成教师完整的学科知识体系。

在集体备课中，也要对知识进行整体架构。通过调整教材等形式进行单元设计，整体把握教材，从而培养学生扎实的学业基础与学科思维能力。因此在教学"前"，不同学段思政教师可以集思广益，发挥各自的优势，在教学的设计过程中提出更多新的思路。在教学"中"，更要注重交互听课与同课异构。不只是听公开课，更要听常规课；不只是关注教师教学，更要关注学生课堂接受情况；不只是考察课堂教学，更要考察课后学生反馈。在教学"后"，应该积极组织评课，针对教学中存在的问题与亮点进行讨论与分享，交换不同学段的意见和想法。

（2）建设资源共享平台，强化一体化教师队伍

除了教师自身努力提高对不同学段思政课的把握，从教师队伍的建设上，也可以形成流动的教师队伍。

跨不同年级的思政课教学的教师，可以更加深入了解不同年级思政学

科的课标、教材以及学情,在教学设计时,对于教学目标、内容、方式方法、评价也会更加有方向并注重衔接。在条件允许的情况下,甚至可以让教师跨不同学段,这样对于初高中思政课教学一体化创造了更多条件与可能性,也有机会追踪了解学生个体的成长与变化。

同时,在对教师培养时,也可以通过初高中集体教研活动,或者形成资源共享的初高中思政课程数据库,为一线教师在推进一体化教学提供更多资源和路径,为教师营造更有利于探索和前进的环境。

# 附录 初中道德与法治"我国的基本经济制度"教学设计

## 【教材分析】

部编版《道德与法治》八年级下册第三单元"人民当家作主",以人民当家作主为主题,由"我国的政治和经济制度""我国国家机构"两课组成,要求学生学习我国的制度保证和国家机构构成,了解我国在政治经济建设的成就,从而引导学生树立对国家的认同与归属意识,逐渐培养国家主人翁责任感、自豪感和归属感。

本节课为第五课第三课时"基本经济制度",前两课时,学生已经对我国的根本政治制度、基本政治制度有所了解。通过本节课的学习,了解我国的基本经济制度是坚持公有制为主体,多种所有制经济共同发展;坚持按劳分配为主体,多种分配方式并存;坚持社会主义市场经济体制。

## 【学情分析】

八年级的学生对我国的政治经济制度了解不充分,对我国的社会制度不够自信,认为国家的制度离自己还很遥远,没有切实认识到作为新时代青年所肩负的历史使命。因此通过本节课的学习,帮助学生增强制度自信,增强对国家经济发展的认同感、使命感。

在日常生活中,学生已经开始遇到一些经济现象。例如,不同公司的类型有什么不同?家庭的收入主要有哪些渠道?没有相关的理论支撑,学生很难理解这些内容。通过了解我国基本经济制度,学生才有可能深入理解和认识生活中经常遇到的经济现象。

**【核心素养指向】**

课程标准中指出,7～9年级学生在政治认同核心素养上要能了解中国特色社会主义制度的优越性,坚定道路自信、理论自信、制度自信、文化自信,能够在生活和学习中自觉维护国家主权、尊严和利益。

我国基本经济制度属于中国特色社会主义制度,因此在本课中要引导学生通过对社会主义初级阶段基本经济制度内容的学习和掌握,增强对中国特色社会主义制度优越性的认识。

**【教学目标】**

通过分析数据,区分公有制经济和非公有制经济的地位、作用和国家态度。

通过案例解读,能说出我国分配制度的内容。

通过创设情境,在小组探究中能阐述社会主义市场经济体制的优越性。

**【教学重难点】**

教学重点:能准确区分几种常见的经济形式。

教学难点:理解"公有制为主体,多种所有制经济共同发展"的基本经济制度。

**【教学过程】**

| 环　节 | 教师活动 | 学生活动 | 设计意图 |
| --- | --- | --- | --- |
| 导　入 | 1. 出示2023年政府工作报告,展示五年经济成绩单。<br>2. 提问:通过材料,我国经济为什么会有如此成就? | 学生通过阅读材料体会国家经济发展成就,进而直接引入本课课题。 | 激发学生的学习兴趣,以此引导学生对我国经济发展的初步感知,引出课题:基本经济制度。 |

续表

| 环　节 | 教师活动 | 学生活动 | 设计意图 |
| --- | --- | --- | --- |
| 环节一：公有制与非公有制 | 1. 请学生阅读课本P74运用你的经验。<br>2. 出示材料：三位同学父母的职业。<br>3. 提出问题：他们的工作单位有什么不同？哪些属于公有制经济？哪些属于非公有制经济？基本经济制度的确立依据。<br>4. 出示材料，非公有制经济对就业、税收等方面的影响；国家电网、中国银行等国有经济的市值。<br>5. 请学生完成教材P75页探究与分享：公有制经济和非公有制经济的不同点以及各自的作用、国家的态度。 | 学生思考，阅读教材，进行归纳总结，辨析公有制经济和非公有制经济成分的区别，探究坚持公有制为主体、多种所有制经济共同发展（地位、作用、国家态度）。 | 引导学生认识到，生产资料所有制关系着我们父母的工作，坚持和完善公有制为主体、多种所有制经济共同发展，可以让我们父母工作更有保障，收入水平不断提高，我们生活更加幸福，国家更加富强，体会多种所有制经济共同发展的重要意义。 |
| 环节二：分配制度 | 1. 情境探究：琦琪一家的收入来源。<br>2. 阅读材料思考：琦琪几位亲人的收入分别是按哪种分配方式取得的？<br>3. 总结归纳：多种分配方式。 | 学生阅读材料，通过在材料中寻找关键语句，得出我国的分配方式和具体内容。 | 引导学生在真实情境中感受我国现阶段的多种分配方式。通过分析家庭的可支配收入来源，感受不同分配方式对居民生活的意义。 |
| 环节三：社会主义市场经济体制 | 1. 出示材料：小龙虾市场的波动。<br>2. 提出问题：你怎么看待上述经济现象？<br>3. 出示材料：大雪降临后的蔬菜市场。<br>4. 提出问题：该地蔬菜价格由飞涨到回落体现了什么经济道理？<br>5. 请学生绘制思维导图：市场机制如何作用。 | 学生阅读材料，结合教材内容思考问题；制作市场作用的思维导图，然后进行分享。 | 通过真实事例，引导学生初步了解什么是市场，以及市场机制是如何通过价格、供求、竞争等机制配置资源的；感受我国社会主义市场经济体制的特点和优势，明确政府宏观调控要遵循经济规律。 |

【作业设计】

课后作业:选择一家企业,收集资料并完成:

(1) 该企业的所有制性质是什么?

(2) 该企业有多少职工?生产经营的主要产品是什么?一年纳税多少?

(3) 你感兴趣的其他问题。

# 附录　高中思想政治"公有制为主体　多种所有制经济共同发展"教学设计

【教材分析】

本单元围绕我国的生产资料所有制与社会主义市场经济体制展开,着重探讨以公有制为主体、多种所有制经济共同发展的生产资料所有制,介绍市场经济运行的一般原理,阐释我国的生产资料所有制与社会主义市场经济有机结合的优势——既发挥了市场经济的长处,又发挥了社会主义制度的优势,有利于进一步巩固和发展社会主义基本经济制度。通过对这部分内容的学习,旨在让学生在初中《道德与法治》的基础上全面理解我国的基本经济制度。

本节课阐述了我国的基本经济制度即"公有制为主体、多种所有制经济共同发展",明确了公有制经济和非公有制经济之间的关系,为社会主义经济建设提供理论依据。本框作为必修2"经济与社会"的开篇,既是对初中知识的拓展与延伸,又是高中经济理论的奠基,起到了承上启下的作用。首先,从公有制经济的核心地位出发,使学生认识到公有制经济在我国国民经济发展中的根基性作用,这是我国社会主义性质的根本体现。同时,多种所有制经济共同发展是我国社会主义初级阶段生产力发展不平衡、多层次状况的必然要求。通过对两者的详细阐述以及它们之间关系的讲解,让学生明白我国基本经济制度是符合我国国情、具有强大生命力和巨大优越性的制度,有助于培养学生对我国经济制度的政治认同,也为后续学习我国的经济体制改革、企业经营等内容奠定理论基础。

**【学情分析】**

本课的教授对象是高一年级学生,在初中《道德与法治》的学习中已经接触了我国的所有制结构这一内容,了解了我国基本经济制度以及公有制经济和非公有制经济的基本内容、重要地位和作用。并且在此基础上,根据初中所学的相关知识和对经济社会中的具体现象的感悟,已经了解在社会主义初级阶段坚持公有制为主体、多种所有制经济共同发展,体现了中国特色社会主义制度的优越性和重要作用。从必修1"中国特色社会主义"中,学生已经学习了人类社会发展基本规律,能够从生产力和生产关系上对经济制度有一定了解。但学生对这一课内容的认识大多还是碎片化的认识,对基本概念也没有精准掌握,还需要系统性地学习,提升学生对我国所有制结构进行理性、辩证的认识水平。

**【课标要求】**

(1) 理解公有制为主体、多种所有制经济共同发展既体现了社会主义制度优越性,又同我国社会主义初级阶段社会生产力发展水平相适应,是党和人民的伟大创造。

**【教学目标】**

① 通过在具体情境中,辨析不同企业的性质,归纳生产资料所有制的作用和地位。

② 通过案例分析,能说出我国公有制经济的主体地位和国有经济的主导作用的不同。

③ 以小组为单位,运用所学知识探究学习用品的生产,总结多种所有制经济统一在我国现代化进程中的必要性和路径。

**【教学重难点】**

重点:探究坚持公有制主体地位、掌握公有制经济和非公有制经济的重要作用。

难点：分析各种所有制经济的意义及其关系，各种所有制经济如何统一在我国现代化进程中。

**【教学过程】**

| 议题：如何正确看待我国的所有制经济？ | | | |
| --- | --- | --- | --- |
| 教学环节 | 教师活动 | 学生活动 | 设计意图 |
| 环节一：我国的生产资料所有制 | 设置情境：走近我国商业银行；引导、点评学生结合所学知识分析问题。 | 思考并回答：<br>(1) 我国商业银行包括哪些？<br>(2) 我国商业银行都是国有企业吗？<br>(3) 你家存贷款选择了哪家银行？为什么？<br>(4) 从商业银行的丰富多样性看，我国实行何种生产资料所有制形式？ | 在具体情境中，分析生产资料所有制及其重要性，我国的生产资料所有制，理解我国实行公有制为主体、多种所有制经济共同发展的原因。 |
| 环节二：公有制的地位及体现 | 设置情境：《世界500强》，引导、点评学生结合所学知识分析问题。 | 思考并回答：<br>(1) 什么是公有制经济？<br>(2) 为什么要坚持公有制为主体？<br>(3) 结合榜单和本地经济情况，公有制主体地位如何体现？<br>(4) 介绍一家知名国企，它采用何种实现形式？有何重要社会价值？ | 通过体验探究，简述公有制的地位及其体现。 |
| 环节三：多种所有制经济共同发展 | 引导、点评学生结合所学知识分析问题。 | 小组汇报：<br>课前收集的学习用品说明书，分享：<br>(1) 介绍一个你喜欢的学习用品，它是哪家公司生产的吗？这家公司是何种性质的经济体？<br>(2) 当前商品如此丰富多样，得益于我国实行何种经济制度？<br>(3) 为这个学习用品的发展提出有建设性的意见。 | 运用所学知识，通过小组探究，了解我国生产资料所有制的优越性。 |

**【作业设计】**

胖东来以其巨大的流量和影响力，辐射带动了周边店铺的快速发展。例如，在许昌市，胖东来的门店开设在哪里，附近的地皮价格就会随之上涨。胖东来天使城店和时代广场在春节假期共接待游客817.6万人次，同比增长173%；实现旅游综合收入50.69亿元，同比增长543%。这表明胖东来不仅自身取得了商业成功，还显著促进了当地旅游业和周边商业的发展。胖东来实行员工持股超过95%的策略，这一举措不仅确保了企业利润的公平分配，而且极大地激发了员工的工作热情和创造力。

结合材料，运用我国生产资料所有制相关内容对胖东来的发展进行评析。

## 三、以大观念统领跨学科教学

### （一）以大观念统领跨学科教学相关研究综述

我国对跨学科教学的研究从20世纪就已开始，最早以"学科交叉"作为对象，1985年北京召开了"交叉科学学术讨论会"使得学术界和教育界对跨学科的研究不断深入，并逐渐从"学科交叉"转向"跨学科"。

1. 关于跨学科的相关研究

随着"交叉科学学术讨论会"的召开，国内学者对跨学科的研究也不断兴起和发展。同年，刘仲林在《未来与发展》杂志上发表了一篇名为《跨学科学》的文章，深入探讨了跨学科的核心概念和面临的基本问题。[1]之后，从1986年开始，学者们又相继出版了许多跨学科著作，比如龚育之的《科学·哲学·社会》[2]、李光和任定成的《交叉科学导论》[3]、刘仲林的《跨学科学导论》[4]、

---

[1] 刘仲林.跨学科学[J].未来与发展，1985(1):50—52.
[2] 龚育之.科学·哲学·社会[M].北京:光明日报出版社，1987.
[3] 李光,任定成.交叉科学导论[M].武汉:湖北人民出版社，1989.
[4] 刘仲林.跨学科学导论[M].郑州:河南教育出版社，1991.

徐飞的《科学交叉论》①等,其中详细讨论了跨学科的内涵、重要意义、分类和研究方法。

进入21世纪之后,我国跨学科领域的学术期刊和论文数量激增,有效丰富了国内在这一研究领域的研究。随着跨学科研究的不断深化,该领域的成熟度和研究范围的扩大,逐渐延伸至高等教育和基础教育层面。这些进展不仅为跨学科的深入研究提供了坚实的理论和实践基础,而且也促进了跨学科教学法在中小学课堂的实施。

2. 关于跨学科教学的相关研究

近年来,跨学科教学法在国内教育界越来越受到重视,相关的理论研究和实践探索也在不断增多。这种教学方法的应用覆盖面广泛,不仅包括大学,也包括中小学;参与研究的人员构成多元化,从知名学者到一线教师,从硕士到博士的毕业论文都有涉及,显示出跨学科教学在国内教育领域的高度关注。

杜惠洁和舒尔茨认为跨学科教学就是"以一个学科为中心,在这个学科中选择一个中心题目,围绕这个中心题目,运用不同学科的知识展开对所指向的共同题目进行加工和设计教学"。②在此基础之上,杨静提出了跨学科教学能"构建各学科知识与能力之间的横向联系与整合,从而促进学生素质的全面发展,也促使学生的单个学科学习能力得到提升"。③

近些年,跨学科教学被应用到了一线教师的实际教学中,许多教师、学者也结合具体教学实践从不同学科、维度来进行探索,涉及教学内容、教学方法、教学原则等。为了有利于后续探究思政课教学,这里主要梳理的是文科教学。

汪敏在其研究中探讨了如何将政治、历史和英语语法知识融入语文学

---

① 徐飞.科学交叉论[M].合肥:安徽教育出版社,1991.
② 杜惠洁,[德]舒尔茨.德国跨学科教学理念与教学设计分析[J].全球教育展望,2005(8):29.
③ 杨静.浅谈语文课程跨学科教学[J].创新人才教育,2017(4):27.

科文言文教学,以促进学生对文本的深入理解,并提升他们的语文素养及跨学科知识。①韩芳芳探讨了跨学科资源整合的不同方式,并提出了七大原则来指导高中历史教学中的跨学科资源整合。②在地理教学领域,郭迎霞认为地理学科的文理特性使其在跨学科教学中占有优势,并提出了与历史、语文等学科教师合作的教研模式。③孙娜在英语教学研究中,通过对教材的跨学科分析,指出了教师对跨学科知识的兴趣和实际掌握程度之间的差距,以及高考和课时压力对跨学科教学的影响。她强调了教师掌握跨学科知识的重要性,以及对学生跨学科学习意识的培养。④

除了文科,也有研究关注理科学科如物理、化学、数学的跨学科教学实践。这些研究表明,跨学科教学已成为教育领域的一个重要趋势,旨在通过整合不同学科的知识,提高学生的综合素养和学习效率。

3. 关于高中思政课跨学科教学

梁燕将高中思政课跨学科教学定义为"在高中思想政治课进行某个确定的知识点的教学过程中,教师跨越政治学科的界限,充分挖掘与这个知识点存在密切联系的高中其他学科的知识内容、教学方法和思维方式的一种教学活动"。⑤

不少研究生在毕业论文研究中对于高中思政课跨学科教学的意义和策略进行探究。张燕伟、王江、余婷婷等人认为这样的教学方式有利于培育综合人才、促进知识迁移、提高教学效果、增强课堂吸引力,⑥同时也有利于教师综合素质的提升,⑦促进师生关系和师师关系的发展。⑧

---

① 汪敏.高中文言文跨学科教学研究[D].重庆:重庆师范大学,2012.
② 韩芳芳.高中历史教学跨学科资源整合策略研究[D].武汉:华中师范大学,2017.
③ 郭迎霞.高中地理跨学科整合教学的探索实践[J].地理教育,2017(9):7.
④ 孙娜.高中英语教材跨学科分析[D].烟台:鲁东大学,2014.
⑤ 梁燕.高中思想政治课跨学科教学存在的问题及对策研究[D].桂林:广西师范大学,2018.
⑥ 张燕伟.《生活与哲学》跨学科教学研究[D].石家庄:河北师范大学,2019.
⑦ 王江.跨学科知识在高中《文化生活》教学中的运用[D].汉中:陕西理工大学,2018.
⑧ 余婷婷.新课程背景下高中政治跨学科教学研究[D].上海:上海师范大学,2014.

为了更好实现高中思政课跨学科教学的效益,范甜针对教师的培养和发展提出了策略:高中政治跨学科教学应当有限制;建立以工作量为中心的高中教师综合评价机制;增加高中政治教师进修和再学习的机会;高校培养模式应该有所改变;落实素质教育实践。①

4.关于大观念统领跨学科教学

关于大观念统领下的跨学科教学相关研究还比较少,当前仅有个别一线老师和研究生针对该问题发表期刊文献。郭重泰、杜尚荣、田腾飞从概念提取、目标导向、体系支撑、实践转化来落实大观念视域下跨学科课程,并澄清了相关的内涵、逻辑和路径。②

降佳俊和尹志华从筛选、外显、活化、建构、检验大观念的过程中通过情境、核心素养、结构化教学内容、问题链来确定体育与健康学科的教学主题、目标、内容、实施和评价。③北京市的化学学科在这方面有不少尝试,赵家兴、梁凯、孔婀静以胶体金为素材设计跨学科项目课程,④张瑞瑛、王钦忠以"水"单元知识为载体,设计主题跨学科实践活动,⑤马薇、付娆、路红燕、马岩针对"垃圾的分类与回收利用"进行跨学科实践活动,提出了教学思想与创新点。⑥

而涉及高中思政学科的则比较有限,孙蕾蕾从提炼大观念到设计政治历史跨学科教学来落实学科核心素养。⑦这些具体的教学实例都为后续阐释提供了依据。

---

① 范甜.高中政治课跨学科教学研究[D].西安:陕西师范大学,2016.
② 郭重泰,杜尚荣,田腾飞.大概念视域下跨学科课程建设的内涵、逻辑和路径[J].教学与管理,2024(13):1—6.
③ 降佳俊,尹志华.基于大概念的体育与健康跨学科主题教学:逻辑证成、系统设计与推进策略[J].体育学刊,2024,31(6):77—86.
④ 赵家兴,梁凯,孔婀静.基于大概念的高中化学"胶体及其应用"的跨学科项目式教学:胶体金法氨苄西林检测试纸条的设计[J].化学教育(中英文),2024,45(19):45—51.
⑤ 张瑞瑛,王钦忠.大概念引领的跨学科实践活动设计与实施:以"大运河水的净化与元素组成研究"为例[J].化学教学,2024(12):57—62.
⑥ 马薇,付娆,路红燕,等.大概念统领下的初中化学跨学科实践活动:垃圾的分类与回收利用[J].化学教育(中英文),2024,45(21):17—25.
⑦ 孙蕾蕾.大概念视域下高中政史跨学科教学[J].中学政治教学参考,2024(37):31—33.

5. 国外相关研究

尽管国外在高中思政课的跨学科教学方面缺乏直接研究,但跨学科教学的实践在全球范围内已积累了丰富的经验。自上个世纪起,以课程整合和跨学科合作为核心的教育改革已在世界各地逐步实施。经过数十年的发展,特别是在美国、英国、芬兰、德国等国家,跨学科教学已经形成了一定的规模。

(1) 美国的跨学科研究

在美国教育领域,从 20 世纪 20 年代至 90 年代,跨学科的研究和教学得到了快速发展,并形成了三种主要的教学模式。首先是多学科课程,这种模式以一个主要学科为基础,将其他学科的内容整合进来,形成以核心学科为中心的教学结构。其次是跨学科课程,这种模式强调不同学科教师之间的合作,他们共同围绕一个主题整合各学科内容,构建起一个跨学科的知识体系,以此培养学生的跨学科思维。最后是超学科课程,这种模式打破了传统学科的界限,更侧重于解决现实生活中的问题,目的是提升学生的生活技能和实际操作能力。这三种模式虽然都强调跨学科教学,但在整合的程度和深度上有所不同。以美国基础教育中的核心学科社会研究(social studies)为例,这是一个综合性课程,它不仅培养学生的公民意识,还涵盖了公民学、历史、地理和经济学等多个学科的知识。

到了 20 世纪 90 年代,美国国家自然科学基金会(NFS)提出了 STEM 教学模式,即科学、技术、工程和数学的整合教学,这一模式不仅强调学生在这些领域的基础知识,还旨在培养学生的创新精神和实践能力,以促进创新和创业人才的培养。STEM 教学模式是目前非常流行的一种跨学科教学方式,我国一些地区也在尝试引入这种教学模式进行试点。

总的来说,美国的跨学科教学模式体现了教育的多元化和综合性,旨在通过不同学科的融合,培养学生的综合能力和解决实际问题的能力。这些模式在全球范围内得到了广泛的关注和应用,也为其他国家的教育改革提供了参考和借鉴。

(2) 芬兰的跨学科研究

芬兰的教育在全球享有盛誉,自 2000 年 OECD 开展 PISA 以来,芬兰一直名列前茅。芬兰的基础教育特色引起了国际关注,特别是从 20 世纪 80 年代开始,芬兰就开始积极探索跨学科学习和整合式教学。2014 年,芬兰启动新一轮的基础教育核心课程改革,2016 年 8 月全国范围内实施新的《国家核心课程大纲》,强调依托"多学科学习模块"课程,链接学生生活实际,确立学习和研究内容,结合不同学科知识,提高学生综合素质,培养世界所需的创新型人才。

芬兰的教育体系因其创新的课程改革而受到国际认可,特别是在 2014 年推出的以主题为中心的现象教学法,这种教学模式在维持传统分科教学的同时,大力推广跨学科教学。这一变革吸引了全球教育专家的目光,并成为模仿的典范。现象教学法侧重于现实生活中的具体现象或议题,通过跨学科的教学活动,模糊了学科间的界限。在这种教学模式中,不同学科的知识点被整合到统一的主题下,鼓励学生通过合作探索和解决问题。这些主题通常涉及环境、可持续发展和全球经济等复杂问题,促使学生发展综合思维和创新能力,而不仅仅是学习孤立的知识点。

张晓露的研究指出,芬兰的基础教育阶段的跨学科课程包含七个核心主题,目的是通过跨学科的方式培养学生掌握未来社会所需的价值观、知识和技能。[①]在实施教学时,现象教学法摒弃了单一教师主导的传统模式,转而由多个学科的教师协作授课。教学场所不仅限于教室,还包括博物馆、实验室和实践基地等,教学时间也根据教学主题灵活安排。教学内容不再局限于单一学科,而是从生活现象出发,运用多学科知识解决实际问题,提高学生的问题发现和解决能力。现象教学的实施步骤涵盖了现象选择、学时

---

① 张晓露.芬兰基础教育阶段的跨学科主题课程[J].中国教师,2015(3):82.

规划、教师备课、教学、学生学习和效果评估等环节,学生的学习过程包括展示现象、描述和解释现象、提出解决方案等。

芬兰的这一教学模式在全球范围内引发了广泛的讨论和模仿,其精细的设计和配套措施形成了一种面向学生核心素养的新教育模式,弥补了传统分科教学的不足,有助于培养学生的综合能力。

(3) 德国的跨学科研究

德国自20世纪90年代便踏上了跨学科教学的探索之路,这一改革很快在全国范围内推广开来。到了2004年,德国在其教学大纲中对跨学科教学给出了明确定义:以一个核心主题为中心,整合多学科知识进行教学设计和实施。也就是说新的教学大纲特别强调以一个学科为核心,选定一个中心议题,并结合多学科知识进行教学设计。

德国中小学的跨学科教学已成为国际上的典范。杜惠洁和舒尔茨在《德国跨学科教学理念与教学设计分析》中,深入分析了德国中小学跨学科教学的起源、发展、实施过程、具体案例、对教师的挑战,以及对中国教育的启示。[1]自20世纪90年代中期起,德国便开始在各级学校推行跨学科整合性开放教学,认识到解决关键社会问题需要跨学科知识的融合。

为了推动跨学科教学的实施,德国采取了一系列措施,包括保障固定的教学时间、激励校本课程的开发,以及强化教师的跨学科教学能力培养。自2002年起,德国中小学教学大纲特别强调跨学科教学,规定每学期至少有两周(约占总课时的10%)用于跨学科教学,并将教师的跨学科教学能力纳入教师专业化发展的一部分。德国要求教师设计和实施跨学科教学,并将跨学科能力的培养纳入教师培训计划。

尽管如此,德国的跨学科教学在初中和高中阶段面临挑战,因为这些阶段的分科教学较为严格,许多教师专注于特定学科,对跨学科教学持保守态

---

[1] 杜惠洁,[德]舒尔茨.德国跨学科教学理念与教学设计分析[J].全球教育展望,2005(8):29.

度。为了推进跨学科教学,德国对教师进行了专业培训,提升他们对跨学科教学的认识,确保教师具备跨学科意识和综合多学科知识的教学能力,从而促进跨学科教学的顺利进行。

各国在跨学科整合方面的做法对我们有一定的启发,但由于他们的学科设置与我国存在差异,并且涉及的学科范围广泛,操作起来较为复杂,因此在一定程度上并不适合直接应用到我国的跨学科整合实践中。

### (二)跨学科教学概念界定

1. 跨学科

顾明远在《教育大辞典》中对"学科"定义为:"1.学术分类。指一定科学领域或一门科学的分支;如自然领域中的化学、生物学、物理学,社会科学中的法学、社会学等。2.教学的科目。根据一定的教学理论组织起来的知识和技能的体系,是学校教学内容的基本单位;如中小学课程中的历史、地理、语文、英语等。"[1]这里所说的"学科"是教学中的各个科目,因此,"跨学科"所指的是跨越不同学科之间的界限,将两门及两门以上的学科内容进行融合的教学活动。

2. 跨学科教学

跨学科教学是聚焦某个主题或以某个问题为导向,为了更好达成教学目的,[2]以自身学科为主导,融入其他学科资源,拓宽学生思维,解决本学科问题,从而培养学生综合能力和核心素养的一种形式。这种教学方式不仅以某一学科为基础,而且积极吸纳和融合其他学科的理论和实践,以此拓展学生的思维视野,增强他们解决学科问题的能力,进而培育学生的综合能力和核心素养。

在跨学科教学中,教师鼓励学生跨越传统学科的界限,从多角度审视问

---

[1] 顾明远.教育大辞典[M].上海:上海教育出版社,1990:265.
[2] 杨益根.跨学科融合教育的实践和思考[J].试题与研究,2020(27):143—144.

题,这有助于学生形成更为全面和深入的理解。通过结合不同学科的视角,学生能够接触到多样化的思考方式和解决问题的策略,这对于他们在未来面对复杂和多变的真实世界问题时,能够更加灵活和创造性地应对。

这种教学模式的核心在于培养学生的综合素质,包括批判性思维能力、创新能力、沟通技巧和团队合作精神。跨学科教学通过模拟现实生活中的问题解决过程,让学生在实践中学习如何整合和应用多学科知识,提高他们发现问题、分析问题以及解决问题的能力。

跨学科教学通过整合多学科知识,为学生提供了一个全面、动态和互动的学习环境,这不仅有助于他们更好地理解世界,还为他们将来在全球化和信息化社会中取得成功打下坚实的基础。在这种模式下,学生不再是被动接受知识的容器,而是成为积极构建知识的参与者。他们被鼓励提出问题、进行实验、分析数据,并与同伴合作,共同寻找解决方案。这样的学习过程不仅能够增强学生的学习动机,还能够促进他们的自我发展和终身学习的能力。

3. 高中思想政治跨学科教学

本文探讨的是高中思想政治课程中跨学科教学的实践,这种教学模式并非简单的学科混合或拼凑,而是聚焦高中思想政治学科为导向,融入其他学科知识的教学策略。这种教学方法旨在打破学科间的壁垒,建立学科间的有效联系,通过跨学科的整合,帮助学生更深入地理解知识,拓宽视野,激发学习兴趣,并促进学生综合能力的提升。

本文以"立德树人"为根本任务,以统编七本教材为基础,坚持从思想政治学科的角度出发,深入挖掘教材中与其他学科交叉的跨学科元素,并采用多样化的课堂组织形式来实施跨学科教学。例如,在讲解单一知识点时融入其他学科内容,或者通过跨学科的大单元教学和主题活动,整合不同学科的知识,以此来提高学生对政治学科的学习效率和兴趣。

4. 大观念统领的跨学科教学

为了落实高中思想政治课程中跨学科教学,把握学科之间的联系和内在逻辑,需要对不同学科交叉内容进行整合,从而构建大观念。在教学实践中,大观念统领的跨学科教学就是要求我们以课程标准和教材为出发点,通过提炼跨学科的大观念来引导教学实践,通过选择不同学科资源服务于本学科的教学来创新教学设计,利用跨学科活动载体与多元评价体系的教学模式。这样的做法旨在促进学生深入学习学科知识,实现知识的广泛迁移,激发学生在大概念指导下的跨学科思维,确保跨学科核心素养的有效实施,从而实现立德树人的根本教育目标。

### (三)跨学科的理论和实践意义

#### 1. 跨学科教学有利于提高学生的综合素养

跨学科教学中会涉及两个及两个以上学科内容,因此具有开放性与综合性的特点,在教学设计、实施、评价上都可以实现更加多元化。对于学生而言,大大提高了学生的积极性以及参与性,可以考虑到学生的个性发展与全面发展,突出学生的主体性地位。学生通过跨学科学习可以培养综合运用不同学科知识的能力,这对于他们解决复杂问题和适应多变的社会环境非常重要。因此,学科融合能够高效地培养学生的知识、能力和素养。

哲学家斯马茨的"整体论"中提到,对整体知识的接受远远大于部分之和。也就是说,当我们把各种知识整合在一起时,我们得到的理解和认识会远远超过单独学习每个知识点的效果,这就是知识的整体性。这个观点强调了在教学中,我们不应该只关注单个学科,而应该看到各个学科之间的联系,把它们融合起来,形成一个完整的知识体系。这样的教学方法有助于我们更全面地理解世界,因为每个学科都能为整体的知识体系贡献自己独特的视角和价值。简而言之,斯马茨的整体论告诉我们,把知识整合起来,可以让我们获得更深刻的理解和更全面的知识。也就是说,这种教学方式认为,把不同学科的知识放在一起,可以让学生得到比单独学习每个学科更多的理解。就像拼图一样,每个学科都是拼图的一部分,合在一起才能看到完整的画面。

2.跨学科教学是思政课教学革新的需要

习近平总书记多次在全国教育大会、全国高校思想政治工作会议、学校思想政治理论课教师座谈会等场合中强调立德树人的重要任务。统编教材的主要目的是把落实立德树人根本任务在整个基础教育阶段贯通起来,形成一体化人才培养格局[①]。因此,在"双新"背景下,统编教材的全面推行使得学科间的交叉与融合越来越多。无论是政治与历史中"社会主义"以及"马克思主义"等内容,或是政治与语文中先秦诸子的哲学思想,都意味着学科之间不该是"各自为政"。一是因为学科之间本身就有重合的部分,需要从不同学科的角度进行深化;二是仅仅就本学科教授本学科内容是无法让学生进行知识迁移的。

在教学中,我们不难发现,当前高中学生知识储备量是十分丰富的,并且学生对于许多知识的掌握程度甚至是高出老师预期的。因为他们同时接触至少9门学科(包括语文、数学、英语、物理、化学、生物、历史、地理、思想政治等),因此所涉及的维度是很广泛的。在这个问题上,学生还不能在不同学科的知识间构建起桥梁,无法达到融会贯通。根据皮亚杰的认知发展理论,学生的认知发展在于对认知结构的发展上。此外,除了知识,很多思维方法在各个学科中都是可以使用的,比如语文的议论文、政治里的简答题论述题、数学证明题等都需要学生有一定的逻辑思维能力。学科融合有利于学生运用已有认知结构解决问题,并在接受新知识的基础上完善认知结构。[②]

对于教师而言,通过跨学科教学可以跳出单一学科的框架,从更广阔的视角来设计课程和教学活动,这有助于更好地理解不同学科之间的联系和

---

① 编好三科教材培育时代新人:教育部教材局负责人就普通高中三科教材统编工作答记者问[J].人民教育,2019(18):51—54.
② 周姣术,朱华.浅谈皮亚杰认知发展理论对当代教育教学的意义[J].学理论,2017(8):172—173.

差异。同时，跨学科教学鼓励教师尝试新的教学方法和策略，比如项目式学习、问题导向学习等，这些方法可以激发学生的学习兴趣，提高教学效果，也为教师提供了与其他学科教师合作的机会，帮助他们建立更广泛的专业网络。当然，跨学科教学对教师提出了更高的要求，要求教师不仅要精通自己的专业领域，还要了解其他学科的基础知识和教学方法，从而提升他们的综合教学能力。

3. 跨学科教学是国家培养复合型人才的需要

在当前我国经济社会转型的关键时期，创新已成为推动发展的核心动力。随着全球步入知识经济时代，科技进步不仅加速社会变革，也深刻影响着人类的生产和生活方式。创新精神，作为科技发展的灵魂，已成为全球主要国家战略规划的焦点。为了构建一个创新型国家，提升我国的科技实力，培养创新型人才显得尤为关键。

我国正处于知识高度综合的发展阶段，传统的单一学科教育已难以满足现代社会和时代的需求。在高等教育阶段，教育部也鼓励高校设置跨学科专业。因此，教育领域迫切需要加强知识体系的综合化、立体化和结构化，以适应这一变化。跨学科教学作为一种新兴的教学模式，旨在打破学科间的壁垒，促进不同学科间的交流与合作，为学生的个性化和全面发展提供支持。这种教学方式不仅满足了建设创新型国家的客观需求，也是时代对教育提出的新任务。

在高中阶段，思想政治学科的跨学科教学对于培养复合型人才具有重要意义。通过这种教学模式，学生能够在学习政治理论的同时，接触和理解其他学科的知识，如历史、经济、科学等，从而形成更为全面的知识结构。这种跨学科的学习和交流有助于学生发展批判性思维和创新能力，为他们将来在多变的社会环境中解决问题和创新提供坚实的基础。

综上所述，高中思想政治学科的跨学科教学不仅有助于学生个性的发展，还能促进他们全面发展、综合能力的提升，为国家培养具备创新精神和实践能力的复合型人才,满足创新型国家建设的人才需求。这种教学模式是教育适应时代发展、响应国家战略的重要举措。

### (四) 大观念统领的跨学科教学的依据

为了更好寻找学科之间的共通性,这里主要讨论的是思想政治学科和语文、历史学科的跨学科教学。一来,在"双新"背景之下,这三个学科是率先进行统编教材改革的学科,教材内容本身就有交叉;二来,它们都属于文科的范畴,在教法和学法上也有共同点。

1. 课程标准上的共通性

(1) 思想政治学科与语文学科

从课程性质来说,根据《普通高中语文课程标准(2017年版2020年修订)》中所定义,语文课程是一门学习祖国语言文字运用的综合性、实践性课程。[①]而高中思想政治课程的定位是"综合性、活动性学科课程"。可以看到,思想政治学科和语文学科都体现了综合性。在上一节中我们对"综合性课程"进行了描述和定义,"综合性"体现了思想政治学科和语文学科都涵盖不同模块的知识,要求在内容上将不同种类的知识组合在一起。因此,通过对思想政治学科和语文学科跨学科知识进行大观念教学是符合课程性质的要求。

从课程基本理念和学科核心素养来看,语文课程要坚持立德树人,增强文化自信,充分发挥语文课程的育人功能;[②]同时,高中语文学科核心素养包括文化传承与理解。也就是说,语文教学在增强文化自信方面扮演着至关重要的角色,它不仅有利于学生在语文学科的学习中传承和发扬中华优

---

① 中华人民共和国教育部.普通高中语文课程标准(2017年版2020年修订)[S].北京:人民教育出版社,2020:1.
② 中华人民共和国教育部.普通高中语文课程标准(2017年版2020年修订)[S].北京:人民教育出版社,2020:2.

秀传统文化、革命文化和社会主义先进文化,还能增强我们的文化自信、文化自觉,并推动文化的创新发展。通过这个过程,学生不仅能够加深对自己文化的理解,还能学会欣赏和吸收其他民族和地区的文化精髓,从而拓宽文化视野,增强对中国特色社会主义文化的自信。简而言之,语文教学是学生理解和珍视文化多样性,以及建立文化自信的重要途径。

而思想政治必修4"哲学与文化"中,在第三单元"文化传承与文化创新"中详细介绍了中华优秀传统文化、革命文化、社会主义先进文化以及中国特色社会主义文化的内涵。并且思想政治学科的核心素养是政治认同,也要求认同中华文化,弘扬和践行社会主义核心价值观。只有认同中国特色社会主义及社会主义核心价值观,我们才能建立起全国各族人民共同的思想基础,共同坚持中国特色的发展道路,弘扬中国精神,汇聚中国力量,为实现中华民族的伟大复兴——中国梦而共同努力。对于青少年来说,培养这种政治认同感,有助于他们坚定地树立起对中国特色社会主义的信念,成长为能够胜任社会主义建设的合格人才和可靠的接班人。简而言之,这种认同感对于青少年的成长和国家的未来都至关重要。

语文学科通过对传统文化中的具体内容和篇目进行学习,从微观的角度来逐步深化对中华优秀传统文化的理解,坚定文化自信。思想政治学科中对中华优秀传统文化、革命文化等内容进行宏观叙述,让学生感受中国特色社会主义文化的形成与发展,从而坚定文化认同、文化自信。从这个角度来说,语文学科和思想政治学科有着共同的育人价值,在跨学科教学中可以整体提升学生的素养。

从教学实施上来看,语文学科要求打通语文学科和其他学科、语文学习和学生的生活世界,运用优质的素材和范例,激发学生的学习兴趣和动力,提高语言文字运用能力,[①]并且在选择性必修的学习中要注重在生活和跨

---

① 中华人民共和国教育部.普通高中语文课程标准(2017年版2020年修订)[S].北京:人民教育出版社,2020:42.

学科中学习中学语文。①而高中思想政治学科由于内容的综合性,要与高中其他学科教学相互配合,②在具体的教学提示和要求中也可以利用其他学科的情境材料。因此,在进行教学设计时,我们更应该创造一个综合的学习情境,鼓励学生通过自主学习、合作和探究提高学习的效果。这意味着我们要根据学生的成长需求,精心设计和组织学习活动,激发他们广泛参与和深入学习,确保学生能够从中获得实际的学习成果。通过将不同学科相融合来强化对教学内容的整合,创造多元化的学习环境,让学生全面提升自己的素养。

(2) 思想政治学科与历史学科

高中历史课程是在义务教育历史课程的基础上,进一步运用历史唯物主义观点,以社会形态从低级到高级发展为主线,展现历史演进的基本过程以及人类在历史上创造的文明成果,揭示人类社会发展的基本规律和大趋势,促进学生全面发展的一门基础学科。③唯物史观也是历史学科的核心素养。因此,从《普通高中历史课程标准》来看,历史学科非常强调唯物史观。

思想政治课程中,在必修 4"哲学与文化"里从哲学的角度对唯物史观的基本观点进行直接阐述,概括性地总结了社会发展的规律,让学生对唯物史观有了清晰的认识。历史学科培养学生的唯物史观是一个逐步深入的过程,需要在大量历史事实的基础上,通过长时间的学习和思考来实现,从而实现以唯物史观的基本观点来分析历史。在这个过程中,教师会引导学生分析和总结历史发展的规律,帮助他们逐步建立起正确的历史观。从这个角度来看,历史和政治两门学科都涉及探究人类社会的起源、演变以及在这

---

① 中华人民共和国教育部.普通高中语文课程标准(2017 年版 2020 年修订)[S].北京:人民教育出版社,2020:34.
② 中华人民共和国教育部.普通高中思想政治课程标准(2017 年版 2020 年修订)[S].北京:人民教育出版社,2020:2.
③ 中华人民共和国教育部.普通高中历史课程标准(2017 年版 2020 年修订)[S].北京:人民教育出版社,2020:1.

个过程中形成的人们对这些现象的看法以及人与人的关系。

因此,高中历史和思想政治两个学科的结合不仅是必要的,而且是可以实际操作的。并且,一个民族或国家的核心价值观应该与其历史文化相协调,与其奋斗目标相一致,与其面临的时代问题相适应。在高中政治和历史教学中,将历史文化与当前思想政治教育相结合,用历史和国情的视角直面时代问题,对于培养具有社会主义核心价值观的时代新人至关重要。这种融合有助于学生更全面、深入理解唯物史观,并将其应用于对具体问题的分析中。历史和思想政治的结合有助于学生形成系统的历史观和哲学思考能力。

不过,尽管都在唯物史观的框架之下,两个学科在课程设置上依然是不同的:

内容上的差异。历史学科更侧重于具体的事件和史料,而政治学科则将这些具体内容抽象化,形成概括性的观点和思想。可以说,历史为政治提供了具体素材,而政治为深入解读历史提供了理论依据。

理论维度的不同。高中历史课程关注的是人类社会随时间纵向发展的重要事件和成果,而政治课程则从横向聚焦于分析和讨论当前经济建设、政治建设、文化建设、社会建设和生态文明建设中的重要理论和问题。

简而言之,历史和政治学科虽然各有侧重,但它们共同构成了我们理解过去、分析现在和规划未来的知识体系。通过将历史文化与现代政治教育相结合,我们可以更好地培养出具有时代责任感和社会主义核心价值观的新一代。从这个角度来看,历史和政治是紧密相连、相互补充的学科。历史可以验证政治理论的正确性,比如马克思主义唯物史观通过历史事实得到了证实。

2. 教材内容上的共通性

(1) 思想政治学科与语文学科

在思政课教学中,我们经常引用文言文、古诗词的内容来解释某些观点,这一点在必修4"哲学与文化"中更为常见。古人的思想里蕴含了许多朴素唯物主义的观点,有利于加深学生对哲学抽象原理的认识。梳理教材之后,我们发现在"哲学与文化"教材的"阅读与思考""相关链接""综合探究"等栏目中引用了大量古诗文。其中所涉及的篇目和内容如下:

表1 高中思想政治必修4"哲学与文化"中的古诗文引用

| 课题 | 框题 | 目题 | 教材内容 |
|---|---|---|---|
| 第一课 时代精神的精华 | 追求智慧的学问 | 哲学的起源 | P3 相关链接《尔雅》《说文解字》 |
| | | 哲学是对自然、社会和思维知识的概括和总结 | P6 阅读与思考《周易》 |
| 第二课 探究世界的本质 | 世界的物质性 | 自然界的物质性 | P18 阅读与思考《周易》 |
| | 运动的规律性 | 规律是客观的 | P21 阅读与思考《周易》《坛经》 |
| | | 正确发挥主观能动性 | P23 阅读与思考《孟子》 |
| | | 一切从实际出发,实事求是 | P25 相关链接《汉书》 |
| 第三课 把握世界的规律 | 世界是普遍联系的 | 用联系的观点看问题 | P31 阅读与思考:唐代韩愈的"提要钩玄"法、苏轼的"八面受敌"法 |
| | 世界是永恒发展的 | 用发展的观点看问题 | P33 阅读与思考:古人的名言警句如"合抱之木,生于毫末;九层之台,起于累土;千里之行,始于足下"……<br>P34 阅读与思考:古诗如"人事有代谢,往来成古今。"…… |
| | 唯物辩证法的实质与核心 | 事物发展的源泉和动力 | P36 阅读与思考《老子》、孙武说<br>P37 阅读与思考:史伯说、孔子说 |
| | | 矛盾问题的精髓 | P39 相关链接:诗歌以及《水浒传》 |
| | | 用对立统一的观点看问题 | P43 阅读与思考:孔子对"孝"的回答 |

续表

| 课　题 | 框　题 | 目　题 | 教材内容 |
|---|---|---|---|
| 综合探究 坚持唯物辩证法 反对形而上学 | | 探究一 | 老子、韩非子、郭象、董仲舒等人的言论 |
| 第四课 探索认识的奥秘 | 人的认识从何而来 | 实践是认识的基础 | P51 阅读与思考《庄子》 |
| 第五课 寻觅社会的真谛 | 社会历史的发展 | 社会历史发展的规律 | P62 阅读与思考《管子》 |
| 第六课 实现人生的价值 | 价值判断与价值选择 | 自觉站在最广大人民立场上 | P77 阅读与思考：唐代诗人李约《观祈雨》 |
| 综合探究 坚持历史唯物主义 反对历史虚无主义 | | 探究三 | 龚自珍《定庵续集》 |
| 第七课 继承发展中华优秀传统文化 | 文化的内涵与功能 | 什么是文化 | P90 阅读与思考《周易》《说苑》 |
| | | 文化的功能 | P92 阅读与思考《周易》《礼记》《说文解字》 P93 相关链接：古代文学、哲学等内容 |
| | 弘扬中华优秀传统文化与民族精神 | 创造性转化与创新性发展 | P99 阅读与思考《老子》《诗经》等 |
| | | 弘扬中华民族精神 | P100 阅读与思考《周易》 |
| 综合探究 坚持以马克思主义为指导 发展中国特色社会主义文化 | | 探究一 | 张之洞《劝学篇》等 |

由上表可以看到，为了解释政治学科的某些观点时可以使用语文学科的内容作为素材来加深理解，同时政治学科的哲学原理也有利于更好理解古诗文中的哲理与思考。《哲学与文化》中用到了大量先秦诸子散文和古诗词，这与语文教材的内容是有交叉的。在语文学科部编版选择性必修上册第二单元中，就涉及先秦诸子散文：

表 2　高中语文选择性必修上册第二单元内容

| 单元 | 课 | 单元立意 |
|---|---|---|
| 第二单元 | 5 《论语》十二章<br>大学之道/《礼记》<br>人皆有不忍人之心/《孟子》<br>6 《老子》四章<br>五十之瓠/《庄子》<br>7 兼爱/《墨子》 | 先秦诸子的经典论说,结合孔孟老庄等人其他语录和作品,感受先秦诸子百家争鸣的景象。集中学习先秦诸子散文,有利于理解传统文化之根,领会先秦诸子对人生的领会和洞察;感受其论说风格。 |

这些交叉内容有利于在思政课教学中深入理解中国古代哲学的发展历程,对比朴素唯物主义的观点。也为政治和语文的跨学科教学提供了素材和支撑。

(2) 思想政治学科与历史学科

对部编版的高中思想政治教材和历史教材进行梳理。高中思想政治教材在前文已经罗列过,高中历史教材包括必修两册:"中外历史纲要"(上)和"中外历史纲要"(下),三册选择性必修教材:"国家制度与社会治理""经济与社会生活""文化交流与传播"。通过对教材内容对比可以发现部分知识和教材内容存在交叉点,以思想政治必修1"中国特色社会主义"为例,梳理与之交叉的历史教材内容:

表 3　高中思想政治必修 1"中国特色社会主义"与历史教材相关内容对比

| 高中思想政治<br>必修 1"中国特色社会主义"<br>内容 | 高中历史相关教材内容 |
|---|---|
| 第一课　第一框　"原始社会的解体和阶级社会的演进" | 必修下第一单元　"古代文明产生与发展":<br>第 1 课　"文明的产生与早期发展"<br>第 2 课　"古代世界的奴隶制国家" |
| 第一课　第二框　"科学社会主义的理论与实践" | 必修下第五单元　"工业革命与马克思主义的诞生":<br>第 11 课　"马克思主义的诞生与传播"<br>必修下第七单元　"两次世界大战、十月革命与国际秩序的演变":<br>第 15 课　"十月革命的胜利与苏联的社会主义实践" |

续表

| 高中思想政治<br>必修1"中国特色社会主义"<br>内容 | 高中历史相关教材内容 |
| --- | --- |
| 第二课 第一框 "新民主主义革命的胜利" | 必修上第七单元 "中国共产党的成立与新民主主义革命兴起"<br>必修上第九单元 "中华人民共和国成立和社会主义革命与建设" |
| 第二课 第二框 "社会主义制度在中国的确立" | 必修上第九单元 "中华人民共和国成立和社会主义革命与建设":<br>第25课 "中华人民共和国成立和向社会主义过渡"<br>第26课 "社会主义建设在探索中曲折发展" |
| 第三课 第一框 "伟大的改革开放" | 必修上第十单元 "改革开放与社会主义现代化建设新时期":<br>第28课 "改革开放和社会主义现代化建设的巨大成就" |
| 第三课 第二框 "中国特色社会主义的创立、发展和完善" | 必修上第十单元 "改革开放与社会主义现代化建设新时期":<br>第27课 "中国特色社会主义的开创与发展" |
| 第四课 第一框 "中国特色社会主义进入新时代" | 必修上第十一单元 "中国特色社会主义新时代":<br>第29课 "中国特色社会主义进入新时代" |
| 第四课 第二框 "实现中华民族伟大复兴的中国梦" | 必修上第十一单元 "中国特色社会主义新时代":<br>第30课 "新时代中国特色社会主义的伟大成就" |

"中国特色社会主义"这本教材以人类社会发展一般规律贯穿整本书,从整个人类社会的历史进程到我国的发展,从普遍性到特殊性,通过回看走过的路,比较别人的路,从而远眺前行的路,展望中国特色社会主义的奋斗目标和宏伟蓝图,坚定"四个自信"。而"中外历史纲要"教材在编排过程中以时间顺序系统地介绍了中国史和世界史的发展,帮助学生了解人类历史的发展过程。两本教材都体现了唯物史观的基本观点,而针对唯物史观系统性的阐述和介绍在思想政治必修4"哲学与文化"中有详细展开:

表 4　唯物史观在思想政治教材中的内容

| 课 | 框 | 目 | 核心观点 |
| --- | --- | --- | --- |
| 必修 4<br>"哲学与文化"<br>第二单元<br>"认识社会与价值选择"<br>第五课<br>"寻觅社会的真谛" | 社会历史的本质 | 社会生活在本质上是实践的 | 社会存在与社会意识的辩证关系 |
| | | 社会存在与社会意识 | |
| | 社会历史的发展 | 社会历史发展的规律 | 生产力和生产关系的辩证关系<br>经济基础和上层建筑的辩证关系 |
| | | 社会历史发展的总趋势 | 社会发展前进上升的趋势<br>社会发展的直接动力 |
| | 社会历史的主体 | 人民群众是历史的创造者 | 人民群众是社会历史的主体 |
| | | 群众观点与群众路线 | 群众观点和群众路线 |

因此，我们可以看到"中国特色社会主义"与"中外历史纲要"在内容上有很大的交集，不仅都涉及了人类社会的发展，也包括从新民主主义革命、社会主义建设、改革开放、新时代等内容，与"中外历史纲要"中的相关内容相呼应。而背后所蕴含的一般规律都在唯物史观的相关内容中详细介绍，这些内容的整合就有利于后续大观念的提炼。

总的来说，高中政治教材中的历史素材是政治教学的重要资源，它们不仅帮助学生深刻理解政治知识点，还能激发学生的学习兴趣，扩展视野。这种设置为政治与历史学科的融合教学提供了现实依据。

## （五）大观念统领的跨学科教学的实施路径

构建大观念的过程就像是把学科中的知识点串成一条线，找到那些最能代表学科精髓的核心概念。这些概念不仅能够统领和概括学科的主要内容，还能激发深入的思考，体现学科育人价值和功能，揭示了学科的深层含义和价值导向。

在跨学科教学中,提炼出这样的大观念至关重要。这要求我们不仅要深入理解政治学科,还要与其他学科如语文、历史等进行对比和融合。我们需要深入研究各个学科的课程标准和教材,把握它们的基本理念、核心素养、课程结构和内容。在这个基础上,我们要找出具有学科交叉的知识点,解决不同学科间的共性问题,展现出大观念的广泛适用性和指导性。

简单来说,就是我们要找到思想政治学科和其他学科在内容上的联系,这些联系能够把分散的知识点整合起来,形成一个完整的知识体系。这样做不仅能帮助学生更好地理解学科内容,还能培养他们的综合思维能力,让他们能够把学到的知识应用到更广泛的领域。通过这样的跨学科大观念教学,我们能够更有效地促进学生对知识的深入理解和灵活运用。

因此,大观念统领的跨学科教学首先要整合内容,提炼大观念,并且在此基础上利用跨学科活动载体开展教学。

1. 整合内容,提炼大观念

(1) 立足本学科,准确把握学科边界

在"双新"背景下,可供跨学科教学的内容非常多,为大观念视域下的跨学科教学提供支撑。在思政教学中融入其他学科知识是一种教学策略,但关键在于如何恰当地使用其他学科资源来辅助教学。韩震、朱明光在《普通高中思想政治课程标准(2017年版)解读》中提到"处理好政治性和学理性、价值性和知识性、建设性和批判性、理论性和实践性、显性教育和隐性教育的关系,知识点的选择和配置服务于思想政治学科核心素养的目标,凸显课程政治方向的引领"。[①]

也就是说,在资源和材料的选择上来说,不能为了融合而融合,导致大观念构建的无限性和臃肿。我们的核心目标是传授思想政治学科理论,其他学科资源仅作为辅助工具,帮助学生更好地理解和吸收政治理论。也就

---

① 韩震,朱明光.普通高中思想政治课程标准(2017年版)解读[M].北京:高等教育出版社,2018:49—64.

是说，跨学科教学所利用的资源和材料都应该为主题或问题服务，有其必要性。

在之前的叙述中，我们提到思想政治学科与语文、历史学科有许多交叉，它们在培养目标、教学方法和核心素养上都有共通之处，这些在前文已经对比过，这为跨学科教学提供了良好的基础和较强的可操作性。但是并不代表这些内容都能服务于思想政治学科。在深入研究课程标准的基础上，教师需要对教材内容进行深入分析，找到思想政治教材内容与其他学科知识的平衡点。这意味着要正确理解政治和其他学科知识点之间的内在联系，并与课程标准的要求相匹配，合理地运用资源。

例如，在必修1"中国特色社会主义"中，大量内容都和历史学科知识相交叉，具体对照在前文梳理过。但并非所有历史内容都是在政治学科中需要掌握的，必修1的内在结构是从社会主义的共性拓展到中国特色社会主义的个性发展。第一课是起点，阐述人类社会发展的进程和趋势，论述科学社会主义的形成；第二、三、四课阐述了中国特色社会主义开创与发展的历程，阐述了中国从"站起来"到"富起来"到"强起来"的转变过程，第四课中国特色社会主义进入新时代是落脚点。四课相结合体现了中国特色社会主义是科学社会主义理论逻辑与中国社会发展历史逻辑的辩证统一，是矛盾的普遍性和特殊性的关系。同时，必修1"中国特色社会主义"统领必修2、3、4和选择性必修1、2、3，阐述为何开创和发展中国特色社会主义，必修2、3、4从经济与社会建设、政治与法治建设、马克思主义哲学与文化观三大方面分领域阐述如何坚持和发展中国特色社会主义。选择性必修1运用全球视野认识人类社会发展大势，选择性必修2立足法律阐述民事权利与义务，选择性必修3运用科学思维探索认识世界。而在历史学科中，关于世界史和中国史的内容，是为了在历史观的指导下去阐释人类社会发展的规律，从而更好地探寻历史、总结历史、认识历史。

从这个例子中，教师需要把握好历史资料的使用量，避免过度使用导致教学重点偏移。这涉及政治教学中关于量变与质变的原理，即历史知识的适量使用可以促进理解，过量则可能改变教学的本质。教师在必修1"中国特色社会主义"中运用历史知识时，是为了确保历史知识服务于政治理论的教学，而不是替代它。通过精心挑选和适度使用历史资料，可以有效地增强学生对政治理论的理解和兴趣，同时避免偏离教学的核心目标。因此，教师在讲授思想政治学科内容时，应避免让其他学科知识占据过多课堂时间，从而削弱了政治理论的讲授。如果其他学科细节过多，可能会导致学生对政治理论的理解不足，从而违背了教学的初衷。

教师在教学过程中扮演着桥梁的角色，他们需要深刻理解政治课程内容与语文、历史等其他学科之间的联系，并在此基础上精选那些对于阐释政治理论至关重要的历史案例。这样做的目的是避免政治课程变成简单的历史或语文课，而是要确保每一门学科都能发挥其独特的教育价值。上述的例子中我们可以看到，同样的内容和材料在不同学科的作用和目的是不同的，并非简单重复，也不能照搬应用。

在政治课中融入语文和历史知识，目的是帮助学生更好地理解复杂的政治理论，让这些理论更加贴近学生的实际认知。如果某些知识点在其他学科中已经有过深入讲解，或者需要耗费大量时间去搜集资料和讲解，那么教师可以考虑不将这些内容纳入政治课的教学中。例如，关于"改革开放"的教学，虽然涉及许多历史事件，但教师不必在每个政治理论点上都详细回顾历史，以免重复和浪费时间。

另外，学生在初中已经接触过一些政治知识点，但这些知识点在初中课程中并没有详细解释。在高中课程中，这些概念也都比较抽象，比如生产力与生产关系、经济基础和上层建筑等，这可能导致学生理解困难。在这种情况下，教师需要选择一些合适的历史素材来辅助说明。

教师在教学中应该注重培养学生的知识迁移能力，即教会学生如何将一个学科的知识应用到另一个学科中去。这种能力比单纯重复学习更为重要,因为它能够让学生在未来的学习和生活中更加灵活和高效地运用所学知识。

最后,教师应该根据政治学科的教学要求,创造性地使用教材和开发课程资源。这意味着教师不能完全依赖教材,也不应该过度整合其他学科的内容,而是要灵活地将其他学科的知识点融入政治教学中,以增强教学的针对性和有效性。通过这样的教学方法,教师可以帮助学生构建一个跨学科的知识体系,为学生的全面发展打下坚实的基础。

(2) 从教学内容出发,寻找交叉内容

在大观念统领的跨学科教学模式下,教师和学生的角色都至关重要。教师需要在思想政治教学中扮演引导者的角色,整合政治与其他学科的资源,帮助学生构建一个跨学科的知识框架。

教师需要对政治学科的知识点进行深入梳理,确保学科内容的系统性和逻辑性,以便有效地找出与历史、语文等学科相关的知识点。在明确了政治学科的教学目标和要求之后,我们可以根据课程标准、教材内容和学生的实际情况,寻找政治与其他学科之间的共同点,并将这些共性内容融合起来,形成一些核心的、跨学科的大观念。

学科之间的共通点和共性被称为"交叉内容"。对交叉内容的整合,简而言之,就是将政治和其他学科的教材进行对比分析,挑选出那些在这两个或多个学科中都有涉及的知识进行系统化的整理。这种整合不仅限于那些完全相同或一致的知识点,也包括那些相关联或相似的内容,这些内容在教学过程中同样具有重要的应用价值。具体来说,交叉内容的整合意味着我们要在教学中寻找交集,将那些能够相互补充和加强理解的知识点提取出来。这样的做法有助于学生从不同角度深入理解同一现象或内容,从而构建起更为全面的知识体系。例如,一个历史事件的政治背景和影响,或者一个政治理论的历史渊源和发展,都可以作为交叉内容的一部分。

比如,在前文中我们对比了必修1"中国特色社会主义"和高中历史教材的内容，可以看到在高中的思想政治和历史课程中，都涉及了人类社会发展的过程和中国从站起来、富起来到强起来的过程。这些内容不仅是政治学科的核心知识点，也是历史学科的重要组成部分。通过整合这些知识点，我们可以提炼出"中国特色社会主义"这一跨学科的大概念，这不仅帮助学生理解社会主义的理论发展和实践进程，还能让他们看到这一理论是如何在中国历史中得到应用和发展的。

同样地，在前文我们对比了必修4"哲学与文化"和语文学科的交叉，我们发现在探讨中华优秀传统文化时，政治、历史和语文等学科都有各自的视角和内容。通过跨学科的整合，我们可以构建出"中华优秀传统文化"的大观念，这不仅包括了文化传承和发展的知识，还涉及文化交流和文化自信的问题，从而让学生对中华文化有更全面的认识。

再比如，当我们讨论国际政治与经济时，政治学科中的外交政策和国家观与历史学科中的国际关系史有着密切的联系。通过提炼"人类命运共同体"这一跨学科大概念，我们可以让学生理解中国在全球舞台上的角色和责任，以及如何通过外交政策来推动国际合作与和平发展。

在高中思想政治教学中，通过提炼这些跨学科的大概念，我们不仅能够引导学生进行深入的学科学习，还能促进不同学科知识之间的融合和创新。

通过这种方式，学生不仅能够学习到单一学科的深度知识，还能够在跨学科的视角下，对知识进行横向和纵向的拓展。这种整合有助于学生建立起更为坚实的知识基础，避免学科知识的碎片化，帮助学生构建起一个完整的跨学科知识体系，从而推动他们在学科深度学习和知识迁移方面的能力提升。教师在设计课程和教学活动时，可以利用这些交叉内容作为桥梁，连接不同学科的学习，使学生能够在学习中自然地过渡和转换视角，从而更好地理解和掌握知识。

总的来说，这种方法有助于学生建立起跨学科的知识联系，培养他们的综合思维能力和解决问题的能力，为他们未来的学习和成长打下坚实的基础。通过这种方式,学生不仅能够更好地理解各个学科的独立价值,还能学会如何将这些知识应用于解决现实世界的问题,这对于他们的终身学习和全面发展至关重要。

(3)依据课标和学情,统整大观念

在找到交叉内容之后,具体在构建大观念的过程中不能忽视课程标准的要求以及学生的实际需求。教师需要了解其他学科的教学内容和情况,明确哪些内容与政治学科相联系,以及学生对这些内容掌握到了什么程度,并在整合大观念时考虑学生的兴趣点,使他们更愿意接受跨学科教学。最后,教师应以问题为导向,整合跨学科资源,引导学生从多角度思考思政学科问题,促进他们全面理解和掌握教学内容,构建起一个跨学科的知识体系。

以"比较古希腊哲学与中国先秦诸子学"(完整教学设计见附录)一课中,学生在高二初学哲学时深感晦涩难懂。哲学是对具体科学的概括和总结,区别于其他模块内容,具有抽象、概括性等特点。从教材内容来看,语文学科选择性必修上第二单元从微观来详细介绍先秦诸子学,历史学科中国史部分讲述了不同朝代更迭的演进,地理学科中在气候、地理环境等角度分析了海洋文明与内陆国家的差异,政治学科在必修1涉及奴隶社会到封建社会的发展、必修4中有先秦朴素哲学思想。

从学情来看,在和学生的交流以及对学生其他学科的学习情况的了解中发现,学生经过学习已经对哲学有了基本的了解,并且能够用辩证唯物论、唯物辩证法的观点看待问题,能够从古希腊、中国先秦的实际出发看待哲学的起源与成因。同时在地理和历史学科中对古希腊和中国先秦的地理条件、经济发展等自然与社会因素有基本的认知,在语文学科中对中国先秦诸子的政治、教育、道德等方面的思想有了系统性的认识,并在政治学科中对古希腊哲学有基本的了解。但是还缺乏将知识融会贯通的能力,在看待问题上容易根据经验先入为主,缺乏辩证思考的过程。

"比较古希腊哲学与中国先秦诸子学"一课并非按照必修4的教材内容来设定,但又是从学生在必修4学习中的问题为导向,基于不同学科中的内容构建大观念。古希腊哲学与中国先秦诸子学是不同文明中的文化,既能用必修4"哲学与文化"中的哲学思维来进行比较与分析,从而了解哲学的源头,培养学生的科学精神;又呼应了文化部分,在对不同文化知其然知其所以然的基础上,能够树立文化自信,并且辩证地看待文化的传承。基于此构建大观念:

| 方面 | 表现 | |
| --- | --- | --- |
| | 古希腊哲学 | 中国先秦诸子学 |
| 致知方向/对象/内容 | 热衷于自然科学方面的学习,将哲学观点与自然科学相结合。 | 受到官僚制度的影响,致力于社会政治运动,哲学与政治纲常融会贯通。 |
| 内在精神/出发点 | 主客二分、两者对立,更加注重科学知识学习。 | "天人合一"、内外相谐,注重伦理道德。 |
| 阐述模式 | 哲学观形成完整的理论体系,遗留下来的著作出名,逻辑严密,条理清晰。 | 哲学观尚未形成完整的理论体系,但哲学巨著多覆盖面广,擅长比喻论证、举例论证等手法。 |

同时,教师应认识到学生是学习的中心。教师应积极鼓励学生参与大观念提炼,培养他们知识迁移的能力,通过让学生提出自己的见解,并给予及时反馈。同时,教师需要根据学生的学情,了解他们的知识、能力基础,确保整合的其他学科内容是学生已经学习并掌握的,避免引入学生尚未接触或过于困难的知识。

在此基础上,教师可以引导他们积极参与课堂活动,营造一个和谐而高效的学习环境。在教学实施过程中,由于学生对于先秦诸子了解比较多,并且语义书中有所涉及,因此下发的材料中以古希腊伊奥尼亚、南意大利、阿布德拉等学派的代表人物及主要信息为主,而先秦诸子的观点和信息让学生直接从语文书中找,使学生能够将语文学习中获得的知识进行迁移。另一方面让学生自己在语文书中找,其实也是让他们明白具体科学之间、哲学与具体科学之间是密不可分的。在这部分,学生可以利用语文学科的知识,根据哲学家研究的领域和对象发现其中的差异。

除此之外,选择语文书中《礼记·大学》的一段已学习过的材料后,再从哲学的角度进行分析。这样,尽管是用了具体科学的内容,但本质上还是探究哲学并用哲学的方式方法探究,以此让学生感受哲学的起源以及不同哲学的出发点和内在精神。

又或是在"实现中华民族伟大复兴的中国梦"一课中,为了让学生明确新时代青年的责任和担当,正确认识和对待中国梦与个人梦的关系,自觉把个人梦想的实现融入国家和民族的伟大梦想中,教师将梁启超的《少年中国说》作为资源融入课堂,并且结合诗词赏析,启发青年学生将"梦"真正落实到个体行动上。

因此,这就要求教师不仅要研究自己学科,还要研究其他学科,找到具有共性、具有重合的部分,发现可用于解决问题的内容;也要不断深化自己的素养,才能让学生横向在不同学科中构建知识体系和框架。

2. 利用跨学科活动载体落实大观念教学

基于跨学科教学的特点,大观念统领下的跨学科教学在实践形式上涉及多种方式和手段,例如项目式学习、问题导向学习、主题式整合教学、案例分析法、角色模拟教学、实地研究与体验式学习等。

在项目式学习中,可以采用项目式学习模式,学生围绕一个真实、复杂问题,通过团队合作的方式进行探究,在解决实际问题的过程中整合多学科知识,促进深度学习和实践技能的发展。

在问题导向学习中,要以问题为中心,通过问题导向学习,学生被鼓励从多学科视角出发,分析和解决复杂问题,以此培养他们的综合思维能力。

主题式整合教学则以特定主题为纽带,将不同学科内容进行有机整合,使学生在探索主题时能够体验到知识的互联互通。

案例分析法也是高中思想政治课中常用的方式,通过案例分析,学生能够将理论与实践相结合,从多学科角度深入探讨问题,增强其分析和决策能力。

角色模拟教学有利于开展不同形式的活动,通过角色扮演和模拟活动,学生能够在模拟的现实情境中体验跨学科问题,提升其实践操作和团队协作能力。

最后,高中思政课也注重与社会实践相结合,在实地研究与体验式学习中,通过实地考察和体验式学习,学生能够将课堂学习与现实世界相联系,增强其对知识的理解和应用能力。

(1) 以学生问题为导向,合理设置教学目标

在制定教学目标时,我们必须明确,即便在跨学科整合的背景下,我们的主要焦点仍然是本学科的核心内容。其他学科的知识应该被视为辅助工具或手段,用以增强和丰富本学科的教学,而不是取代它。这种辅助作用是至关重要的,但绝不能让它成为教学的主导,否则就会失去教学的本意。

其次,教学目标的设定应当以学生的实际问题为出发点。这意味着我们需要深入挖掘学生在学习过程中遇到的问题,并探索这些问题背后所蕴含的本学科知识。通过这种方式,我们可以将抽象的课本知识与学生的实际经验相联系,帮助他们更好地理解和吸收这些知识。

此外,教学目标的设定还应该以大观念为载体,这些大观念是跨学科整合的核心,能够帮助学生构建起更为全面和深入的知识体系。通过这些大观念,我们可以将学科融合的情境转化为学生核心素养的具体表现,从而更有效地培养学生的综合能力。

在描述学生素养表现的目标时,我们需要紧扣核心素养在学生身上的具体体现。这意味着我们要通过具体的教学活动和学科交叉的任务,来观察和评估学生在核心素养方面的进步和成就。这样的目标设定不仅有助于学生明确学习的方向,也有助于教师评估教学效果,确保教学活动能够真正

促进学生核心素养的发展。

以"比较古希腊哲学与中国先秦诸子学"一课为例。目标设置之前,教师先关注学生在不同学科学习中遇到的矛盾,逐步挖掘大观念,确定了这节课的总议题,即"古希腊哲学与中国先秦诸子学有什么不同?"继而围绕议题以"3W"引导法来解决问题,所以这节课要在"是什么"(古希腊与中国先秦哲学特征及差异)的基础上知道"为什么"(古希腊与中国先秦哲学差异的形成原因),最后探究"怎么办",即如何看待传统文化的差异。除了探究古希腊与中国先秦哲学,最后也是回到现实,继而让学生将本节课所学的知识和内容用于现实生活和所见所闻的事件。于是设立了以下目标:

① 归纳古希腊与中国先秦哲学家及其思想特点并深入思考其起源,比较中国先秦哲学与古希腊哲学的特征差异及表现;

② 运用所学知识分析古希腊与中国先秦哲学差异的原因,能够有逻辑地阐释哲学与具体科学、具体科学之间的关系及作用;

③ 运用本节课所学内容,评析古希腊与中国先秦哲学,并能分析中美社会治理中不同表现的背后原因,探究文化传承的正确路径,树立文化自信。

不难看出,学生在学科融合的教学中可以通过解决问题的过程,接受新知识,转变原有的认知结构,提升解决新问题的能力,达到深度学习[①]的效果。

(2) 凸显活动型课程性质,体现学生主体性

在教育过程中,学生的主体性是一个至关重要的概念,它需要在教学设计、教学实施以及教学评价等多个环节中得到充分体现。这意味着教师在教学过程中不能仅仅局限于教材内容的传授,而应更加关注学生的需求、兴趣和他们所面临的问题。教师应当以学生为中心,设计教学活动,解决学生真正关心的问题,激发他们的学习兴趣,同时促进学生的共同成长和个性发展。

---

① 周红.深度学习下的初中数学课堂教学研究[J].中学数学,2020(22):90—91.

具体来说,大观念统领的跨学科教学在设计阶段就需要考虑到学生的主体性,通过了解学生的背景知识、兴趣点和学习风格,来设计符合学生实际需求的教学计划。在教学实施过程中,教师应灵活运用各种教学方法和手段,如讨论、合作学习、项目式学习等,以促进学生的主动参与和深入思考。此外,教师还应鼓励学生提出问题、探索答案,并在这一过程中给予适当的指导和支持。

在教学评价环节,学生的主体性同样不容忽视。评价不应仅仅是对知识掌握程度的检测,更应关注学生的能力发展、创新思维和问题解决能力的培养。教师可以通过自我评价、同伴评价等多种评价方式,让学生参与评价过程,从而增强他们的自我反思和自我调节能力。

同时,虽然跨学科教学强调学科间的融合,但本学科的核心地位不可动摇。教师在引导学生进行跨学科学习时,需要注意方法和技巧,确保学生在享受自主探索的乐趣的同时,能够深入理解本学科的大观念,并认识到跨学科教学对于本学科学习的促进作用。教师可以通过设置跨学科项目、案例分析等方式,让学生在实践中体验不同学科知识的应用,从而加深对本学科知识的理解。

教学准备中,在"比较古希腊哲学与中国先秦诸子学"一课中,笔者考查了高二学生在地理和历史学科中对古希腊和中国先秦的地理条件、经济发展等自然与社会因素的认知,在语文学科中对中国先秦诸子的思想的认识,以及在政治学科中对古希腊哲学的了解,从而抓住学生的问题、擅长的内容以及已有的知识。

教学实施中,本课采用的课堂活动是让学生四人小组根据教师的推理过程(图1),讨论完成对古希腊与中国先秦哲学差异的形成原因的部分,再选择一位代表上台展示自己的答案,由其他组同学帮助修改。展示的同学是在小组讨论过程中由教师发现的具有代表性问题的学生,修改的原则是按照教师给定的逻辑起点和逻辑终点发现同学的问题。

> 中国先秦：处于奴隶社会末期→生产关系不适应生产力→社会动荡→阶级矛盾与社会矛盾突出→哲学家不得不关注社会伦常问题→发展哲学以推动社会发展

**图1　教师推理过程**

首先笔者从社会科学的角度引导学生一起进行逻辑推理，即以先秦及古希腊在人类社会基本发展规律中的阶段及相应历史节点为起点，探究社会发展对哲学的作用。在学生跟着教师推理完成后，逻辑链条也就写在了黑板上（图1）。

紧接着教师让学生小组合作探究自然科学对于哲学的影响。考虑到学生选科情况不同，对地理掌握程度也有所差异，先用动态地图展示了古希腊与春秋战国的地图、春秋战国农业分布图、诸子活动示意图等，让学生揣摩教师的意图，从而构建出基本的框架，即地理环境对经济发展的影响，继而对思想传播和发展的作用。

这一部分学生小组讨论和完成得比较积极，思维也比较发散，慢慢将不同学科的知识进行融合。在对学生活动的指导和观察中掌握学生的情况，需要及时发现学生的问题和疑问。然后笔者请了论证有困难的同学展示他的答案，让同学们检查他的逻辑是否合理、严密，再请同学为他修改。修改的过程其实也让同学有机会能够阐明自己的逻辑。最后总结学生的问题以及经验。

这个过程其实是层层深入的，从一开始跟着教师分析，到小组讨论再到自己独立完成，其实是在慢慢培养学生的逻辑思维。同时教师也要关注学生的接受程度以及课堂的生成情况，把握不同层次的学生，做到因材施教；并及时归纳总结，交代教学意图。

又如"实现中华民族伟大复兴的中国梦"一课，为了解决学习难点"青年学生如何用实际行动为实现中国梦而奋斗"，设置"立青锋志　逐中国梦"系列活动层层深入。

首先通过齐声朗读情境资料:梁启超《少年中国说》片段,激起学生的爱国情感,为后面立志、逐梦打下基础。紧接着,从梁启超到校史,提供有关"青锋"题词的校史资料,结合毛主席对"青锋"题词的时代背景与精神内涵,激励学生争做青年先锋,敢于亮剑,手执青锋逐梦想。为了深刻探究如何接续传承青锋精神,在校庆视频片段中体会青锋精神的接续是具体的而非抽象的,是奋斗出来的。再从集体到个体,从过去到现在,出示2019届学长的诗作《经宜春赴重庆参加国赛感怀》,请学生综合运用所学知识进行赏析,并体会作者当时的心情。最后回到自身成长,完成学习任务单中的"探究与分享"——我与祖国共成长。

在这个系列活动中,我们可以看到材料依次由远及近,由近代历史人物到与学生有关的校史资源,再回到学生自己;由集体到个体,从宏大的时代背景,到站在新时代历史方位下的每个人作为个体。此外,我们也看到活动行为的层层深入,从朗读、理解、到诗词赏析最后到综合探究,活动也是不断递进的,逐渐放开让学生亲自来探究和体验。

而在这个过程中,利用语文学科的资源和内容加以辅助,最终还是为了服务于思政课教学。

综上所述,学生的主体性在教学的各个环节中都应得到充分的体现和尊重。教师需要在教学设计、实施和评价中关注学生的需求和发展,同时在跨学科教学中巧妙引导,使学生能够在探索和学习中不断成长,最终实现对本学科深层次的理解和掌握。通过这样的教学实践,我们可以培养出既具有扎实学科基础,又具备跨学科视野和能力的学生。

(3)通过课堂实践,提升学科核心素养

跨学科教学是当代教育改革的重要趋势,它对于提升学生的综合素质至关重要。前文我们看到高中思想政治学科与其他学科内容相互补充,和其他学科的联系十分紧密,因此,在培养学生的核心素养方面具有很高的融合潜力。例如,通过将政治学科的议题置于历史背景之中进行分析,可以帮助学生用马克思主义基本原理分析历史变化,正确理解社会发展的阶段性特征,这是政治学科培养学生科学精神的关键。同时,政治教材中关于爱国主义、集体主义以及社会主义核心价值观的教育,与历史学科中培养学生的家国情怀不谋而合。在政治课上,以史实为依据、以语文学科中的传统文化讲解相关理论,能够增强学生对国家制度、文化的认同感。因此,跨学科有机结合,不仅能够提高课堂效率,还能有效促进学生跨学科核心素养的发展,实现立德树人的根本目标。

要想达到教学目的,本学科素养的提升依然是关键。学生在学习知识的过程中通过运用,提升能力并落实核心素养。因此,教师要注重本学科模块的融合,提升学科素养。

比如"比较古希腊哲学与中国先秦诸子学"一课中,在用社会科学分析哲学差异时,用到了思想政治必修1的内容;在第三部分,从回溯古代到追问当下,让学生辩证地看待不同文明、文化中的优缺点,既要结合时政,又体现了"辩证否定"的发展观。在教学和教学目标的实现过程中,体现了以下核心素养:

1. 政治认同

主要体现在两部分,一个是制度自信,即对社会主义制度的自信,同时学生不仅站在一个中国公民的角度上看到我们的制度优越性,还能在和西方对比并且分析完背后原因的情况下达到制度认同;其次是文化自信,学生在对"古希腊和中国先秦哪种哲学更有先进性"的回答和讨论中也看到了先秦诸子学的影响至今,这其实就是对中华民族优秀文化的认同。

2. 科学精神

在这节课中,学生能用马克思主义辩证唯物论和唯物辩证法的观点分析问题,面对政治、文化等问题可以进行理性思考和有逻辑的分析,并且在价值选择和判断中能够辩证思考问题并作出理性判断。

3. 公共参与

对于中国社会治理情况,学生了解到国家治理以及社会公共事务,从而树立信心与责任感。

除此之外，也能看出学生通过学习活动获得的人文底蕴、科学精神、学会学习、实践创新等必备的品格和能力。《中国学生发展核心素养》研究成果提出教育要以培养"全面发展的人"为核心，[①]这要求教学在体现学科核心素养的基础上，为学生全面发展而服务。

跨学科教学模式吸引了学生的兴趣，让擅长不同学科的同学都可以深入思考，并在交流讨论中有了思维上的碰撞；其次，这种反过来从问题中去巩固知识的方式也让学生更好构建大观念。

在学习完教材中哲学纵向的比较后，对于古希腊与中国先秦哲学进行横向比较，有利于培养学生利用已有知识解决问题，进而生成新知识的能力，同时促进学生将知识转化为能力素养。

大观念统领的跨学科教学作为一种新兴的教学模式，对教师和学生都提出了新的挑战。对于教师而言，他们需要具备跨学科的知识结构和教学能力，以便在不同学科间架起桥梁，引导学生进行综合性学习。对学生来说，这种教学模式要求他们不仅要掌握本学科的专业知识，还要对其他相关学科有一定的了解和认识，以便能够在跨学科的学习中游刃有余。

特别地，对于那些学习能力较强、能够较好地整合不同学科知识的学生，跨学科教学能够更好地发挥其优势，帮助他们在知识的广度和深度上取得更大的进步。然而，对于那些本学科知识掌握尚不牢固，或者对涉及的其他学科知识不够熟悉的学生，跨学科教学可能会让他们感到困难和压力。因此，教学设计需要从学生的实际出发，关注他们的需求和困惑，以学生为中心，设计适合不同层次学生的教学活动。

在评价机制的构建上，我们需要建立一个全面且高效的评价体系。这个体系不仅要能够评价学生的知识掌握情况，还要能够评价他们的能力发

---

① 《中国学生发展核心素养》发布[J].时事(时事报告初中生版)，2016(2)：6—7.

展和素养提升。教学设计、实施与评价应该形成一个有机的整体,这意味着不同学科的教师需要加强交流与合作,共同探讨如何通过跨学科教学促进学生全面发展。

在"双新"背景下,教师需要更好地把握大观念统领下的跨学科教学,帮助学生构建更为系统化的知识体系。这不仅涉及知识的传授,更重要的是将知识转化为学生的能力和素养。通过跨学科教学,学生能够学会如何将不同学科的知识融会贯通,形成自己的思考和见解,这对于他们未来的学习和生活都是极其宝贵的。

关于评价的具体内容,将在下一章中详细展开。我们将探讨如何构建一个科学、合理、有效的评价体系,以确保跨学科教学能够真正促进学生的核心素养发展,帮助他们成为具有创新精神和实践能力的现代公民。通过这样的评价机制,我们能够更准确地把握教学效果,及时调整教学策略,以满足学生的发展需求。

# 附 录

## 教学设计一:比较古希腊哲学与中国先秦诸子学

**【选题说明】**

古希腊哲学与中国先秦诸子学是不同文明中的文化,既能用必修 4"哲学与文化"中的哲学思维来进行比较与分析,从而了解哲学的源头,培养学生的科学精神;又呼应了文化部分,在对不同文化知其然知其所以然的基础上,能够树立文化自信,并且辩证地看待文化的传承。在选题与教学的过程中将语文、地理、历史、政治等内容结合在一起,既体现了哲学与具体科学的关系,也是跨学科教学的尝试,体现了学科大观念。在学习完教材中哲学纵向的比较后,对于古希腊与中国先秦哲学进行横向比较,有利于培养学生利用已有知识解决问题,进而生成新知识的能力,同时促进学生将知识转化为能力素养。

【学情分析】

高二学生已经对哲学有了基本的了解,并且能够用辩证唯物论、唯物辩证法的观点看待问题,能够从古希腊、中国先秦的实际出发看待哲学的起源与成因。同时在地理和历史学科中对古希腊和中国先秦的地理条件、经济发展等自然与社会因素有基本的认知,在语文学科中对中国先秦诸子的政治、教育、道德等方面的思想有了系统性的认识,并在政治学科中对古希腊哲学有基本的了解。但是还缺乏将知识融会贯通的能力,在看待问题上容易根据经验先入为主,缺乏辩证思考的过程。

【教学目标】

1. 通过列举古希腊与中国先秦哲学家及其思想,分别归纳特点并深入思考其起源,从而比较中国先秦哲学与古希腊哲学的特征差异及表现;【科学精神】

2. 运用所学知识分析古希腊与中国先秦哲学差异的原因,能够有逻辑地阐释哲学与具体科学、具体科学之间的关系及作用;【公共参与】

3. 运用本节课所学内容,评析古希腊与中国先秦哲学,并能分析中美社会治理中不同表现的背后原因,探究文化传承的正确路径,树立文化自信。【政治认同】

【教学重难点】

重点:运用本节课所学内容,评析古希腊与中国先秦哲学,探究文化传承的正确路径;

难点:运用所学知识分析古希腊与中国先秦哲学差异的原因。

【教学设计及实施步骤】

议题:古希腊哲学与中国先秦诸子学有什么不同?

在议题中本身就包含了这节课的情境,即不同文明中的哲学家为什么产生以及产生了怎样不同的哲学思想。所以本节课要在"是什么"(古希腊与中国先秦哲学特征及差异)的基础上知道"为什么"(古希腊与中国先秦哲学差异的形成原因),最后探究"怎么办",即如何看待传统文化。情境本身在空间维度和时间维度上蕴含着大量信息,需要学生能够提升在复杂情境下处理问题的能力。

| 比较内容 | 教师活动 | 学生活动 | 意图 |
| --- | --- | --- | --- |
| 古希腊与中国先秦哲学的特征差异 | 1. 列举以中国先秦儒家、道家、墨家、法家以及古希腊伊奥尼亚、南意大利、阿布德拉等学派的代表人物及主要信息;<br>2. 出示材料《礼记·大学》;<br>3. 列举先秦与古希腊哲学中对于"宇宙本体究竟是什么"的回答。 | 阅读材料一,分析中国先秦与古希腊哲学家的职业以及研究领域的不同,探究哲学研究对象的不同;<br>阅读材料二,讨论中国先秦哲学的产生目的;<br>阅读材料三,分析中国先秦与古希腊哲学内容与内在精神的不同。 | 以"是什么"为逻辑,让学生从已有的材料中纵向提炼出中国先秦哲学家及其思想的具体特点,并横向进行比较,能够用哲学思维从多维度概括古希腊与中国先秦哲学的特征差异。 |
| 古希腊与中国先秦哲学差异的形成原因 | 1. 出示先秦及古希腊在人类社会基本发展规律中的阶段及相应历史节点;<br>2. 播放古希腊及战国动态地图,出示春秋战国农业分布图、诸子活动示意图、古希腊地图。 | 讨论古希腊与中国先秦哲学差异的社会政治因素;<br>讨论古希腊与中国先秦哲学差异的地理经济因素,并仿照老师的逻辑推理进行归纳。 | 以"为什么"为逻辑,让学生结合具体学科的内容分析原因,并阐释在这之间语文、地理、历史、政治等内容的逻辑关系,体会自然与人类社会发展对哲学产生和发展的必然作用。 |
| 如何看待不同文明、文化之间的差异 | 1. 提出"古希腊与中国先秦哪种哲学思想更有先进性"为话题;<br>2. 让学生思考中美社会治理不同表现的背后原因及其必然性。 | 评析古希腊语中国先秦哲学,表明自己的看法和态度;<br>运用本节课所学知识,辩证看待不同文化之间的差异及其表现。 | 以"怎么办"为逻辑,从回溯古代到追问当下,让学生辩证地看待不同文明、文化中的优缺点,能够树立辩证的否定观,增强文化自信。 |

学习材料:

材料一:

孔子:中国古代思想家、政治家、教育家;

孟子:中国古代哲学家、思想家、政治家、教育家;

荀子:中国古代思想家、文学家、政治家;

老子:中国古代思想家、哲学家、文学家和史学家;

庄子:中国古代思想家、哲学家、文学家;

墨子：中国古代思想家、教育家、科学家、军事家；

韩非子：中国古代思想家、哲学家和散文家。

泰勒斯：古希腊时期的思想家、科学家、哲学家；

德谟克利特：古希腊唯物主义哲学家，与留基波并称原子说创始人；

柏拉图：古希腊客观唯心主义哲学家、思想家、教育家、数学家，著有《苏格拉底的申辩》《理想国》《巴门尼德》《智者》等对话体著作；

亚里士多德：古希腊哲学家、科学家，代表作《工具论》《物理学》《形而上学》《尼各马可伦理学》《政治学》；

赫拉克利特：古希腊唯物主义哲学家，代表作《论自然》（未保存下来），内容包括"论万物""论政治"和"论神灵"；

巴门尼德：古希腊唯心主义哲学家，他的作品只留下了一部被称为"论自然"的诗篇，而残篇约有一百五十行诗，约为原诗的三分之一，主要探讨了"存在"的问题；

苏格拉底：古希腊唯心主义哲学家。

材料二：

《礼记·大学》："古之欲明明德于天下者，先治其国；欲治其国者，先齐其家；欲齐其家者，先修其身；欲修其身者，先正其心；欲正其心者，先诚其意；欲诚其意者，先致其知，致知在格物。物格而后知至，知至而后意诚，意诚而后心正，心正而后身修，身修而后家齐，家齐而后国治，国治而后天下平。"

材料三：

"巍巍乎！惟天为大"——孔子

"天地者，生物之本"——荀子

"天贵知""天之行广而无私，其施厚而不德，其明久而不衰，故圣王法之"——墨子

"道生一，一生二，二生三，三生万物"——老子

"道者，万物之所然也，万理之所稽也。……道者，万物之所以成

也"——韩非子

伊奥尼亚学派——

泰勒斯:水是万物的始基。

阿那克西米尼:世界源于无限的空气。

赫拉克利特:世界秩序(一切皆相同的东西)不是任何神或人所创造的,它过去、现在、未来永远是一团永恒的活火,在一定分寸上燃烧,在一定分寸上熄灭。

南意大利学派——

毕达哥拉斯:万物都是数。

阿布德拉学派——

德谟克利特:原子与虚空生成宇宙。

课堂活动——中国先秦哲学与古希腊哲学内容与内在精神的不同:

| 方面 | 表现 | |
|---|---|---|
| | 古希腊哲学 | 中国先秦哲学 |
| 致知方向/对象/内容 | 热衷于自然科学方面的学习,将哲学观点与自然科学相结合。 | 受到官僚制度的影响,致力于社会政治运动,哲学与政治纲常融会贯通。 |
| 内在精神/出发点 | 主客二分、两者对立,更加注重科学知识学习。 | "天人合一"、内外相谐,注重伦理道德。 |
| 阐述模式 | 哲学观形成完整的理论体系,遗留下来的著作出名,逻辑严密,条理清晰。 | 哲学观尚未形成完整的理论体系,但哲学巨著多覆盖面广,擅长比喻论证、举例论证等手法。 |

课堂活动——仿照黑板上的论述过程:

**【教师推理】**

中国先秦:处于奴隶社会末期→生产关系不适应生产力→社会动荡→阶级矛盾与社会矛盾突出→哲学家不得不关注社会伦常问题→发展哲学以推动社会发展

**【学生完成】**

中国先秦:陆地国家→耕地面积大→以农业为主→自给自足的小农经

济→范围小→眼界狭小→只研究所处社会

古希腊:海洋文明→陆地贫瘠、耕地不多→发展海上交通业和工商业→扩大人与自然交往范围→推动对自然科学的学习

**教学设计二:必修1"中国特色社会主义"—第四单元 只有坚持和发展中国特色社会主义才能实现中华民族伟大复兴—第二框 实现中华民族伟大复兴的中国梦教学设计**

(一)教材分析

本课时主要涉及第二框实现中华民族伟大复兴的中国梦,讲述中国梦的本质及其三者之间的关系。实现中国梦需要坚持党的领导,必须进行伟大斗争,推进党的建设的伟大工程,推进中国特色社会主义伟大事业。中国梦的实现是一个量变到质变的过程,需要分两步走。

(二)学情分析

授课对象是我校高一(9)班的学生,上完本单元的第一节课,学生能够运用马克思唯物史观解释社会现象,预测未来社会可能面临的主要矛盾;能够辩证理解新时代的"变"与"不变",确信新时代坚持和发展中国特色社会主义要一以贯之。走进新时代,实现中国梦,关键还在于青年学生将"梦"真正落实到个体行动上,需要公共参与的课堂与社会实践活动方能达成。

(三)教法分析

"一站到底"知识竞答法,激活整节课,让思政课变得"可爱"起来;纵横比较法,让思政课变得更"可信"。

(四)课时教学目标

依据单元目标设计,课时目标具体如下:

1.通过知识竞答,明确近代以来中华民族最伟大的梦想是实现中华民族伟大复兴,理解中国梦的本质。

2. 通过纵横比较,认识新时代中国共产党实现伟大梦想必须进行伟大斗争、建设伟大工程、推进伟大事业,自觉坚定"四个自信"。

3. 通过"立青锋志 逐中国梦"系列活动,明确新时代青年的责任和担当,正确认识和对待中国梦与个人梦的关系,自觉把个人梦想的实现融入国家和民族的伟大梦想中。

(五)教学重点和难点

重点:中国共产党如何带领广大人民实现中华民族伟大复兴的中国梦?

难点:青年学生如何用实际行动为实现中国梦而奋斗?

(六)教学基本流程

【导入】 知识竞答

设计意图:激发兴趣,承上启下,导入新课,提出总议题:如何实现中华民族伟大复兴的中国梦。

【环节一】 新课学习 子议题一 中国梦是什么?是谁的梦?

第一步:结合所学知识并预习本节课的内容,积极参与希沃白板知识竞答。

情境资源:必修1教材的相关知识点。

第二步:讲评;奖励获胜方。

情景资源:有南模"青锋"特色的奖品。

设计意图:夯实前面所学知识、检测预习效果,澄清概念,知其然并知其所以然;奖品为我校校庆纪念品,印有"青锋"字样,为后面"立青锋志 筑中国梦"打下埋伏。

【环节二】 新课学习 子议题二 为何要提出中国梦?

问题:你如何理解"只有创造过辉煌的民族,才懂得复兴的意义;只有经历过苦难的民族,才对复兴有如此深切的渴望"?

情境资源:课本P47"探究与分享"、宣传片——"中国共产党百年述职报告"。

设计意图:近代以来,无数仁人志士为实现伟大梦想进行了180多年的持续奋斗,今天,中国人民比历史上任何时候都更接近、更有信心和能力实现中华民族伟大复兴,增强学生的政治认同感。

【环节三】 新课学习 子议题三 实现中国梦要坚持党的领导

问题1:结合"中国共产党百年述职报告",回答实现中国梦需要哪些方面的努力?

情境资料:"中国共产党百年述职报告"宣传片。

问题2:为什么实现中国梦首先要坚持党的领导?

情境资料:学生回答。

问题3:中国共产党如何领导人民实现中华民族伟大复兴的中国梦?

情境资料:习语金句;醒狮、中国龙、和平鸽等图片;中国式现代化道路的内涵。

设计意图:通过纵横比较,激发学生的深度思维,让学生明确实现中国梦、实现中国式的现代化,是走和平发展道路的现代化。

【环节四】 立青锋志 逐中国梦

问题1:齐声朗读。

情境资料:梁启超《少年中国说》片段。

设计意图:激起学生的爱国情感,为后面立志、逐梦打下基础。

问题2:毛主席"青锋"题词的时代背景与精神内涵。

情境资料:有关"青锋"题词的校史资料。

设计意图:激励南模学子争做青年先锋,敢于亮剑,手执青锋逐梦想。

问题3:如何接续"青锋"精神?

情境资料:120周年校庆视频片段。

设计意图:体会"青锋"精神的接续是具体的而非抽象的,是奋斗出来的。

问题4:阅读《经宜春赴重庆参加国赛感怀》并体会作者当时的心情。

情境资料:2019届青锋班学长说……

问题 5:"探究与分享"——我与祖国共成长。

| 时间 | "十四五"开局<br>(2021 年) | 基本实现社会主义<br>现代化(2035 年) | 实现社会主义现代化<br>强国(2050 年) |
|---|---|---|---|
| 我的年龄 | | | |
| 我的职业 | | | |
| 我的贡献 | | | |

【环节五】 课后作业

1. 根据上节课对本世纪中叶我国社会主要矛盾的预测,设计方案并找出解决矛盾的可行路径。(方案要求:名称、理论依据、操作过程、达成目的)

2. 阅读《光明日报》2022 年 10 月 25 日文章《奋力谱写马克思主义中国化、时代化新篇章》,结合必修 4 第三框教材内容理解习近平新时代中国特色社会主义思想是马克思主义中国化的最新理论成果。

(七) 板书设计

本节课板书与第一课时相同,仍然是"互动生成型"板书。教师根据教学"问题链",书写板书框架,包括中国梦是什么、中国梦的本质、中国梦的主体;为何要提出中国梦以及如何实现中国梦等内容。形成中国梦的"3W"问题结构,即"是什么—为什么—怎么样"。

(八) 教学设计说明

这是本单元设计的第二课时设计,有第一课做基础,学生能够在"变"与"不变"的辩证思维中运用马克思的唯物史观分析问题、解决课堂问题。

本课教学设计依旧自觉践行习近平总书记对思政课提出的"八个统一"的具体要求,重点做到将思政课小课堂同社会大课堂结合起来,从学生的生涯规划到南模校友的成功历史,从个人梦到中国梦,坚持理论性和实践性相统一,在社会实践中培养学生公共参与素养。

本节课的设计重视活动的结构化和序列化,从知识竞答到观看《中国共产党百年述职》,从袁隆平"禾下乘凉梦"到构建人类命运共同体,对学生的能力要求层层递进。

在"站起来、富起来、强起来"的主线下,引导学生反思、理解、认同奋斗没有止境,中华民族的伟大复兴需要一代又一代人的接续奋斗。

本节课多次引用习语金句,为本节课的第3课时"习近平新时代中国特色社会主义思想"做铺垫。

**学习任务单**

| 议 题 | | 任 务 | | | |
|---|---|---|---|---|---|
| 总议题：如何实现中华民族伟大复兴的中国梦 | 子议题1：中国梦是什么？是谁的梦？ | 中国梦是：<br>中国梦的主体： | | | |
| | 子议题2：为何要提出中国梦？ | "只有创造过辉煌的民族,才懂得复兴的意义;只有经历过苦难的民族,才对复兴有如此深切的渴望。"结合"中国共产党百年述职报告"谈谈你对这句话的理解。 | | | |
| | 子议题3：实现中国梦要坚持党的领导 | 中国共产党领导人民实现中国梦的路径：<br>伟大斗争、伟大工程、伟大事业、伟大梦想之间的关系： | | | |
| | 子议题4：立青锋志 逐中国梦 | | "十四五"开局（2021年） | 2035年 | 2050年 |
| | | 我的年龄 | | | |
| | | 我的职业 | | | |
| | | 我的贡献 | | | |

# 第四章　评价与反馈
## ——大观念教学效果评价

## 一、教学评一致化的概念及其在教学中的重要性

在高中思想政治教学中,大观念教学效果的评价是一个复杂而细致的过程,它涉及对教学目标、教学过程和学生学习成果的全面考量。

教学评一致化是一种教育实践理念,它强调教学活动、学习评价和教学目标之间的紧密联系和相互支持。[1]这一概念认为,为了实现有效的教学,教学内容、教学方法、学生的学习活动以及评价标准应当相互一致,共同服务于既定的教学目标。

### (一)教学评一致化的概念

1. 教学活动:指的是教师在课堂上实施的具体教学行为,包括讲授、讨论、实验、案例分析等,旨在帮助学生理解和掌握知识。

2. 学习评价:涉及对学生学习成果的评估,包括形成性评价和总结性评价。这些评价旨在监测学生的学习进度,提供反馈,并指导教学调整。

3. 教学目标:是教学活动和评价的出发点和归宿,明确了学生通过教学活动应学到的知识、技能和态度。[2]

---

[1] 黄丹凤."教学评一致化"在高中政治教学中的实施策略探究[J].中文科技期刊数据库(文摘版)教育,2024(10):140—143.
[2] 杜尚荣,王笑地.我国中小学教学目标研究70年:回顾与展望[J].教育学报,2019(3):28—39.

## （二）教学评一致化在高中思想政治教学中的重要性

教学评一致化在高中思想政治教学中扮演着至关重要的角色，它不仅关系到教学目标的实现，也是提高教学质量和效果的关键。在这一教学模式下，教学活动、学习评价与教学目标三者之间形成了一个有机的整体，相互促进、相互影响，共同推动学生思想政治素质的提升。

首先，教学评一致化有助于明确教学目标。在高中思想政治教学中，教学目标是指导教学活动的核心。通过教学评一致化，教师能够清晰地界定教学目标，确保教学内容和教学方法与目标相匹配。这样的一致性有助于教师在教学设计时就能够预见到评价的标准和方式，从而在教学过程中有针对性地引导学生，确保学生能够朝着既定的教学目标前进。

其次，教学评一致化能够提高教学的针对性和实效性。在这一模式下，评价不再是教学结束后的附加环节，而是贯穿于整个教学过程之中。教师可以根据学生的学习表现和评价结果，及时调整教学策略，使教学更加贴合学生的实际需要。这种动态的、持续的评价机制，使得教学活动更加灵活，能够及时响应学生的学习状态，提高教学的实效性。

再者，教学评一致化有助于培养学生的自我评价能力。在传统的教学模式中，学生往往被动地接受评价，而在教学评一致化的模式下，学生被鼓励参与到评价过程中来，成为评价的主体之一。通过同伴评价、自我评价等方式，学生能够学会如何客观地评价自己和他人，这不仅能够提高他们的自我认知能力，还能够培养他们的批判性思维和反思能力。

此外，教学评一致化还有助于促进学生的全面发展。高中思想政治教学不仅仅是知识的传授，更是价值观、道德观的培养。教学评一致化模式下的评价体系，不仅关注学生的知识掌握情况，更加重视学生的情感态度、价值观的形成。通过多元化的评价方式，如项目作业、小组讨论、社会实践等，学生能够在多维度的活动中得到锻炼，促进其综合素质的提升。

同时，教学评一致化还能够增强教学的公平性和透明性。在这一模式下,评价标准和评价过程对学生是公开透明的,学生能够清晰地知道自己的学习目标和评价标准,这有助于减少评价过程中的主观性和随意性,确保每个学生都能在公平的环境中展示自己的学习成果。

教学评一致化还有助于提升教师的专业发展。教师在设计教学活动时,需要深入思考如何将教学目标、教学内容和评价方式有机结合,这不仅能够提高教师的教学设计能力,还能够促进教师对教学内容的深入理解和对教学方法的创新。通过不断反思和调整,教师能够更好地把握教学规律,提升自身的教学水平。

此外,教学评一致化还有助于加强家校合作。家长通过了解学校的教学目标和评价标准,能够更加明确地指导孩子在家中的学习,形成家校之间的良性互动。这种合作不仅能够提高学生的学习效果,还能够增强家长对学校教育的信任和支持。

最后,教学评一致化对于提升教育质量具有重要意义。在这一模式下,教学、学习和评价三者形成了一个闭环,相互促进、相互提高。通过持续的评价和反馈,教学活动能够不断优化,学生的学习效果能够得到持续提升,最终实现教育质量的整体提高。[①]

综上所述,教学评一致化在高中思想政治教学中的重要性不言而喻。它不仅能够提高教学的针对性和实效性,还能够促进学生的全面发展,提升教师的专业发展,加强家校合作,最终实现教育质量的整体提升。因此,高中思想政治教学应当积极推行教学评一致化,以实现教学目标的最大化。

## 二、高中思想政治大观念提炼及教学实践与教学评一致化的关联

高中思想政治学科的大观念提炼及教学实践与教学评一致化之间存在

---

① 史丽萍."教学评一致化"提升中学政治教学质效[J].读写算,2023(25):149—151.

着密切的关系。这种关系体现在以下几个方面：

**目标的统一性。** 教学评一致化要求教学目标、学习目标和评价目标之间保持一致性。大观念提炼在高中思想政治教学中，首先需要明确学科的核心素养和教学目标，这些目标成为教学设计和评价的出发点和归宿。通过提炼大观念，教师能够更清晰地界定教学的重点和难点，确保教学活动和评价任务都围绕这些核心目标展开，实现教学评的一致性。①

**内容的整合性。** 大观念提炼强调对学科内容的结构化整合。在教学实践中，这意味着教师需要将分散的知识点围绕大观念进行重组，形成有逻辑、有层次的教学内容。这种整合性内容更有利于学生系统地理解和掌握知识，同时也为教学评价提供了清晰的依据，确保评价内容与教学内容的一致性。②

**方法的协同性。** 教学评一致化倡导教学方法、学习方法和评价方法之间的协同。大观念提炼要求教师在教学中采用多样化的教学方法，如情境教学、探究学习等，这些方法有助于学生深入理解大观念，并在实践中应用。相应地，评价方法也需要与教学方法相匹配，如通过表现性评价、过程性评价等，全面考查学生对大观念的理解和应用能力。

**评价的导向性。** 大观念提炼与教学实践强调评价的导向作用。在教学评一致化的框架下，评价不仅是对学习结果的检测，更是对教学过程的反馈和指导。通过科学的、与大观念相关的评价任务，教师可以及时调整教学策略，学生也可以明确学习方向，从而提高教学和学习的效果。

**素养的培养。** 教学评一致化与大观念提炼都致力于学生核心素养的培养。大观念提炼使得教学不仅仅停留在知识的传授上，更重视学生思维能力、判断能力和分析能力的培养。教学评价通过关注学生的这些能力发展，促进学生核心素养的形成。

---

① 熊敬娟."教学评一致化"在高中政治教学中的实施探究[J].亚太教育,2019(12):172.
② 陈海英.基于学科大概念的高中政治教学[J].文理导航(上旬),2024(12):73—75.

实践的创新性。大观念提炼与教学实践的结合,推动了教学评一致化实践的创新。在新课程改革的背景下,教师需要不断探索和实践新的教学模式,如议题式教学、项目式学习等,这些模式有助于实现大观念的教学,并与教学评价形成一致性。

教学的转型。教学评一致化要求教学从传统的知识传授转向以学生为中心的教学。①大观念提炼支持这一转型,它要求教师从学生的实际需求出发,设计有意义的学习活动,并通过评价来检验学生是否达到了预期的学习目标。

高中思想政治学科的大观念提炼与教学实践与教学评价一致化之间存在着内在的、相互支持的关系。这种关系不仅体现在教学目标、内容、方法和评价的一致性上,更体现在对学生核心素养培养的共同追求上。通过实现教学评一致化,可以更有效地提炼和实践大观念,提高高中思想政治教学的质量和效果。②

## 三、大观念教学效果评价的理论框架

### (一) 评价目的

在高中思想政治课程中,大观念教学效果评价的目的在于确保学生能够将理论知识与实践技能相结合,形成全面的法律学科素养和批判性思维能力。以第三章第一节表 4"模拟法庭活动评价量表(部分)"为例,这一评价量表的设计旨在评估学生在模拟法庭活动中的具体表现,从而实现以下几个评价目的:

1. 检测法律知识的应用能力

评价量表中的"法律依据"和"法律文书形式"项目,旨在检验学生是否

---

① 程思宇."三新"改革下高中思想政治课堂教学转型策略[J].延边教育学院学报,2024,38(3):81—85.
② 涂晓锋."教学评一致性"的含义及实践程序[J].课程教材教学研究(教育研究),2023(Z5):32.

能够准确理解和运用法律条文,以及是否能够按照正确的格式撰写法律文书。这不仅考察学生对法律知识的掌握程度,也考察其将之应用于实际情境的能力。

2. 评估事实分析与举证能力

通过"事实认定与举证"项目,评价学生是否能够根据案情进行合理的分析和充分的举证。这一能力是法律实践中不可或缺的,它要求学生不仅要理解法律,还要能够根据具体案件进行逻辑推理和证据搜集。

3. 考查辩论的说服力

"法庭辩论内容"项目关注的是学生对案件的理解程度以及辩论时的说服力。这一项目旨在评估学生是否能够清晰、有力地表达自己的观点,并在辩论中引用准确的法律条文来支持自己的论点。

4. 评估语言表达与沟通技巧

"语言表达"项目考察学生在法庭上的语言表达能力,包括清晰度、层次性以及法律术语的规范使用。良好的语言表达是有效沟通的基础,对于法律专业人士尤为重要。

5. 考查逻辑推理与分析能力

"逻辑推理"项目要求学生在法庭辩论过程中,能够条理清晰地运用法律对案情进行分析,并得出恰当的结论。这一项目旨在评估学生的逻辑思维和法律分析能力,这是法律素养的核心组成部分。

6. 促进学生自我反思与成长

通过这样的评价量表,学生可以对自己的表现进行自我反思,识别自己在法律知识应用、事实分析、辩论技巧等方面的优势和不足。这种自我评估有助于学生设定个人学习目标,促进自我成长。

7. 为教学提供反馈

评价量表的结果也为教师提供了宝贵的反馈,帮助教师了解学生在哪些方面表现良好,在哪些方面需要进一步指导和支持。这有助于教师调整教学策略,更有效地促进学生的学习和发展。

通过表 4"模拟法庭活动评价量表(部分)"的评价,高中思想政治课程旨在培养学生的法律素养、批判性思维和实践技能,同时为教学提供反馈,促进学生的全面发展。这种评价不仅关注学生的知识掌握,更重视其能力的发展和实践技能的培养。

## (二)评价原则

在高中思想政治课程中,以第三章第二节中表 2"我国基本经济制度教材框架对比"为例,大观念教学效果评价的原则是多维度、系统性的,旨在全面评估学生对中国特色社会主义基本经济制度的理解和应用能力。①

### 1. 目标导向性原则

评价应紧密围绕教学目标展开,确保评价内容与教学目标的一致性。根据表 2 所示,教学目标包括理解公有制经济和非公有制经济的地位、作用,了解我国分配制度的内容,以及阐述社会主义市场经济体制的优越性。评价活动应设计成能够准确测量学生是否达到这些目标为标准。

在高中思想政治课程中,大观念的提炼与实践要求我们深入挖掘和传达中国特色社会主义基本经济制度的核心理念。这意味着教学评价不仅要检验学生对公有制和非公有制经济地位与作用的理解,还要考察他们对我国分配制度的掌握程度,以及对社会主义市场经济体制优越性的认识。评价活动应设计得能够测量学生是否能够将这些理论知识与实际经济现象相联系,分析经济政策背后的原理,并在讨论中展现出对社会主义市场经济体制优势的深刻理解。通过案例分析、模拟决策等互动式学习活动,评价可以更有效地促进学生对大观念的内化和应用,从而在实践中提升他们的思想政治素养和批判性思维能力。这样的评价不仅关注知识的传授,更重视学

---

① 刘勇.高中思想政治课堂教学评价的原则及提升路径[J].教育,2024(1):96—98.

生能力的培养,为他们的全面发展奠定坚实的基础。①

2. 知识与能力并重原则

评价不仅要考察学生对教材内容的知识掌握程度,还要考察其分析问题和解决问题的能力。例如,通过分析数据区分不同经济成分的地位和作用,通过案例解读理解分配制度,以及在小组探究中阐述市场经济体制的优越性。

在高中思想政治课程中,实施知识与能力并重原则,要求我们在教学评价中平衡理论知识的掌握和实践能力的培养。这意味着评价不仅要检验学生对我国基本经济制度的知识点,如公有制和非公有制经济的内涵、分配制度的特点,还要考察他们将这些知识应用于分析现实经济问题的能力。评价应通过设计具有现实背景的案例分析、模拟经济决策等活动,促使学生将理论与实践相结合,展现其批判性思维和问题解决能力。通过这样的评价,我们能够更全面地了解学生对大观念的理解和应用,进而指导他们如何在实际生活中运用这些知识,培养他们成为具有社会责任感和创新精神的公民。

3. 实践性原则

评价应强调学生将理论知识应用于实践的能力。通过创设情境和小组探究活动,评价学生能否将所学知识运用于实际问题的分析和解决中,从而体现教学的实践性。

在思想政治教育中,实践性原则是大观念教学效果评价的核心。这一原则强调的是学生不仅要理解基本经济制度的理论知识,更要能够将这些知识应用于实际情境中,解决现实问题。

实践性原则要求教学评价超越传统的知识记忆和复述,转而关注学生如何将对基本经济制度的理解转化为实际行动。在初高中一体化的教学中,这意味着评价不仅要考察学生对公有制和非公有制经济、按劳分配和多

---

① 任春荣.促进学生全面发展的评价旨向与关键要素[J].人民教育,2023(7):40—44.

种分配方式、社会主义市场经济体制等概念的掌握,更要评估他们能否在模拟的经济环境中识别和分析经济现象,提出解决方案。

例如,教师可以设计一系列与基本经济制度相关的实践活动,如模拟市场运作、企业经营决策、社会调查等,让学生在这些活动中运用所学的经济制度知识。通过这些活动,使学生不仅能够更深刻地理解经济制度的内涵,还能够培养他们的经济分析能力和决策能力。

在评价学生的实践能力时,教师应关注学生如何运用经济制度知识来解释经济现象,如何基于经济原则进行合理的预测和规划,以及如何在团队合作中发挥领导力和协调能力。这些能力的培养对于学生未来在社会经济活动中的参与至关重要。

评价过程中,教师可以采用多种评价工具,如项目报告、口头陈述、同伴评价和自我评价等,以全面捕捉学生在实践活动中的表现。这些评价工具不仅能够提供学生实践能力的直接证据,还能够激励学生进行自我反思和持续学习。

此外,实践性原则还强调评价应与学生的生活经验相联系。教师可以引导学生探讨基本经济制度如何影响他们的日常生活,如何塑造社会结构和个人机会。通过这种方式,学生能够更加直观地感受到经济制度的实际意义,从而增强他们将知识应用于实践的动机。[1]

总之,实践性原则在初高中一体化思想政治教学中的基本经济制度评价中,要求教师设计和实施一系列实践活动,以评估学生将理论知识应用于实际问题解决的能力。这种评价不仅能够提高学生的理论理解,还能培养他们的实践技能,为他们未来的社会参与打下坚实的基础。

**4. 发展性原则**

评价应关注学生的个体发展,鼓励学生自我反思和自我提升。评价

---

[1] 刘春.论道德教学的实践性原则[J].当代教育科学,2003(11):20—21.

结果应能指导学生认识到自己的进步空间,激发学生的学习动力,促进其持续发展。①

发展性原则强调评价不仅是对学生当前学习成果的检验,更是对学生未来发展潜力的培养和引导。这一原则要求我们在教学评价中,不仅要考察学生对中国特色社会主义基本经济制度的理论知识掌握情况,还要关注他们如何将这些知识内化为自己的思想观念,并在实践中不断成长和发展。

发展性原则下的大观念提炼与实践,要求我们的教学评价体系能够激励学生主动探索和深入思考。例如,通过设计一系列的项目式学习活动,让学生在研究和解决实际问题的过程中,深化对基本经济制度的理解。这些活动可以包括经济政策的模拟制定、经济模型的构建、社会经济现象的调查研究等,让学生在实际操作中体验经济制度的运行机制,培养他们的实践操作能力和创新思维。

此外,发展性原则还要求评价体系能够关注学生的个性化发展,尊重学生的差异,鼓励学生根据自己的兴趣和特长,选择不同的学习路径和评价方式。评价不仅要关注学生的知识掌握和技能运用,还要关注学生的情感态度、价值观和社会责任感。通过多元化的评价方式,如自我评价、同伴评价、教师评价等,全面了解学生的学习过程和个性发展,为学生提供个性化的反馈和指导。②

发展性原则在高中思想政治课程中的评价体系中,旨在通过多维度、系统性的评价,全面评估学生对中国特色社会主义基本经济制度的理解和应用能力,同时关注学生的个性化发展和未来潜力的培养,为学生的终身学习和全面发展奠定坚实的基础。

5. 客观性原则

在高中思想政治课程中,客观性原则是确保教学效果评价公正性和准

---

① 蒋亚飞.学生学习情况全过程纵向评价实践探索:以高中政治为例[J].学周刊,2024(9):118—120.
② 何维鹏.高中思想政治教学中学生学习多元评价探究[J].中华活页文选(高中版),2024(3):71—73.

确性的核心。①这一原则要求评价过程必须基于客观标准,以确保评价结果能够真实反映学生对中国特色社会主义基本经济制度的理解和应用能力。围绕大观念的提炼与教学实践的评价,客观性原则要求我们设计出一系列明确、可量化的评价指标,这些指标能够全面覆盖学生的知识掌握、思维能力和实践技能。

为了实现客观性,评价活动应当包括标准化的测试、实际案例分析、模拟经济决策等多种形式。标准化测试可以确保所有学生在相同的条件下接受评估,减少评价过程中的偏差。案例分析和模拟决策则可以评估学生将理论知识应用于实际情境的能力,这些活动的评价标准应当明确,例如,学生分析问题的深度、解决方案的创新性以及团队合作的效率等。

此外,客观性原则还要求评价结果的反馈必须是具体和建设性的,以便学生能够明确自己的优点和需要改进的地方。教师应当提供详细的评分标准和评价反馈,让学生理解评价的依据,从而促进他们的自我反思和持续进步。

综上所述,客观性原则在高中思想政治课程中的评价体系中,要求我们通过科学、系统的评价方法,全面、公正地评估学生对大观念的理解和实践能力,确保评价结果的可靠性和有效性,为学生的思想政治教育提供坚实的评价基础。

6. 多样性原则

多样性原则强调评价方法和内容的多元化,以适应不同学生的需求和特点,全面评估学生对中国特色社会主义基本经济制度的理解和应用能力。这一原则要求评价体系能够涵盖多种评价方式,包括但不限于书面考试、口头表达、小组合作、实践活动等,以确保从不同角度捕捉学生的学习成果。②

---

① 教育部.教育部关于加强和改进普通高中学生综合素质评价的意见[Z].2014-12-10.
② 刘文丽.核心素养视域下高中思想政治教学策略研究[J].教育理论与实践,2024,44(14):62—64.

围绕大观念的提炼与教学实践的评价,多样性原则意味着评价不仅要考察学生对理论知识的掌握,还要关注他们的思维过程、创新能力、情感态度和价值观。例如,通过角色扮演让学生模拟不同经济主体,探讨经济政策对社会的影响;通过辩论赛让学生就经济制度的热点问题展开讨论,展现他们的批判性思维和辩证能力;通过社会实践活动让学生深入社区,调查和分析经济制度在现实生活中的体现。

此外,多样性原则还要求评价内容要贴近学生的生活实际,使评价更具有现实意义和教育价值。评价可以结合时事新闻、社会热点,让学生运用所学知识分析和解释现实问题,从而提高他们的社会责任感和实践参与意识。

多样性原则在高中思想政治课程中的评价体系中,要求我们通过多样化的评价方法和内容,全面、深入地评估学生对大观念的理解和实践能力,促进学生的全面发展,培养他们成为具有综合素质的社会公民。

7. 及时性原则

及时性原则是确保教学效果评价能够迅速反映学生学习状态和教学效果的关键。这一原则要求评价活动必须在教学过程中及时进行,以便教师能够根据评价结果调整教学策略,学生也能够及时了解自己的学习进展和存在的问题。[1]

围绕大观念的提炼与教学实践的评价,及时性原则意味着评价不应仅仅在课程结束时进行,而应该贯穿于整个教学过程。例如,教师可以在每节课后通过小测验、课堂讨论或即时反馈来评估学生对当堂课内容的理解程度。这些评价活动能够帮助学生巩固新知识,同时也为教师提供了调整后续教学内容和方法的依据。

此外,及时性原则还要求评价结果的反馈必须迅速且具有针对性。教师应当在评价后尽快向学生提供反馈,指出他们的优点和需要改进的地方,

---

[1] 邴倩.中小学课堂教学评价的现实问题与改进路径[J].教学与管理,2020(5):5—7.

这样学生就能及时调整学习策略,提高学习效率。这种及时的反馈也有助于增强学生的自我效能感,激发他们的学习动力。①

在实践大观念的教学中,及时性原则还鼓励教师利用现代教育技术,如在线学习平台和移动应用,来实现即时评价和反馈。这些工具可以让学生在任何时间、任何地点进行自我评估,同时也使教师能够实时监控学生的学习进度。

及时性原则在高中思想政治课程中的评价体系中,要求我们通过及时的评价和反馈,全面、动态地评估学生对大观念的理解和实践能力,确保教学活动能够及时响应学生的学习需求,促进学生的持续发展和进步。

8. 参与性原则

参与性原则强调评价过程中学生的主体地位,要求评价活动能够激发学生的主动参与和自我反思,从而促进他们对中国特色社会主义基本经济制度的深入理解和应用能力的提升。这一原则认为,学生不仅是评价的对象,也是评价的主体,他们应该在评价过程中发挥积极作用。②

围绕大观念的提炼与教学实践的评价,参与性原则要求教师设计的评价活动能够让学生积极参与进来,例如,通过小组合作项目、课堂讨论、角色扮演等互动形式,让学生在实践中体验和理解经济制度的运作。这种参与不仅包括知识的学习,还包括对知识的质疑、探讨和创新应用。学生在这些活动中的表现,如团队合作能力、批判性思维、问题解决策略等,都应成为评价的重要内容。

此外,参与性原则还鼓励学生进行自我评价和同伴评价,这有助于他们发展自我监控和自我调节的能力,同时也能够增强他们对学习过程的认识

---

① 胡燕,孔凡哲.思政课程混合式教学的过程性评价与教学干预[J].中南民族大学学报(人文社会科学版),2023,43(9):165—172.
② 杨廷强.思想政治理论课课堂教学评价研究:以学生课堂参与为中心[J].教育理论与实践,2021,41(27):30—33.

和责任感。通过自我评价,学生可以反思自己的学习过程,识别自己的强项和弱点,制定改进策略。同伴评价则能够促进学生之间的交流和学习,帮助他们从不同角度理解问题,提高合作和沟通能力。

综上所述,参与性原则在高中思想政治课程中的评价体系中,要求我们通过设计能够促进学生积极参与的评价活动,全面评估学生对大观念的理解和实践能力。这种评价不仅关注学生的知识掌握,更重视他们的能力发展和个性成长,为学生的全面发展提供支持。

### 9. 情境性原则

情境性原则强调评价应当在与教学内容紧密相关的实际情境中进行,以确保学生能够在真实或模拟的社会环境中展示他们对中国特色社会主义基本经济制度的理解和应用能力。这一原则认为,学习不仅是对知识的掌握,更是在特定情境中应用知识、解决问题的过程。[①]

围绕大观念的提炼与教学实践的评价,情境性原则要求教师设计的评价活动能够模拟经济生活中的实际情境,让学生在这些情境中运用所学知识。例如,通过模拟股市交易、企业经营决策、政策分析等活动,学生可以在模拟的经济环境中体验经济制度的实际运作,从而更深刻地理解经济制度的内涵和外延。

此外,情境性原则还鼓励教师将评价融入社会实践,如组织学生参与社区经济调研、访问企业、参与模拟联合国等活动。在这些活动中,学生不仅能够将理论知识与现实问题相结合,还能够培养他们的社会责任感和实际操作能力。

情境性原则还要求评价过程中对学生的表现进行细致观察和记录,评价指标应当包括学生在情境中的问题识别能力、决策能力、团队合作能力以及创新思维能力等。通过这样的评价,教师可以更准确地了解学生在实际

---

① 秦炜鑫.创设教学情境,提升高中政治课堂的有效性[J].求知导刊,2024(2):53—55.

情境中的表现,为学生提供更具针对性的指导和反馈。

综上所述,情境性原则在高中思想政治课程中的评价体系中,要求我们通过设计贴近实际情境的评价活动,全面评估学生对大观念的理解和实践能力。这种评价不仅能够提高学生的知识应用能力,还能够促进他们的综合素质和社会适应能力的发展。

10. 反馈性原则

反馈性原则是评价过程中不可或缺的一环,它要求评价活动能够及时提供具体、有针对性的反馈,以促进学生对中国特色社会主义基本经济制度的深入理解和应用能力的提升。这一原则认为,评价不仅是对学生学习成果的鉴定,更是一个动态的、互动的过程,旨在通过反馈激发学生的自我反思和持续学习。

围绕大观念的提炼与教学实践的评价,反馈性原则要求教师在评价后迅速给予学生明确的反馈,这些反馈应当包含学生在理解经济制度、分析经济现象、解决经济问题等方面的表现。反馈不仅要指出学生的优点,更要指出需要改进的地方,并提供具体的改进建议。这样的反馈可以帮助学生认识到自己的学习进展和存在的问题,从而调整学习策略,提高学习效率。

此外,反馈性原则还强调评价反馈的双向性,即教师提供反馈的同时,也应鼓励学生对评价过程本身提出意见和建议。这种双向互动有助于教师了解学生的需求和感受,从而优化教学方法和评价体系,使之更加符合学生的实际需求。[①]

在实施反馈性原则时,教师可以采用多种形式,如书面评语、一对一面谈、小组讨论等,以确保每个学生都能得到个性化的反馈。同时,教师还应利用现代教育技术,如在线学习管理系统,来实现即时反馈和跟踪学生的学习进展。

---

① 桑芝晶.思想政治教学中有效设问的生成[J].教书育人,2014(15):63.

反馈性原则在高中思想政治课程中的评价体系中,要求我们通过及时、具体、双向的反馈,全面评估并促进学生对大观念的理解和实践能力的发展。这种评价不仅关注学生当前的学习成果,更重视学生的长期发展和自我提升。[①]

综上所述,高中思想政治大观念教学效果评价的原则旨在确保评价活动的科学性、公正性和有效性,同时促进学生的全面发展和教学实践的持续改进。通过遵循这些原则,评价活动能够更好地服务于教育目标的实现和学生的个性化成长。

### (三) 评价内容

在高中思想政治课程中,大观念教学效果的评价内容设计需要围绕几个核心维度,以确保全面评估学生对教学内容的掌握和应用能力。以下是评价内容的几个关键方面:

1. 理论认知

以必修3"人民代表大会制度的一项基本功能"为例。评价旨在检验学生是否能够深刻理解人民代表大会制度在国家政治生活中的核心作用,即如何将党的路线、方针、政策通过法定程序转化为国家意志,并成为全体公民共同遵守的法律规范。具体来说,评价内容涉及学生对人民代表大会制度如何保障广大人民群众根本利益的认识,以及他们对这一制度在实现党的领导、人民当家作主和依法治国有机统一中的关键角色的理解。

评价将进一步考察学生是否能够将这一理论认知与现实政治生活相联系,分析人民代表大会制度在实际运作中如何体现民主集中制原则,以及在立法、监督等职能中如何确保国家政策与法律的制定和实施能够反映人民的意愿和利益。此外,评价还将关注学生对人民代表大会制度在推动国家

---

① 程安妮.指向成长型思维培养的课堂教学反馈优化[J].文教资料,2020(13):172—174.

治理体系和治理能力现代化中作用的分析能力,包括他们对制度如何适应时代发展、如何通过改革和完善来提高效率和公信力的认识。

通过这样的评价,教师可以了解学生是否能够不仅在理论上掌握人民代表大会制度的基本功能,而且能够在实际政治生活中识别和分析该制度的具体表现和影响。这要求学生不仅要有扎实的理论基础,还要具备将理论应用于实际情境中的能力,从而在思想政治教育中实现知行合一。[①]

2. 实际应用

实际应用的评价内容着眼于学生能否将理论知识应用于解决具体社会问题的能力。以"老旧小区加装电梯的难与易"为例,评价内容旨在检验学生是否能够运用所学的政治、经济和社会知识,分析和解决这一实际问题。

评价首先关注学生对老旧小区加装电梯过程中所涉及的多方利益协调、政策支持、资金筹集等关键因素的理解。学生需要展示他们如何运用政治协商、民主决策等理论,来平衡居民的不同需求和期望,以及如何通过政策分析,探讨政府在其中的作用和责任。

进一步地,评价内容考察学生对经济成本和社会效益的评估能力,包括电梯加装的财务可行性、对居民生活质量的提升,以及对社区价值的影响。学生需要运用经济学原理,分析资金的筹集方式,如政府补贴、居民自筹等,并评估不同方案的经济效益和社会效益。

此外,评价还涉及学生对加装电梯过程中可能出现的社会问题和伦理考量的分析,例如对老年人和残疾人的关怀、对低层住户权益的保护等。学生需要展现出他们对社会责任和公平正义的理解,并提出切实可行的解决方案。

通过这样的评价,教师可以了解学生是否能够将思想政治课程中的理论知识与现实生活紧密结合,展现出解决复杂社会问题的综合能力。[②]这不

---

[①] 孙泫炫."知行合一"思想对思想政治教育的启示[J].社会科学前沿,2024(9):248—252.
[②] 夏淑荣.高中思想政治课生活化教学策略研究[J].中国科技期刊数据库 科研,2023(1):117—119.

仅要求学生具备扎实的理论知识,还要求他们能够灵活运用这些知识,进行批判性思考和创新性解决问题。

3. 批判性思维

评估学生对不同经济理论的批判性分析能力,包括识别、分析和解决经济、政治、法律等问题的能力。

以选择性必修1"政党和利益集团"为例。评价旨在检验学生是否能够超越表面信息,探究政党和利益集团在政治体系中的作用、影响及其与民主原则的关系。

评价内容首先涉及学生对政党和利益集团定义的理解,以及它们在不同政治文化和制度背景下的功能和目的。学生需要展示他们如何运用比较政治学的方法,分析不同国家政党制度的异同,以及利益集团在政策制定过程中的角色。

评价内容考察学生对政党和利益集团可能带来的问题和挑战的批判性分析,例如权力集中、利益冲突、政治腐败等。学生需要运用政治哲学和伦理学的原理,探讨这些问题对民主政治和公共利益的潜在影响,并提出可能的解决方案。

评价还关注学生对政党和利益集团在维护社会稳定和推动社会变革中作用的评估。学生需要分析在不同社会经济背景下,政党和利益集团如何响应社会需求,以及它们在促进社会正义和经济发展中的作用。

如此,教师可以了解学生是否能够批判性地思考政党和利益集团在现代政治生活中的重要性和复杂性,以及他们是否能够提出基于理论分析和现实考量的合理见解。这要求学生不仅要有扎实的政治理论知识,还要具备将这些知识应用于现实政治分析的能力,展现出批判性思维和解决问题的综合素养。[1]

---

[1] 彭坪湖.高中政治教育中批判性思维培养策略分析[J].中文科技期刊数据库(全文版)教育科学,2024(10):5—8.

**4. 价值观念**

评价学生的价值观念，特别是对社会主义核心价值观的认同和内化程度，以及对经济制度的道德和伦理考量。

以必修3第一单元第三课"坚持和加强党的全面领导"为例。评价的核心在于衡量学生是否能够深刻领会党的领导对于国家发展和社会进步的重要意义，并将其内化为个人的价值取向和行为准则。

评价内容首先着眼于学生对于党的领导在历史和现实中作用的认识，包括理解党如何引领国家走向繁荣富强，以及在不同历史时期党的政策如何影响社会发展。学生需展现出对党领导地位的历史必然性和现实合理性的理解。

评价内容关注学生对于党的全面领导在国家治理体系中的核心作用的理解，包括党的领导如何贯穿于政治、经济、文化、社会和生态文明建设的各个方面。学生需要分析党的领导如何促进国家治理体系和治理能力现代化，以及如何保障国家的长期稳定和持续发展。

评价还涉及学生对于坚持党的领导与个人发展、社会责任之间的联系的认识。学生需展现出对如何在个人成长和社会参与中体现党的领导的理解，以及如何在日常生活中践行党的理念，为实现国家的长远目标贡献力量。

于是教师可以洞察学生是否真正理解并接受了党的全面领导的价值观念，以及他们是否能够将这些观念转化为实际行动的动力。这不仅要求学生对党的领导有深刻的理论认识，还要求他们能够在实际生活中体现这些价值观念，展现出作为公民的责任和担当。[①]

**5. 沟通能力**

考察学生在小组讨论、辩论、报告等活动中的沟通和表达能力，包括语

---

[①] 贺婧.如何发挥高中政治课程的育人功能[J].中华活页文选(高中版),2024(17):227—229.

言的准确性、逻辑性和说服力。①

沟通能力的评价内容旨在衡量学生在理解和传达大观念时的表达和交流技巧。以选择性必修1如何"建设贸易强国,培育国际竞争新优势"为例,评价的核心在于检验学生是否能够有效地将复杂的国际贸易理论与国家发展战略相结合,并在讨论和表达中展现出深刻的理解和清晰的逻辑。

评价内容将首先关注学生在课堂讨论和小组合作中如何清晰、准确地表述"建设贸易强国"的重要性及其对国家经济发展的影响。学生需要展示他们如何运用所学知识,分析贸易政策、国际市场变化以及技术创新对国家竞争力的作用。

评价将考察学生在模拟联合国会议、辩论赛等活动中的表现,特别是在模拟国际贸易谈判时,他们如何运用沟通技巧,协调不同利益相关方的立场,以及如何通过有效的论点和证据支持自己的观点。

评价还将涉及学生在撰写论文、报告或政策建议时的沟通能力,包括他们如何组织思路、构建论证以及使用恰当的证据支持自己的分析。学生需要展现出他们如何将复杂的经济概念和政策建议以易于理解的方式传达给读者。

教师可以评估学生是否能够将大观念教学中的理论知识转化为实际沟通中的有效表达,以及他们是否能够在不同的沟通场合中灵活运用这些知识。这不仅要求学生具备扎实的国际贸易知识,还要求他们能够在实际沟通中展现出批判性思维和创造性表达的能力。

6. 创新与解决问题的能力

在高中思想政治课程中,创新与解决问题的能力评价内容着重于学生对大观念的深入理解和实际应用。②以必修2如何"推动绿色生产与绿色消

---

① 王玉珍.论高中思想政治教学如何培养学生的语言表达能力[J].学周刊,2022,4(4):85—86.
② 齐伟.基于问题导向的高中政治课程中培养创新思维能力策略探讨[J].国家通用语言文字教学与研究,2024(7):58—60.

费"为例,评价的重点在于衡量学生是否能够展现出对可持续发展理念的深刻洞察,并在面对环境与经济双重挑战时提出创新性的解决方案。

评价内容将首先着眼于学生如何将绿色发展理念融入对生产和消费模式的分析,考察他们是否能够识别和阐述绿色生产与绿色消费在促进环境保护和经济发展中的关键作用。学生需要展示他们如何运用跨学科知识,从经济、地理和历史三个维度综合考量绿色转型的复杂性。

评价需深入探讨学生在设计和实施绿色项目时的创新思维能力,例如在模拟社区或学校环境中推广绿色消费的实践活动,或是在模拟企业运营中探索绿色生产技术的可行性。学生需要展现出他们如何将理论知识转化为实际操作,以及在实际操作中如何面对和解决具体问题。

评价还会考察学生在撰写关于绿色生产与绿色消费的策略报告时,如何运用批判性思维和创造性思维,提出切实可行的策略和措施。学生需要展现出他们如何结合实际情况,评估不同方案的优劣,并选择或设计出最具创新性和实效性的解决方案。

通过对创新与解决实际问题能力的评价,教师可以评估学生是否能够将大观念教学中的理论知识与现实世界的复杂问题相结合,展现出在推动社会可持续发展方面的创新能力和解决问题的能力。[1]这不仅要求学生具备对绿色发展的深刻理解,还要求他们能够在实际情境中展现出创造性思维和实践能力。

7. 自我发展

评价学生自我监控和自我调节的能力,包括自我评价、目标设定和学习策略的调整。

自我发展的评价旨在衡量学生在面对学习中的困难时,能否自主探索并提出解决方案的能力。这一评价内容突出了大观念教学效果评价的核

---

[1] 朱小智.高中政治教学中如何培养学生解决问题的能力[J].西部素质教育,2017,3(12):170.

心,即学生的自我反思、自我激励和自我超越。以选择性必修3综合探究中的"探究一"为例。

评价内容将首先聚焦于学生如何识别和表达学习中遇到的困难,以及他们如何运用头脑风暴法等创新思维工具来激发新的想法和策略。学生需要展现出他们如何通过集体讨论和思维碰撞,从多角度审视问题,挖掘问题的本质,并在此基础上生成多样化的解决方案。

评价将深入探讨学生在实施方案过程中的自我监控和自我调节能力,考察他们如何根据实施效果调整和优化方案,以及如何评估方案的成效和影响。学生需要展现出他们如何根据反馈和评估结果,进行自我反思,识别自身在解决问题过程中的优势和不足,并据此调整学习策略和方法。[1]

评价还需要关注学生在面对挑战时的自我激励和自我激励能力,包括他们如何保持积极的学习态度,如何激发内在的学习动力,以及如何在困难面前展现出坚韧不拔的意志和毅力。

教师可以全面了解学生在自我发展方面的进展,包括他们的问题解决能力、自我监控能力和自我激励能力。这不仅要求学生具备面对困难的勇气和智慧,还要求他们能够在实践中不断学习和成长,展现出作为终身学习者的自我发展能力。

8. 情感态度

评估学生对学习内容的情感态度,包括学习动机、兴趣和参与度。

以必修4"价值的创造和实现"这一大观念的教学效果评价为例,情感态度的评价内容旨在细致考察学生在理解和实践价值观念时的情感体验和态度表现。这一评价内容不仅关注学生对价值理论的认知深度,更重视他们的情感参与和价值实现过程中的态度变化。

评价内容首先关注学生在接触"价值的创造和实现"这一主题时的情感

---

[1] 胡晓.高中思想政治课程教学评价方法的优化选择[J].中文科技期刊数据库(引文版)教育科学,2024(3):164—167.

认同,评估他们是否能够展现出对价值追求的热情和对社会贡献的积极渴望。学生需在讨论价值观念时,表达出对个人成长和社会进步的深刻关注,以及在面对价值冲突时所持有的理性和包容的态度。评价将进一步考察学生在实践活动中,如社区服务、志愿活动等,如何将价值观念转化为具体行动,并在此过程中所表现出的情感投入和态度变化。学生需展现出在实现价值时的主动性、创造性以及对挑战的积极应对。

评价还将深入探讨学生在反思价值实现过程中的情感体验,包括他们如何评估自己的情感态度对价值实现的影响,以及如何调整情感态度以更好地实现个人和社会价值的协调发展。通过这一过程,教师可以洞察学生是否能够在价值实现的过程中保持积极的情感状态,以及他们是否能够展现出对价值实现过程中遇到的困难和挑战的坚韧和乐观。[1]

在实施评价时,教师可以通过多种方式收集信息,包括观察学生在课堂讨论和小组合作中的情感表达,分析学生在个人反思报告和项目报告中的情感描述,以及在一对一访谈中深入了解学生的内心感受。通过这些方法,教师可以全面评估学生的情感态度,并提供针对性的反馈和指导,帮助学生在情感层面实现自我提升。

最终,这一评价内容的目标是帮助学生认识到情感态度在价值创造和实现过程中的重要性,鼓励他们在面对挑战时保持积极的态度,培养他们的情感智慧,以及提高他们的情感韧性。通过这样的评价,学生不仅能够在思想政治课程中取得更好的学习效果,还能在未来的学习和生活中更好地应对各种挑战,实现个人价值和社会价值的有机统一。

9. 跨学科整合能力

评价学生将思想政治知识与其他学科知识整合的能力,如历史、地理、语文等,以形成更全面的视角。

---

[1] 刘玉娟.新课改下高中政治教学渗透情感态度与价值观[J].考试周刊,2022(4):139—142.

以前面第三章中"哲学是文化的活的灵魂"这一大观念的教学效果评价为例,跨学科整合能力的评价内容致力于衡量学生如何将哲学理论与其他学科知识相结合,以形成对文化现象全面而深入的理解。这一评价内容强调学生在掌握哲学概念的基础上,能否灵活运用跨学科知识,分析和解释文化现象,以及在不同学科间建立联系的能力。

评价内容首先着眼于学生对哲学基本理论的理解程度,以及他们如何将这些理论应用于解释历史、文学、艺术等其他学科中的具体案例。学生需要展现出对哲学概念的深刻把握,并能够将这些概念与其他学科知识相融合,以揭示文化现象背后的哲学意义和价值。例如,学生可能需要分析某一历史事件如何体现了特定的哲学思想,或者探讨某部文学作品中所蕴含的哲学理念。

评价将深入探讨学生在面对跨学科问题时的分析和解决能力。学生需要展现出如何在不同学科间建立联系,如何运用哲学思维去解读和评价科学发现、技术进步对社会文化的影响。评价将考察学生是否能够识别跨学科问题的核心要素,并提出创新的解决方案,如在讨论环境保护时,结合哲学、伦理学和生态学的知识,提出全面的环境保护策略。

此外,评价还将关注学生在跨学科项目中的合作和交流能力。学生需要在团队合作中展现出能够有效沟通和协调不同学科视角的能力,以及在多元文化背景下的适应和创新能力。例如,在进行一项关于不同文化价值观对经济发展影响的研究项目时,学生需要整合经济学、社会学和哲学等多个学科的视角,以形成全面而深入的分析。

在实施评价时,教师可以通过多种方式收集信息,包括观察学生在跨学科讨论中的表现,分析学生在跨学科项目报告和论文中所展现的整合能力,以及在模拟跨学科研讨会中评估学生的交流和合作能力。通过这些方法,教师可以全面评估学生的跨学科整合能力,并提供针对性的反馈和指导,帮助学生在跨学科学习中实现自我提升。

这一评价内容的目标是帮助学生认识到跨学科整合能力在理解和创造文化价值中的重要性,鼓励他们在面对复杂问题时能够跨越学科界限,形成综合性的思考和解决方案。通过这样的评价,学生不仅能够在思想政治课程中取得更好的学习效果,还能在未来的学术和职业生涯中,更好地适应跨学科合作的需求,实现知识的创新和文化的传承。①

通过这些评价内容,教师可以全面了解学生的学习进展,及时调整教学策略,促进学生在思想政治素养上的全面发展。

### (四) 评价方法

在高中思想政治课程中,基于大观念提炼与教学实践的评价方法设计需注重实效性、参与性和发展性,旨在通过多样化的评价手段,全面评估学生对思想政治大观念的理解和实践能力。以下是几种我们在日常教学中积累的具有创新性的评价方法。

1. 案例分析法

通过提供与思想政治大观念相关的实际案例,要求学生分析案例背后的原则和理论,评价学生的应用能力和批判性思维能力。②

在高中思想政治课程中,案例分析法作为一种重要的教学评价方法,旨在通过具体案例的分析来考查学生对思想政治大观念的理解和应用能力。以下是一个具体的案例,展示如何应用案例分析法来评价学生对"法治与社会公正"这一大观念的掌握情况。

(1) 案例背景

关于"环境污染与法律制裁"的案例。该案例描述了一家化工厂因违反环保法规,导致周边河流严重污染,影响当地居民生活和生态环境的情况。案例中提供了化工厂的违规行为、环保部门的调查结果、受影响居民的诉求

---

① 翁丽明."大思政课"目标下高中思想政治课程跨学科整合探究[J].广西教育,2024(20):28—30.
② 莫文凯.案例分析法在高中思想政治课中的应用[J].现代交际,2020(11):198—200.

以及相关法律法规的条文。

（2）教学过程

案例介绍：教师首先在课堂上介绍案例背景，提供必要的信息，包括化工厂的违规行为、环保法规的具体内容、受影响居民的诉求等，为学生分析案例打下基础。

小组讨论：学生被分成若干小组，每组负责从不同角度分析案例。例如，一组关注法律法规的适用性，一组探讨社会责任与企业行为，另一组分析受影响居民的权益保护。

角色扮演：为了更深入地理解案例，学生在小组内扮演不同角色，如环保部门官员、化工厂代表、受影响居民等，从各自角度出发，讨论案例中的问题和可能的解决方案。

案例分析报告：每个小组需要撰写一份案例分析报告，报告中应包含对案例事实的梳理、法律法规的解读、各方利益的分析以及提出的解决方案。

课堂展示与讨论：各小组在课堂上展示他们的分析报告，并接受其他小组和教师的提问。这一环节旨在进一步深化学生对案例的理解，并锻炼他们的表达和辩论能力。

（3）评价过程

事实梳理能力。评价学生是否能够准确、全面地梳理案例中的关键事实，包括化工厂的违规行为、环保法规的具体内容等。

法律法规解读能力。评价学生是否能够正确解读相关法律法规，分析其在案例中的适用性，以及如何通过法律手段解决环境污染问题。

利益分析能力。评价学生是否能够全面分析各方利益，包括化工厂的经济利益、环保部门的监管责任、受影响居民的权益等，并在此基础上提出平衡各方利益的解决方案。

批判性思维能力。评价学生是否能够批判性地分析案例中的各种因素，识别问题的本质，提出创新性的解决方案。

表达与沟通能力。评价学生在小组讨论、角色扮演和课堂展示中的表现,包括他们的语言表达、逻辑推理和沟通协调能力。

道德与价值观。评价学生在分析案例时是否能够体现出对社会公正和环境保护的道德关怀,以及他们对法治精神的理解和尊重。

(4)结果反馈

教师根据学生在案例分析过程中的表现,提供具体的反馈。对于表现优秀的学生,教师可以表扬他们的优点,并鼓励他们继续保持。对于需要改进的学生,教师可以指出他们在哪些方面存在不足,并提供改进建议。

通过这个案例分析法的应用,学生不仅能够在实际案例中锻炼他们的分析、批判性思维和沟通能力,还能够深入理解"法治与社会公正"这一大观念。教师通过这一过程,也能够全面评估学生对思想政治大观念的掌握情况,并据此调整教学策略,以提高教学效果。

2. 主题研究项目

学生围绕特定的思想政治主题进行研究,通过文献综述、调查研究等方式,展示他们对大观念的深入理解和研究成果。

以前面第三章中的"老房装电梯 品质好'升活'——妥善处理相邻关系"主题研究项目为例,引导学生深入探讨如何在城市老旧小区加装电梯的问题。这个项目不仅要求学生理解相关的政策和法律,还要求他们从社会、经济、技术等多个角度分析问题,并提出解决方案。

(1)项目背景

随着城市化进程的加快,老旧小区居民,特别是老年人,对于乘坐电梯的需求日益增长。然而,加装电梯涉及资金筹集、技术实施、邻里关系协调等多方面的问题。学生需要通过这个项目,了解和分析这些问题,并提出切实可行的解决方案。

(2)项目目标

理解政策与法律。学生需要研究相关的城市规划法规、建筑标准和《物业管理条例》,理解加装电梯的法律依据和政策支持。

社会经济分析。学生需要分析加装电梯对社区经济的影响,包括成本分摊、房价变化、居民生活质量的提升等。

技术可行性研究。学生需要调研电梯安装的技术要求,包括建筑结构的适应性、施工难度和后期维护等。

邻里关系协调。学生需要探讨如何在加装电梯的过程中妥善处理邻里关系,包括利益协调、矛盾化解等。

(3) 项目实施

资料收集。学生分组进行资料收集,包括政策文件、新闻报道、学术论文等,以获取全面的背景信息。

实地调研。学生深入社区进行实地调研,与居民、物业管理人员、电梯公司等进行交流,了解实际情况。

方案设计。基于调研结果,学生设计加装电梯的方案,包括资金筹集方案、技术实施方案、邻里协调方案等。

方案评估。学生对提出的方案进行评估,包括成本效益分析、风险评估、社会影响评估等。

成果展示。学生将研究成果整理成报告,并在课堂上进行展示,接受教师和同学的提问和评价。

(4) 评价方法

过程评价。教师对学生在整个项目过程中的参与度、合作精神、研究能力等进行评价。

成果评价。教师对学生提交的研究报告的深度、广度、创新性进行评价。

展示评价。教师对学生的展示能力、表达能力、应对问题的能力进行评价。

自我评价。学生对自己的学习过程和成果进行反思和自评,以促进自我成长。

(5) 项目成果

通过这个主题研究项目,学生不仅对"老旧小区加装电梯"这一社会问题有了深入的理解和分析,还提升了他们的研究能力、团队合作能力和问题解决能力。学生提出的解决方案,虽然可能还存在不足,但已经能够体现出他们对社会问题的深刻洞察和创新思维。教师通过这个项目,也能够全面评估学生对思想政治大观念的掌握情况,并据此调整教学策略,以提高教学效果。

这个案例展示了如何通过主题研究项目来评价学生对思想政治大观念的理解和应用能力,同时也体现了学生在实际问题解决中的成长和发展。

3. 互动式课堂讨论

在课堂上设置互动环节,鼓励学生就大观念相关的话题进行讨论,通过观察学生的参与度和讨论质量进行评价。[1]

在高中思想政治课程中,基于大观念提炼与教学实践的评价方法中,互动式课堂讨论是一种重要的教学评价方法。以下是一个具体的案例,展示如何应用互动式课堂讨论来评价学生对"农产品价格有时出现大起大落现象"的理解。

(1) 案例背景

农产品价格的波动是一个复杂的经济现象,它不仅关系到农业生产者的收入,也影响着消费者的日常生活。教师希望通过互动式课堂讨论,让学生深入探讨农产品价格波动的主要原因,并提出相应的对策。

(2) 教学过程

课前准备。教师提前布置任务,要求学生收集有关农产品价格波动的新闻报道、学术文章等资料,并准备自己的观点。

---

[1] 陈锦送.高中政治课议题式教学中的师生互动策略[J].福建教育研究,2024(3):57—58.

课堂讨论。教师在课堂上提出议题,引导学生进行小组讨论。每个小组需要识别农产品价格波动的主要原因,并讨论可能的解决方案。

小组汇报。每个小组选择一名代表,向全班汇报小组讨论的结果。其他小组可以提出问题或补充意见。

全班互动。在小组汇报的基础上,教师引导全班进行更广泛的讨论,鼓励学生提出不同的观点和看法。

教师总结。教师对讨论进行总结,提供专业的分析,并指出学生讨论中的亮点和需要改进的地方。

(3) 评价方法

参与度评价。评价学生在讨论中的参与程度,包括发言次数、互动频率和对他人观点的响应情况。

观点深度评价。评价学生提出的观点是否有深度,是否能够结合经济学原理进行分析,如供需关系、气候变化、政策调控等。

批判性思维评价。评价学生是否能够批判性地分析不同的观点,提出合理的质疑和反驳。

团队合作评价。评价学生在小组讨论中的合作精神,是否能够倾听他人意见,共同形成结论。

表达能力评价。评价学生的语言表达能力,包括清晰度、逻辑性和说服力。

创新性评价。评价学生是否能够提出创新性的解决方案,如结合新技术或新政策来稳定农产品价格。

(4) 案例应用

在一次具体的课堂讨论中,学生们积极地分享了他们搜集的资料和观点。一组学生指出,气候变化是导致农产品价格波动的重要因素之一,他们引用了近期由于干旱导致某地区小麦减产,进而引发价格上涨的新闻报道。另一组学生则强调了政策调控的作用,他们分析了政府如何通过调整进出口政策来影响国内市场的供需平衡。还有一组学生关注了国际贸易对农产品价格的影响,他们讨论了全球市场的变化如何通过进出口渠道影响国内价格。

通过这样的互动式课堂讨论,学生不仅能够深入理解农产品价格波动的复杂性,还能够锻炼他们的批判性思维和团队合作能力。教师通过观察和评价学生的讨论表现,可以全面了解学生对大观念的掌握情况,并据此调整教学策略,以提高教学效果。

4.思维导图的应用

要求学生使用思维导图来组织和表达对大观念的理解,通过导图的逻辑性和创造性来评价学生的思维能力。[①]

思维导图是一种有效的教学和评价工具,它可以帮助学生更好地理解和记忆复杂的概念和它们之间的关系。以下是一个具体的案例,展示如何应用思维导图来评价学生对"我国生产力和生产关系的关系"这一大观念的理解和掌握。

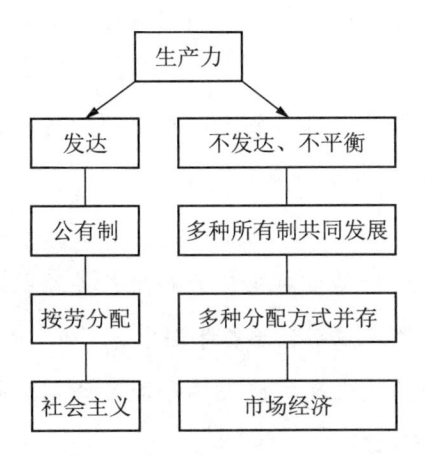

```
            生产力
           ↙     ↘
         发达   不发达、不平衡
          ↓         ↓
        公有制   多种所有制共同发展
          ↓         ↓
        按劳分配  多种分配方式并存
          ↓         ↓
        社会主义   市场经济
```

(1)案例背景

在探讨"生产力与生产关系"的课程中,教师引入了一张思维导图,图中

---

① 王卫红."三新"背景下高中政治教学中学生思维能力的培养对策探究[J].考试周刊,2024(3):147—150.

展示了生产力的不同发展阶段与相应的生产关系。这张思维导图是课程的核心，它帮助学生理解在不同的生产力水平下，生产关系如何适应并推动社会的发展。

（2）教学过程

思维导图介绍。教师首先向学生展示这张思维导图，并详细解释每个分支的含义，包括生产力的发达与不发达、不平衡状态，以及它们如何影响生产关系。

小组讨论。学生被分成小组，每组负责深入研究思维导图中的一个分支。例如，一组研究"发达生产力"与"公有制"的关系，另一组研究"不发达、不平衡生产力"与"多种所有制共同发展"的关系。

思维导图扩展。学生被鼓励扩展思维导图，加入自己的观点和理解，或者提出新的分支，如"技术创新对生产力的影响"或"全球化背景下的生产关系变化"。

思维导图展示。每个小组将他们的思维导图展示给全班，解释他们的理解和扩展内容。

全班互动。教师引导全班对展示的思维导图进行讨论，鼓励学生提出问题和建议，促进更深层次的理解。

（3）评价方法

理解深度评价。评价学生对生产力和生产关系基本概念的理解程度，以及他们如何将这些概念应用到思维导图中。

创新性评价。评价学生在扩展思维导图时的创新性，包括他们提出的观点是否新颖，是否有深度。

逻辑性评价。评价学生在构建思维导图时的逻辑性，包括分支之间的联系是否合理，信息是否有序。

表达能力评价。评价学生在展示和解释思维导图时的表达能力，包括清晰度、逻辑性和说服力。

团队合作评价。评价学生在小组讨论和导图制作过程中的表现,是否能够积极参与,与小组成员有效合作。

(4)案例应用

在一次具体的课堂活动中,学生们对思维导图进行了深入的分析和扩展。一组学生在"发达生产力"分支下,加入了"自动化生产"和"人工智能"对生产力的推动作用,并讨论了这些技术如何影响公有制的实现。另一组学生在"不发达、不平衡生产力"分支下,提出了"地区发展差异"和"城乡差距"对多种所有制共同发展的影响,并探讨了政策如何调节这些差异。

通过这样的思维导图运用,学生不仅能够深入理解生产力和生产关系的复杂关系,还能够锻炼他们的批判性思维和创新能力。教师通过观察和评价学生的导图制作和展示,可以全面了解学生对大观念的掌握情况,并据此调整教学策略,以提高教学效果。

这个案例展示了如何通过思维导图的运用来评价学生对思想政治大观念的理解和应用能力,同时也体现了学生在实际问题解决中的成长和发展。通过这种方法,学生能够更加直观地看到不同概念之间的联系,从而加深对课程内容的理解和记忆。

5. 跨学科综合评价

结合其他学科知识,如历史、地理、语文等,设计跨学科的综合评价任务,评价学生如何将思想政治大观念与其他学科知识相结合。

在高中思想政治课程中,跨学科综合评价是一种创新的评价方法,它要求学生将思想政治课程中的大观念与其他学科的知识相结合,以形成对某一主题全面而深入的理解。[①]以下是一个具体的案例,展示如何应用跨学科综合评价来评价学生对"实现中华民族伟大复兴的中国梦"这一大观念的掌

---

① 彭婧婷,吴涯.高中思政课跨学科教学的"四维"评价量表设计[J].中国教师,2024(2):73—76.

握和应用。

（1）案例背景

在探讨"实现中华民族伟大复兴的中国梦"一课中，教师引入了已毕业学生的诗歌作品——《经宜春赴重庆参加国赛感怀》，作为跨学科综合评价的案例。这首诗不仅体现了作者的个人情感和抱负，也反映了中国在教育、科技、文化等方面的发展，以及这些发展如何与实现中国梦的目标相结合。

《经宜春赴重庆参加国赛感怀》

文/吴立舟

仙山顶上觅秋蝉，

爽籁清风度锦年。

壮志悠悠酬社稷，

渝都烈烈写新篇。

（2）教学过程

诗歌赏析。教师首先引导学生赏析这首诗，理解其主题和情感，以及作者如何通过诗歌表达对国家发展的感慨和个人抱负。

跨学科知识链接。教师接着引导学生将诗歌内容与语文、历史、地理、经济、科技等学科知识相联系，探讨宜春明月山的地理位置、文化背景，以及宁德时代、国轩高科、比亚迪等企业在推动地方经济发展中的作用。

小组讨论。学生分组进行讨论,每组负责一个特定的学科领域,如一组研究地理和环境对宜春发展的影响,另一组探讨科技和经济如何推动中国梦的实现。

跨学科项目设计。学生被鼓励设计一个跨学科项目,将他们所学的知识应用于解决与中国梦相关的实际问题,如设计一个促进地方经济发展的计划,或提出一个增强国家文化软实力的方案。

项目展示与评价。学生将他们的项目展示给全班,教师和同学对其进行评价。评价标准包括项目的创新性、跨学科知识的整合程度,以及对中国梦主题的理解和应用。

(3) 评价方法

知识整合能力评价。评价学生是否能够将不同学科的知识有效地整合到他们的项目中,以及他们对这些知识的理解和应用程度。

创新性评价。评价学生在项目设计中的创新思维,包括他们提出的观点是否新颖,解决方案是否具有创造性。

实践应用能力评价。评价学生将理论知识应用于解决实际问题的能力,以及他们对中国梦主题的理解和实践。

团队合作评价。评价学生在小组讨论和项目设计中的团队合作精神,包括他们是否能够积极参与,与小组成员有效合作。

表达与沟通能力评价。评价学生在项目展示中的表达和沟通能力,包括他们的语言表达、逻辑性和说服力。

(4) 案例应用

学生们对《经宜春赴重庆参加国赛感怀》进行了深入的赏析,并将其与跨学科知识相结合。第一组学生在地理和环境领域,分析了宜春明月山的自然条件如何为当地旅游业的发展提供了优势。第二组学生在科技和经济领域,探讨了宁德时代等企业如何通过科技创新推动地方经济的转型和升级。第三组学生从文学色彩的角度,探讨了诗歌的美。

**附:【七绝·经宜春赴重庆参加国赛感怀】赏析**

　　作者2019年毕业于上海市南洋模范中学,目前就读于复旦大学。在赴重庆参加比赛前,途经5A景区宜春明月山。"仙山"喻明月山,赞美之情溢于言表;"觅秋蝉",身心愉悦跃然纸上。七绝首句,描述了时间、地点、人物、心境,起兴欢快轻松,韵味却很浓。第二句"爽籁清风"化用了《滕王阁序》中名句"爽籁发而清风生"。爽籁,指清风过处,万木摇曳、枝叶婆娑、鸟鸣虫叫汇成仙乐般声音。此句引典无痕,"承"的自然,却大大拉高了作者大三结束提前保研成为博士生,踌躇满志,深存感恩之心。江西自古文化厚重,当地政府崇尚教育,全省各景区免收学生门票,颇为感动。西方国家处处"卡脖子",宜春市委和市政府迎难而上,科学作为,先后引进名企宁德时代、国轩高科、比亚迪等,使光荣的红土地焕发出勃勃生机,为之震撼。因此作者有感而发,直抒立志科学报国的胸臆,将赴重庆初展才华的豪情,也流露出科学探索路漫漫的辛苦历程心态。在三、四句"转合"中,放收自如,把诗的境界推向新的高度;第四句"写新篇"与首句"觅秋蝉"者归一,严合。

　　该近体诗属律绝,用"标题"串联上海、宜春、重庆,时空浩瀚,脉络清晰。全诗平仄押韵工整,具有结构美和音乐美。炼字用词娴熟别致,具有动感美和绘画美。该诗还汲取了骈文的对仗、汉赋的用典精华,古色古香;同时,借景抒怀,引古喻今,浅显无奇,时代感却很强。诗作的主体地点是宜春明月山上,以常规山水画来看待该诗,没有山水的具体描摹,是幅写意画;如以现代诗来看该诗,"在山不写山",有朦胧诗意。作者利用通感、留白想象甚至意识流等手法,把仙山美的要素巧妙地传输给读者,使读者与作者胸怀壮志产生共鸣,有新意。

　　南洋模范中学底蕴深厚,教育理念先进,鼓励个性发展,培养出文理兼容、全面发展的青锋模范。

　　通过这样的跨学科综合评价,学生不仅能够深入理解"实现中华民族伟大复兴的中国梦"这一大观念,还能够锻炼他们的跨学科思维和创新能力。教师通过观察和评价学生的项目设计和展示,可以全面了解学生对大观念的掌握情况,并据此调整教学策略,以提高教学效果。

上述案例展示了如何通过跨学科综合评价来评价学生对思想政治大观念的理解和应用能力,同时也体现了学生在实际问题解决中的成长和发展。通过这种方法,学生能够更加全面地看到不同学科知识之间的联系,从而加深对课程内容的理解和记忆。

6. 自我评估与成长记录

鼓励学生进行自我评估,并记录自己的学习成长过程,通过学生的自我反思和成长记录来评价他们的自我发展能力。①

以学生学习"逻辑与思维"中的"三段论推理"为例,采用自我评估与成长记录评价法,能够促进学生对逻辑与思维的深刻理解,并在实践中提升其批判性思维能力。以下将详细阐述这种评价方法,并提供一个具体的案例。

(1) 评价方法的理论基础

自我评估与成长记录评价法是一种以学生为中心的评价方式,它鼓励学生在学习过程中进行自我反思和自我评估,同时记录自己的学习成长轨迹。这种方法认为,学生通过自我评估能够更清晰地认识到自己的学习状态和进步空间,而成长记录则为教师提供了一个观察和指导学生发展的窗口。

(2) 评价方法的实施步骤

大观念提炼。教师首先需要从课程内容中提炼出核心的大观念,例如"三段论推理"。这要求教师深入理解课程内容,并能够将其转化为学生可以理解和应用的概念。

教学实践。在教学过程中,教师设计活动,通过讨论、案例分析等方式,

---

① 孟凡波.学生自我评价在高中政治教学中的运用探究[J].中华活页文选(高中版),2020(8):108—110.

让学生将这些大观念应用于实际情境中。

自我评估。学生需要定期进行自我评估,反思自己对大观念的理解和应用情况。这可以通过日记、学习日志或自我评估表等形式进行。

成长记录。教师应记录学生在理解和应用大观念过程中的成长和进步,这可以通过学生的作业、测试成绩、课堂表现等多种方式来实现。

(3)具体案例:"逻辑与思维"中的"三段论推理"

案例背景。学生正在学习"三段论推理",这是一种基本的逻辑推理形式,包括大前提、小前提和结论。学生需要理解这种推理形式,并能够识别其在日常生活中的应用。

教学活动

大观念提炼。教师首先通过讲解和讨论,帮助学生理解"三段论推理"的基本结构和逻辑。然后,教师提出问题,如"你认为'三段论推理'在哪些情况下是有效的?在哪些情况下可能会误导我们?"

教学实践。教师设计一个活动,让学生分析一则新闻报道,识别其中的"三段论推理"结构,并评估其有效性。例如,新闻报道可能包含这样的论点:"所有高中生都应该学习逻辑(大前提),因为逻辑是批判性思维的基础(小前提),所以这所学校应该开设逻辑课程(结论)。"

自我评估。在活动结束后,学生需要填写自我评估表,反思他们在识别和评估"三段论推理"中的强项和弱点。例如,学生可能会写:"我在识别大前提和小前提方面做得很好,但在评估结论是否合理时,我发现自己需要更多的练习。"

成长记录。教师记录学生在这项活动中的表现,包括他们的自我评估和教师的观察。教师注意到,随着时间的推移,学生在逻辑推理方面的能力有了显著提高,他们能够更准确地识别和评估"三段论推理"的有效性。

(4)案例分析

通过这个案例,我们可以看到自我评估与成长记录评价法如何帮助学生深入理解"三段论推理"这一大观念,并将其应用于实际情境中。学生通过自我评估和成长记录,能够清晰地看到自己的进步和需要改进的地方。这种方法不仅提高了学生对逻辑推理的理解,也促进了他们的批判性思维和自我反思能力的发展。

自我评估与成长记录评价法是一种有效的教学策略,它通过让学生在实际情境中应用和反思大观念,促进了学生的深度学习和批判性思维能力的发展。通过具体的案例,我们可以看到这种方法在高中思想政治教学中的有效应用,以及它如何帮助学生在理解和应用"三段论推理"这一大观念方面取得进步。这种方法的实施,不仅能够提升学生对学科知识的掌握,还能够培养他们的自我评估能力和终身学习能力,为他们的未来发展打下坚实的基础。

上述六种评价方法是我们在长期教学实践中总结出来的,不仅能够较为全面地评估学生对思想政治大观念的掌握程度,还能够激发学生的学习兴趣,促进他们的主动学习和深入思考。通过这些方法,教师可以更准确地了解学生的学习进展,并据此调整教学策略,以提高教学效果。

## 四、大观念教学效果评价的实施

### (一)评价指标体系构建

构建多维度的评价指标体系,涵盖政治认同、科学精神、法治意识、公共参与等方面。

在高中思想政治教学中,大观念教学效果的评价是一个复杂而多维的过程,它需要一个全面的评价指标体系来衡量学生在知识、能力、情感态度等方面的发展和变化。以下是构建这样一个多维度评价指标体系的原创性描述。

1. 知识掌握维度

理解与记忆。评价学生对思想政治课程中核心概念和原理的理解程度,以及他们对这些知识点的记忆情况。可以通过闭卷考试、口头提问等方式来检测。

知识应用。考察学生能否将学到的理论知识应用到新的情境中,解决实际问题。通过案例分析、模拟决策等活动来评估学生的知识应用能力。

知识整合。评价学生是否能够将不同单元、不同课程之间的知识点进行整合,形成系统化的知识结构。可以通过项目报告、主题研讨等形式来检验。

2. 能力发展维度

批判性思维能力。评估学生是否能够批判性地分析和评价不同的观点和论据,以及他们是否能够提出合理的论证和反驳。通过辩论赛、论文写作等活动来考察。

问题解决能力。考察学生在面对复杂问题时,是否能够运用所学知识进行分析,并提出解决方案。通过实际问题解决项目、角色扮演等活动来评价。

沟通与合作能力。评价学生在小组讨论、合作学习中是否能够有效沟通和协作,以及他们是否能够尊重和理解不同的观点。通过小组项目、合作学习任务来检验。

3. 情感态度维度

价值观念认同。评估学生是否认同和内化了思想政治课程中所倡导的价值观念,以及他们是否能够在日常生活中践行这些价值理念。通过问卷调查、自我反思报告来考察。

学习动机与态度。考察学生对思想政治学习的兴趣和热情,以及他们的学习态度是否积极。通过课堂参与度、学习日志等来评价。

社会责任感。评价学生是否具有对社会问题的关注和责任感,以及他们是否愿意为社会进步做出贡献。通过社区服务、社会实践活动来检验。

4. 实施步骤

明确评价目标。根据教学大纲和课程目标,明确每个维度的具体评价目标。

设计评价工具。为每个评价指标设计相应的评价工具,如测试题、问卷、观察表等。

实施评价活动。在教学过程中,定期实施这些评价活动,收集评价数据。

分析评价结果。对收集到的评价数据进行分析,了解学生在各个维度上的表现和发展情况。

反馈与调整。根据评价结果,向学生提供反馈,并根据需要调整教学策略和内容。

通过构建这样一个多维度的评价指标体系,教师可以全面了解和评价学生在大观念教学中的学习效果,从而更好地指导教学实践,促进学生的全面发展。

## (二) 数据收集

描述如何通过问卷、访谈、课堂观察等方式收集评价数据。

大观念教学效果的评价是一个全面而细致的过程,它涉及多种数据收集方法,以确保评价结果的准确性和全面性。以下是如何通过问卷、访谈、课堂观察等方式收集评价数据的详细描述。

1. 问卷调查

问卷调查是一种常用的数据收集方法,它能够快速收集大量学生的数据,对于评估学生的知识掌握、能力发展和情感态度等方面非常有用。

(1) 设计问卷。问卷设计需要精心规划,以确保问题的相关性和有效性。问卷应包含封闭式问题和开放式问题,封闭式问题便于统计分析,而开放式问题则能够收集更深入的信息。

(2) 知识掌握问题。在问卷中,可以设计一些问题来评估学生对课程内容的理解程度,例如:"请解释'三段论推理'的含义,并举一个例子。"或者

"你认为'逻辑与思维'课程中最重要的概念是什么?"

（3）能力发展问题。问卷还可以包括评估学生批判性思维和问题解决能力的问题,例如:"在最近的一次小组讨论中,你是如何评估不同观点的?"或者"请描述一个你运用所学知识解决实际问题的经历。"

（4）情感态度问题。问卷中还应包含评估学生情感态度的问题,如:"你对学习'逻辑与思维'课程有何感受?"或者"你认为学习这门课程对你的未来有何影响?"

（5）发放与回收。问卷可以通过纸质形式或电子形式发放给学生,确保所有学生都有机会参与。回收问卷后,需要对数据进行整理和分析。

2. 访谈

访谈是一种定性研究方法,它能够提供更深入的见解和理解,对于评估学生的深层次理解和情感态度特别有效。

（1）准备访谈提纲。在进行访谈之前,需要准备一个访谈提纲,列出想要探讨的关键问题和主题。

（2）选择访谈对象。访谈对象可以是随机选择的学生,也可以是有特定特征的学生,如成绩优异的学生或在某些方面表现突出的学生。

（3）进行访谈。在访谈过程中,要保持开放和非评判性的态度,鼓励学生自由表达他们的想法和感受。例如,可以问:"你如何理解'三段论推理'在现实生活中的应用?"或者"你认为学习'逻辑与思维'课程对你的批判性思维有何影响?"

（4）记录与分析。访谈过程中要做好记录,可以是笔记形式或录音形式。访谈结束后,需要对访谈内容进行整理和分析,提取关键信息和主题。

3. 课堂观察

课堂观察是一种直接的观察方法,它能够让教师实时了解学生的学习状态和参与情况,对于评估学生的课堂表现和能力发展非常有用。

（1）制定观察计划。在进行课堂观察之前,需要制定一个详细的观察计划,明确观察的目的、时间、地点和方法。

(2) 观察学生参与情况。在课堂上,教师可以观察学生的参与情况,如发言次数、参与讨论的积极性等。例如,可以记录下在讨论"三段论推理"时,哪些学生积极发言,哪些学生保持沉默。

(3) 观察学生互动。教师还可以观察学生之间的互动,如他们如何合作解决问题,如何相互尊重和理解不同的观点。

(4) 观察学生表现。教师需要观察学生在各种教学活动中的表现,如小组讨论、角色扮演、项目展示等,评估他们的知识应用和问题解决能力。

(5) 记录与反馈。在课堂观察过程中,要做好记录,记录下学生的亮点和需要改进的地方。观察结束后,可以向学生提供反馈,帮助他们了解自己的表现和进步空间。

4. 数据分析

收集到的数据需要进行系统的分析,以确保评价结果的准确性和可靠性。

(1) 定量数据分析。对于问卷调查中收集到的定量数据,可以使用统计软件进行分析,如计算平均分、百分比、相关性等。

(2) 定性数据分析。对于访谈和课堂观察中收集到的定性数据,可以采用内容分析、主题分析等方法,提取关键信息和主题。

(3) 综合分析。将定量数据和定性数据结合起来进行综合分析,以获得更全面的评价结果。

5. 结果应用

评价结果的应用是评价过程的最终目的,它能够为教学提供指导和改进的依据。

(1) 教学反馈。根据评价结果,教师可以向学生提供反馈,帮助他们了解自己的学习状态和进步空间。

(2) 教学调整。教师可以根据评价结果调整教学策略和内容,以更好地满足学生的学习需求。

（3）学生指导。教师可以根据评价结果对学生进行个性化指导，帮助他们在知识掌握、能力发展和情感态度等方面取得更好的发展。

通过上述方法，高中思想政治课程中的大观念教学效果评价能够全面、准确地收集和分析数据，为教学提供有力的支持和指导。这种方法不仅能够评估学生的学习效果，还能够促进学生的全面发展和教师的专业成长。

### （三）数据分析

讨论如何利用统计学方法对收集到的数据进行分析，以得出评价结果。

在高中思想政治课程中，大观念教学效果的评价涉及大量数据的收集，这些数据包括问卷调查结果、访谈记录和课堂观察笔记等。对这些数据进行有效的分析是得出评价结果的关键步骤。以下是如何利用统计学方法对收集到的数据进行分析的详细讨论。

1. 数据整理

在进行数据分析之前，首先需要对收集到的数据进行整理。这包括数据的清洗、分类和编码。

（1）数据清洗。这一步骤涉及去除无效或不完整的数据，例如未完成的问卷、不清晰的访谈记录等，以确保分析的数据质量。

（2）数据分类。将数据按照不同的评价指标进行分类，如知识掌握、能力发展和情感态度等。

（3）数据编码。对于定性数据，如访谈记录和课堂观察笔记，需要进行编码，将其转化为可以量化的形式，以便统计分析。

2. 描述性统计分析

描述性统计分析是数据分析的基础，它能够提供数据的中心趋势和分散程度的描述。

（1）中心趋势。计算数据的平均值、中位数和众数，以了解学生在各个评价指标上的一般表现。

（2）分散程度。计算数据的标准差和方差，以了解学生表现的一致性和差异性。

（3）频率分布。制作频率分布表和直方图，以直观展示学生在各个评价指标上的分布情况。

3. 定性数据分析

对于定性数据，如访谈记录和课堂观察笔记，需要采用不同的分析方法。

（1）内容分析。通过内容分析，可以识别和分类数据中的关键主题和模式。

（2）主题分析。主题分析可以进一步提炼内容分析的结果，识别数据中的核心主题和子主题。

（3）叙事分析。叙事分析可以揭示学生个人的故事和经历，提供对教学效果的深入理解。

4. 结果解释

数据分析的最终目的是解释结果，为教学提供指导和改进的依据。

（1）结果解释。根据统计分析的结果，解释学生在各个评价指标上的表现，以及这些表现背后可能的原因。

（2）教学反馈。将分析结果反馈给教师和学生，帮助他们了解教学效果和学习状态。

（3）教学改进。根据分析结果，提出教学改进的建议，如调整教学内容、教学方法或评估方式。

5. 结果应用

评价结果的应用是评价过程的最终目的，它能够为教学提供指导和改进的依据。

（1）教学调整。教师可以根据评价结果调整教学策略和内容，以更好地满足学生的学习需求。

（2）学生指导。教师可以根据评价结果对学生进行个性化指导，帮助他们在知识掌握、能力发展和情感态度等方面取得更好的发展。

（3）政策制定。学校和教育管理部门可以根据评价结果制定或调整教育政策，以提高教学质量和效果。

通过上述统计学方法对收集到的数据进行分析，高中思想政治课程中的大观念教学效果评价能够全面、准确地得出评价结果，为教学提供有力的支持和指导。这种方法不仅能够评估学生的学习效果，还能促进学生的全面发展和教师的专业成长。通过不断的数据分析和反馈，教学过程可以持续优化，以实现更高效的教学目标。

## 五、问题与对策

### （一）问题

在高中思想政治的大观念教学及其效果评价过程中，存在一些问题，这些问题可能会影响教学效果和评价的准确性。[①]

#### 1. 教学内容与实际脱节

一些教师在大观念教学中过于侧重理论讲解，忽视了与学生生活实际的联系，导致学生难以将所学知识应用于现实生活中。在高中思想政治课程中，尤其是必修3"坚持和加强党的全面领导"这一模块，教学内容与实际生活脱节的问题显得尤为突出。一些教师在授课时，往往沉溺于抽象的政治理论阐述，而忽视了将这些理论与学生的日常经验和社会现实相联系。这种教学方式可能导致学生感到理论知识遥不可及，难以理解其在现实生活中的具体体现和应用。

---

① 段华.高中思想政治课教学评价存在的问题及对策研究[J].新课程（中学版），2017（12）：310—312.

例如，教师可能会详细解释党的领导原则和政策方针，但未能将这些内容与学生所关心的社会问题，如教育公平、环境保护、经济发展等联系起来。学生可能会感到困惑，不明白这些政治理论如何影响他们的未来和生活选择。这种脱节不仅削弱了学生的学习兴趣，也降低了他们将课堂知识转化为实际行动的能力。

为了解决这一问题，教师需要在教学设计中融入更多与学生生活紧密相关的案例和讨论。例如，通过分析党的领导在推动教育改革、改善民生等方面的具体措施，让学生看到理论知识的实际应用。通过这种方式，学生不仅能够更好地理解党的领导的重要性，还能够认识到自己作为公民在社会中的责任和作用。教师还应鼓励学生就这些议题进行讨论，培养他们的批判性思维和问题解决能力，从而使思想政治教育更加生动、实用和有意义。

2. 学生参与度不足

在某些课堂中，学生参与讨论和活动的积极性不高，这可能是因为教学方法单一，缺乏互动性和趣味性。

在高中思想政治必修2"坚持'两个毫不动摇'"这一主题的教学过程中，学生参与度不足的现象较为突出。这可能源于教学方法的单一性和缺乏互动性，导致学生难以在课堂上找到参与讨论和活动的动力。传统的讲授式教学往往使得学生感到被动，缺乏参与感，从而影响了他们的学习积极性。

教师可能主要依赖于课本内容的讲解，而忽视了通过实际案例、讨论和互动活动来激发学生的思考和参与。这种教学方式可能使得学生感到理论与现实生活之间的脱节，难以理解"坚持'两个毫不动摇'"在当代社会中的具体体现和意义。

为了提高学生的参与度，教师可以采取多种措施。首先，可以通过引入与学生生活紧密相关的案例，让学生在分析和讨论中感受到政治理论的实际应用。其次，教师可以设计一些互动性强的活动，如模拟辩论、角色扮演等,让学生在参与中体验不同观点和立场,增强他们的思辨能力和实践能力。此外,教师还可以利用多媒体工具,如视频、图片等,使课堂更加生动有趣,提高学生的学习兴趣。

通过这些方法,学生不仅能够更深入地理解"坚持'两个毫不动摇'"的内涵,还能够在参与中培养自己的批判性思维和解决问题的能力。这样的教学方式有助于激发学生的学习热情,提高他们的课堂参与度,从而提升教学效果和评价的准确性。

3. 评价方式单一

教学效果评价往往依赖于传统的笔试和期末考核,缺乏对学生综合能力的全面评估,如批判性思维和问题解决能力。

在高中思想政治必修1和必修3的教学中,以大观念"基本国情、主要矛盾、历史任务"三者之间的关联为例。

首先,这种单一的评价方式可能导致学生对"基本国情、主要矛盾、历史任务"的理解只停留在表面,缺乏深入的思考和实际应用。例如,学生可能能够背诵出"半殖民地半封建社会是近代中国的基本国情",但未必能够深刻理解这一国情如何决定了中国的主要矛盾,以及这些矛盾如何影响了中国的历史任务。

其次,缺乏多元化的评价方式使得学生在课堂上的参与度和积极性受到影响。学生可能感到,只要在考试中取得好成绩,就能满足教学要求,从而忽视了对知识的深入探讨和实际应用。这种评价方式忽视了思想政治教育中培养学生批判性思维和问题解决能力的重要性。

4. 缺乏个性化教学

由于班级人数众多,教师难以针对每位学生的具体情况进行个性化教学和评价。

在选择性必修3中探讨"感性具体、思维抽象、思维具体"这一大观念时,由于学生人数众多,教师面临着难以实施个性化教学和评价的挑战。这种状况可能导致教学内容和评价方式无法充分适应每个学生的个性化需求,从而影响教学效果和学生的思维发展。

由于缺乏个性化的关注,学生在理解"感性具体、思维抽象、思维具体"的过程中可能会遇到不同的障碍。一些学生可能在从感性具体到思维抽象的过渡中感到困难,而另一些学生可能在将抽象思维具体化时遇到挑战。如果教师无法识别并针对这些差异进行教学,学生可能会在理解大观念的过程中感到挫败。

传统的教学评价方式往往侧重于结果而非过程,这忽视了学生在思维发展过程中的个性化需求。例如,学生在将感性认识抽象化时可能需要更多的引导和实践机会,而在将抽象概念具体化时可能需要更多的案例分析和讨论。缺乏个性化的评价方式无法充分捕捉到这些需求,从而无法为学生提供有针对性的反馈和支持。

5. 教师专业发展不足

部分教师缺乏对大观念教学的深入理解和实践能力,这限制了他们进行有效教学和评价的能力。

在高中思想政治课的教学实践中,比如在探讨"三权分置"这一大观念时,教师专业发展不足主要表现在部分教师对于"三权分置"这一概念的深入理解和实践能力上,这直接影响了他们进行有效教学和评价的能力。

教师专业发展不足可能导致教学内容与学生实际生活经验脱节。在"三权分置"的教学中,如果教师不能充分理解这一制度在农村经济和社会发展中的实际应用,就难以将抽象的理论知识与学生的生活实际相联系,从而降低了教学的实效性和吸引力。

教师在专业发展上的不足也会影响到教学方法的选择和应用。例如,对于"三权分置"这一大观念,如果教师缺乏创新的教学方法,可能无法有效地激发学生的学习兴趣和参与度,导致学生对这一重要概念的理解停留在表面,无法深入掌握其内涵和应用。

此外，教师专业发展不足还可能影响到教学效果的评价。在"三权分置"的教学评价中，如果教师缺乏对评价工具和方法的深入了解，可能无法准确地评估学生对这一概念的理解和应用能力，从而无法为教学提供有效的反馈和改进依据。

6. 学生自我评价能力不足

学生往往缺乏自我评价的意识和能力，这影响了他们进行自我反思和自我提升的能力。

在高中思想政治课程中，特别是在探讨"党的领导、人民当家作主、依法治国三者有机统一"这一大观念时，学生自我评价能力的不足成为了教学效果评价中的一个显著问题。自我评价是学生学习过程中自我反思和自我提升的重要手段，但在实际操作中，学生往往缺乏这方面的意识和能力。

学生在理解"党的领导、人民当家作主、依法治国三者有机统一"这一概念时，可能无法准确评估自己对这一政治原则的理解和掌握程度。他们可能只是机械记忆了相关政策内容，而未能深入思考这些原则如何在实际政治生活中发挥作用，以及这些原则如何影响国家治理和社会稳定。

学生在参与课堂讨论和案例分析时，可能缺乏对自己观点和论证的批判性思考。他们在表达观点时缺乏自信，或者在面对不同意见时无法有效地进行自我辩护，这些都是自我评价能力不足的表现。

学生在完成与"党的领导、人民当家作主、依法治国三者有机统一"相关的作业和项目时，无法有效地评估自己的作业质量。他们可能对自己的成果过于严苛或过于宽容，这都不利于他们识别自己的强项和弱点，从而进行针对性的改进。

(二) 对策

1. 加强理论与实践的结合

教师应设计更多与学生生活实际相关的教学活动，如案例分析、角色扮演等,以增强学生的实际应用能力。

为了解决教学内容与实践相脱节的问题,教师需要在教学设计中融入更多与学生生活紧密相关的案例和讨论。例如,通过分析党的领导在推动教育改革、改善民生等方面的具体措施,让学生看到理论知识的实际应用。通过这种方式,学生不仅能够更好地理解党的领导的重要性,还能够认识到自己作为公民在社会中的责任和作用。教师还应鼓励学生就这些议题进行讨论,培养他们的批判性思维和问题解决能力,从而使思想政治教育更加生动、实用和有意义。

2. 提高学生参与度

通过小组讨论、辩论赛、模拟联合国等互动性强的教学活动,提高学生的参与度和兴趣。

首先,可以通过引入与学生生活紧密相关的案例,让学生在分析和讨论中感受到政治理论的实际应用。

其次,教师可以设计一些互动性强的活动,如模拟辩论、角色扮演等,让学生在参与中体验不同观点和立场,增强他们的思辨能力和实践能力。

此外,教师还可以利用多媒体工具,如视频、图片等,使课堂更加生动有趣,提高学生的学习兴趣。

通过这些方法,学生不仅能够更深入地理解"坚持'两个毫不动摇'"的内涵,还能够在参与中培养自己的批判性思维和解决问题的能力。这样的教学方式有助于激发学生的学习热情,提高他们的课堂参与度,从而提升教学效果和评价的准确性。

3. 多元化评价方式

除了传统的笔试和期末考核外,还应引入口头报告、项目作业、同伴评价等多元化评价方式,全面评估学生的综合能力。[1]

---

[1] 罗金泉.新课标下高中思想政治课如何对学生进行学习评价[J].青年与社会,2019(15):193—194.

(1) 多元化评价方式。例如,让学生围绕"基本国情、主要矛盾、历史任务"进行小组讨论,通过讨论来评估学生的理解程度和批判性思维能力。

(2) 情境式教学。通过情境式教学,让学生在模拟的政治、经济或社会情境中应用所学知识,解决实际问题。这种教学方式可以更好地评估学生的综合能力,而不仅仅是记忆和复述能力。[1]

(3) 项目式学习。鼓励学生进行项目式学习,如研究性学习项目,让学生深入探究与"基本国情、主要矛盾、历史任务"相关的历史事件或现实问题,通过项目的实施和成果展示来评估学生的学习效果。[2]

(4) 自我评价与同伴评价。引导学生进行自我评价和同伴评价,让学生在评价过程中反思自己的学习过程和成果,同时也学会如何评价他人的工作,这有助于培养学生的批判性思维和自我反思能力。

通过这些多元化的评价方式,可以更全面地评估学生对"基本国情、主要矛盾、历史任务"三者之间关联的理解和应用能力,从而提高思想政治课的教学效果和评价的准确性。

4. 实施个性化教学

利用信息技术手段,如学习管理系统,收集学生的学习数据,为每个学生提供个性化的学习建议和评价。[3]

(1) 差异化教学设计。教师可以根据学生的不同认知水平和学习风格,设计多层次的教学活动。例如,对于那些在抽象思维方面有困难的学生,教师可以提供更多的感性材料和实例,帮助他们逐步建立起抽象概念。

(2) 个性化学习路径。鼓励学生根据自己的兴趣和需求选择不同的学习路径。例如,对于那些对哲学和逻辑学感兴趣的学生,教师可以提供更深入的阅读材料和讨论机会,以促进他们的抽象思维能力。

---

[1] 郑敏.核心素养视角下高中政治情境式教学实践研究[J].求知导刊,2021(13):6—7.
[2] 奚雪冰.核心素养下的高中政治项目式教学[J].天津教育,2024(29):89—91.
[3] 赵涵阳.新时代背景下的高中政治个性化教学方法探究[J].现代职业教育,2021(21):90—91.

(3) 同伴互助与合作学习。通过小组合作学习,学生可以相互学习、相互启发,特别是在将抽象概念具体化的过程中,同伴之间的讨论和合作可以提供不同的视角和解决方案。

(4) 自我评价与反思。培养学生的自我评价能力,让他们在学习过程中不断反思自己的学习方法和思维过程,从而更好地理解"感性具体、思维抽象、思维具体"这一大观念。

(5) 技术辅助教学。利用信息技术,如在线学习平台和个性化学习软件,为学生提供定制化的学习资源和评价工具,以支持他们的个性化学习需求。

通过这些措施,教师可以更好地适应学生的个性化需求,提高教学和评价的效果,帮助学生深入理解和掌握"感性具体、思维抽象、思维具体"这一大观念,从而促进他们的全面发展。

### 5. 加强教师专业发展

定期组织教师培训和研讨会,提升教师对大观念教学的理解和实践能力。[1]

为了解决这一问题,教师需要通过多种途径提升自身的专业能力。这包括参与专业培训,深入研究"三权分置"等相关政策和实践案例,以及探索多样化的教学方法和评价工具。通过这些方式,教师可以更深入地理解"三权分置"的内涵,更有效地将这一概念融入教学中,并通过科学的评价方法检验教学效果,从而提升教学和评价的质量。

### 6. 培养学生自我评价能力

通过引导学生进行自我评估和反思,提高他们的自我评价能力,帮助他们更好地了解自己的学习状态和进步空间。

(1) 引导自我反思。在教学过程中,教师可以定期引导学生进行自我

---

[1] 郭玉婷.高中政治教师专业发展存在的问题及对策刍论[J].成才之路,2024(5):61—64.

反思，让他们思考自己在理解"党的领导、人民当家作主、依法治国"过程中的难点和困惑，以及如何克服这些问题。

（2）教授评价标准。教师应向学生明确评价的标准和方法，使学生能够根据这些标准对自己的学习成果进行客观评估。

（3）鼓励同伴评价。通过同伴评价的方式，学生可以学习如何给予和接受建设性的反馈，这有助于他们提高自我评价的能力。

（4）实施过程性评价。教师可以实施过程性评价，让学生在项目进行中不断检查和调整自己的工作，从而培养他们的自我监控和自我评价能力。

（5）案例分析。通过分析具体的政治案例，让学生在实际情境中应用"党的领导、人民当家作主、依法治国"的原则，然后让他们评估自己分析的深度和广度，以及提出解决方案的合理性。

（6）角色扮演。通过模拟政治决策过程，让学生扮演不同的政治角色，然后让他们评估自己在决策过程中的表现，包括沟通、协商和解决问题的能力。

通过这些方法，学生可以逐渐培养起自我评价的意识和能力，这不仅有助于他们更好地理解和掌握"党的领导、人民当家作主、依法治国"这一大观念，也对他们未来的学习和生活具有重要意义。通过自我评价，学生能够更加主动地参与学习过程，成为自己学习的主人，这对于培养他们的终身学习能力和社会责任感至关重要。

通过上述对策，可以有效地解决高中思想政治大观念教学及其效果评价过程中存在的问题，提高教学效果和评价的准确性。这需要教师、学生和学校管理层的共同努力，以及教育政策的支持和引导。通过不断的实践和改进，我们可以提高高中思想政治的教学效果，培养出具有批判性思维和创新能力的新一代学生。

# 结　语

## 一、核心观点

　　《让素养扎根:高中思想政治大观念提炼与实践策略》旨在探讨如何在高中思想政治课程中提炼和实践大观念,以培养学生的核心素养。

　　本书强调高中思想政治课程实施应遵循国家教育方针,体现学科素养,即培养学生的政治认同、法治意识、科学精神和公共参与能力。课程的基本理念是促进学生全面发展,强调理论与实践的结合。[①]

　　书中提出,高中思想政治课程目标应与教材内容紧密结合,通过分析教材内容,整合课程目标,以实现教学内容的系统性和连贯性。本书强调,高中思想政治课程的教学目标与教材内容之间应建立紧密的联系。这意味着在教学过程中,教师需要深入分析教材,挖掘其中的核心理念和价值导向,并将这些理念与课程目标相对接。通过这种整合,教材不再是孤立的知识传递工具,而是成为实现教育目标的有力支撑。这样的教学设计能够确保学生在学习过程中,不仅能够掌握必要的知识,还能理解知识背后的深层含义,实现知识的系统性和连贯性,从而在思想政治教育中培养出具有批判性思维和深刻理解力的学生。

　　本书深入探讨了多种策略以提炼高中思想政治课程中的大观念,旨在深化学生对核心思想和价值观的理解。书中不仅强调了对单元内容的全面

---

[①] 中华人民共和国教育部.普通高中思想政治课程标准(2017年版2020年修订)[S].北京:人民教育出版社,2020:2—3.

审视,要求教师从宏观角度把握教学内容的主旨和结构,还提出了构建知识层级结构的重要性,这有助于学生建立起系统化的知识框架。此外,书中介绍了多种具体方法,如主题聚焦法,帮助学生集中注意力于核心议题;历史脉络法则让学生在历史发展的长河中理解思想政治理论的演变。这些方法的运用,旨在激发学生的思考,促进他们对思想政治大观念的深入理解和掌握,从而在知识与实践之间架起桥梁,培养学生的综合素养。

  本书深入分析了在高中思想政治课程中实施大观念教学的多种策略,特别强调了活动型学科课程的重要性,这种课程模式通过具体的教学活动将抽象的大观念具体化,使学生能够在实践中学习和体验。书中还提出了初高中一体化的教学视角,这一视角强调了教育的连续性和发展性,旨在确保学生在不同教育阶段能够顺利过渡,形成连贯的知识体系和价值观。[1]此外,书中探讨了以大观念为核心的跨学科教学方法,这种方法打破了传统学科间的界限,促进了不同学科知识的整合,拓宽了学生的视野。这些策略的实施,要求教师在设计教学活动时,必须紧密结合学生的生活实际和所处的时代背景,使教学内容更加贴近学生的生活经验,更具时代感,从而有效提升教学的吸引力和实际效果,帮助学生更好地理解和内化思想政治课程中的大观念。本书强调教学评一致化在高中思想政治教学中的重要性。书中构建了大观念教学效果评价的理论框架,并讨论了评价指标体系的构建、数据收集与分析,以及存在的问题与改进对策。

  本书细致阐述了教学、评价和反馈一体化的重要性及其在高中思想政治课程中的应用。书中指出,教学活动的设计必须以明确的教学目标为导向,这些目标不仅指导教学内容的选择和教学方法的运用,也是评价学生学习成果的基准。评价环节则作为教学过程中不可或缺的一部分,它不应仅仅发生在教学结束时,而应贯穿于教学的每一个环节,以实时监测学生的学

---

[1] 黄亚婷.思政一体 素养提升:关于初高中思政教学衔接的思考与实践[J].中学教学参考,2023(1):48—50.

习进度和理解深度。书中强调,通过建立有效的反馈机制,教师能够及时获取学生学习的反馈信息,这些信息对于调整教学策略、优化教学内容具有重要意义。书中提倡的这种一体化教学模式,旨在实现教学活动与学习目标的精准对接,确保教学效果的最大化,并能够通过持续的反馈循环,不断改进教学实践,以适应学生的学习需求和教育环境的变化。全书的核心目标是培养学生的核心素养,通过思想政治教育使学生形成正确的世界观、人生观和价值观,具备批判性思维和解决问题的能力。

本书强调教学内容应紧跟时代发展,结合社会实践,使学生能够在学习中感受到知识的实际应用,从而提高学习的积极性和主动性。

通过这些核心观点,本书为高中思想政治教育提供了一套系统的大观念提炼与实践策略,旨在提升高中思想政治课的教学质量,培养学生的综合素养,使其能够更好地适应社会发展的需要。

## 二、研究展望

《让素养扎根——高中思想政治大观念提炼与实践策略》中介绍的大观念提炼以及相关的教学、评价策略只是基于笔者过去以及现在的教学实践活动,然而教育实践是一个不断发展和变化的过程。随着社会的进步和科技的发展,学生的需求、教学环境以及教育目标都处在不断变化之中。[1]因此,书中介绍的大观念提炼及教学、评价策略需要不断地更新和优化,以适应新的教育背景和挑战。此外,教育政策的调整、课程标准的更新以及教学方法的创新,都要求我们对现有的教学实践活动进行深入反思和前瞻性研究。[2]完善研究展望的理由在于,它能够帮助教育工作者更好地理解教育趋势,预测未来可能的变化,并制定出更具针对性和实效性的教学策

---

[1] 阎俊.基于核心素养的思想政治课学习内容建构研究[J].教育参考,2017(3):67—72.
[2] 崔允漷.试论新课标对学习评价目标与路径的建构[J].中国教育学刊,2022(7):65—70,78.

略,从而有效地提升学生的思想政治素养,培养他们成为能够适应未来社会需求的公民。

展望未来,高中思想政治课程的实施将进一步深化国家教育方针的指导思想,更加注重培养学生的社会主义核心价值观,以及适应新时代发展要求的关键能力和必备品格。在未来的高中思想政治课程实施中,指导思想的深化将体现在对社会主义核心价值观的培育上,这不仅要求学生理解其内涵,更要在行动上践行。课程将致力于培养学生的政治认同、科学精神、法治意识以及公共参与能力,确保这些价值观能够内化为学生的个人品质。[1]同时,课程将重点培养学生的创新思维、批判性思维、信息素养和全球视野,[2]这些是新时代发展的关键能力。必备品格的培养将聚焦于学生的诚信、合作、坚韧和自我管理能力,这些都是学生未来在社会中立足和成功所必需的。通过这样的课程设计,学生不仅能够掌握知识,更能在实践中展现出适应未来社会挑战的能力,成为具有全球竞争力的社会主义建设者和接班人。

随着教育改革的不断深入,课程性质和基本理念将不断更新,以适应社会发展的新需求,更加强调学生的主体性、创造性和批判性思维的培养。随着教育领域改革的持续深化,高中思想政治课程将不断演进,其性质和基本理念将与时俱进,以更好地响应社会发展的新趋势和新挑战。课程将更加重视学生作为学习主体的地位,鼓励他们主动探索和质疑,从而培养他们的自主学习能力。同时,课程将激发学生的创造性思维,鼓励他们运用创新的方法解决问题,以适应快速变化的世界。此外,课程将加强批判性思维的培养,使学生能够理性分析信息,形成独立见解,这对于他们成为负责任的公民至关重要。通过这样的教育实践,学生将能够在知识掌握和个性发展之

---

[1] 阎俊,方培君.在"模拟体验"中提高中学生政治认同素养[J].人民教育,2018(10):47—51.
[2] 朱萌.高中政治课堂中拓宽学生国际视野的策略剖析[J].中华活页文选(高中版),2024(13):254—256.

间找到平衡,为未来的学术和职业生涯打下坚实的基础。

未来研究将更加关注课程目标与教材内容的动态整合,以确保教学内容的时效性和适应性,同时强化教材内容与学生生活实际的联系。在未来的研究中,高中思想政治课程的实施将更加注重课程目标与教材内容的动态整合,以确保教学内容的时效性和适应性。这种整合将体现在以下几个方面:未来的研究将强调教学内容与学生生活实际的联系,通过选取学生关注的话题和围绕学生在生活实际中存在的问题来设计教学活动,提高教学的相关性和吸引力;课程内容的时代性和实践性:随着社会的发展和变化,课程内容需要及时更新,以反映最新的社会现象和问题,确保教学内容的时代性;课程内容将基于核心素养进行结构化整合处理,增强知识学习与学生实际生活以及知识整体结构的内在联系,体现综合化、实践性。①

在大观念提炼的方法上,未来的研究将探索更多创新手段,如利用信息技术辅助教学,以及结合学生个性化学习需求,发展更加灵活多样的大观念提炼方法。在未来的研究中,高中思想政治课程的大观念提炼方法将更加注重创新性和多样性。随着信息技术的飞速发展,未来的研究将探索如何利用大数据、人工智能等现代技术手段辅助教学,以提高教学的精准性和互动性。同时,研究将更加重视学生个性化学习需求的满足,通过个性化教学方法,如情境教学法、合作学习法等,来适应不同学生的学习风格和能力水平。此外,研究将致力于发展更加灵活多样的大观念提炼方法,这包括但不限于跨学科整合法,通过整合不同学科的知识和方法,促进学生全面而深入地理解。这些创新手段的引入,旨在使思想政治教育更加生动、有效,同时激发学生的学习兴趣和参与度,培养他们适应新时代的关键能力和必备品格。

基于活动型学科课程的大观念落实、初高中一体化视域下的大观念教

---

① 王德明."三新"背景下高中思政大概念教学实施路径探析[J].教师教育论坛,2023,36(12):13—16.

学,以及以大观念统领跨学科教学等策略将在实践中不断完善,形成更加成熟和系统的教学模式。在此过程中,基于活动型学科课程的大观念落实、初高中一体化视域下的大观念教学,以及以大观念统领跨学科教学等策略将在实践中不断完善,形成更加成熟和系统的教学模式。[1]这些策略的完善将体现在以下几个方面:活动型学科课程将更加注重议题式讨论,以议题引领活动,让学生在活动中提升学科核心素养。这种模式将强化学生的政治认同、科学精神和法治意识,同时提高其公共参与能力。初高中一体化教学的连贯性:初高中一体化视域下的大观念教学将更加注重课程的衔接与贯通,避免简单重复,同时确保学生能够在义务教育的基础上进一步掌握历史知识和技能,拓宽历史视野,强化历史思维。跨学科教学的系统性:以大观念为统领的跨学科教学将构建起具有系统性的整体课程,立足于课标进行课程安排,形成一个以大观念为核心的课程系统。[2]这种系统设计将促进学生对知识的整合性理解和应用。

教学评一致化的概念将进一步深入研究,探讨如何将教学、评价和反馈更有效地一体化,以提高教学效果和学生的学习成效。[3]未来的研究将聚焦于以下几个关键点:强调教学、学习和评价三者围绕清晰的目标高度匹配,确保教学活动、学习行为和评价标准都围绕共同的目标进行;重视在课堂学习进程中,围绕学生达到什么水平,离目标有多远,教师需要发挥"质量监测员"的作用,根据目标设计真实的评价任务,使用各种方法收集学生达成学习目标的证据,从而了解教与学的效度,为下一步的教和学提供调整和改进的依据;目标达成的过程是一个解决问题的动态过程,需要结构化的学习活动保证学生围绕目标,逐步理解、掌握、内化知识,促进学习迁移;研究将探

---

[1] 周增为.思政课一体化的教学理解[J].现代教学,2024(15):5—10.
[2] 崔允漷,郭洪瑞.跨学科主题学习:课程话语自主建构的一种尝试[J].教育研究,2023,44(10):44—53.
[3] 刘劲凤.大概念视域下教学评一体化的"三环四步"模型[J].安徽教育科研,2024(29):1—4.

讨评价的即时性,即在教育教学过程中对学生学习过程、学习结果评价的高效反拨,以及量化分析结果及改进建议反馈的时效性;将从教学实践角度提出"教—学—评一体化"推动核心素养目标落实的有效策略,包括设置明确的教学目标、转化前提、建构高效的评价结果反馈机制等。

研究将更加注重教学内容的时代性和实践性,确保教学内容能够紧跟时代步伐,反映社会实际,增强教学的现实意义和应用价值。这意味着课程内容将与当前社会的发展紧密相连,及时反映最新的社会动态和实际问题。研究将致力于将理论与现实相结合,通过案例分析、社会实践等方式,让学生在理解理论知识的同时,能够将其应用于现实生活中,解决实际问题。[1]这样的教学内容不仅能够提高学生的学习兴趣和参与度,还能增强他们分析问题和解决问题的能力,使教学活动更具现实意义和应用价值,为学生未来的发展打下坚实的基础。

未来的研究将更加全面地探讨如何通过高中思想政治教育培养学生的核心素养,这包括政治认同、科学精神、法治意识和公共参与等关键领域。研究将深入分析这些素养的内涵和特点,以及它们在学生成长中的作用和意义。政治认同作为核心素养的灵魂,将指导学生形成对国家理论、道路、制度的坚定信仰和积极拥护。[2]科学精神的培养将鼓励学生追求真理、尊重客观规律,并在实践中展现创新能力。[3]法治意识的提升将使学生深刻理解宪法至上、公正公平的重要性,并在行动中体现法治思维。[4]公共参与的培育将激发学生的社会责任感和集体主义精神,鼓励他们积极参与社会事务,行使当家作主的权利。这些研究将为高中思想政治教育提供理论支持和实践指导,帮助学生形成坚定的理想信念和责任担当,成为新时代

---

[1] 王晴.高中政治教学如何于"体验"中落实核心素养[J].中国教师,2023(8):114—116.
[2] 卜增辉.高中思想政治课政治认同素养培养的策略[J].学周刊,2022,16(16):144—146.
[3] 张大勇.高中思想政治课培养学生科学精神的策略研究[J].教师教育论坛,2024,37(4):78—80.
[4] 马海英.高中政治课堂培养学生法治意识的教学策略[J].科学咨询,2021(35):257.

的合格公民。①

通过这些研究展望,本书旨在为高中思想政治教育的未来发展提供理论指导和实践参考,以促进学生核心素养的全面培养,提升教育教学质量,适应新时代的教育需求。

---

① 郭惠婷.核心素养视域下培养学生公共参与素养的策略[J].天津教育,2022(24):153—155.

# 后　记

曾看到过这样一篇文章——《中国精神的堕落始于教师队伍的奴隶化》。不可否认，教师生涯伊始的那段时间，我的"奴性"是显而易见的，生怕自己的课堂没有吸引力，总是寻找些今天看来比较肤浅的案例迎合学生的喜好，总是尽力将课堂上的笑点安排得多一点，以为学生开心了，课堂便成功了，渐渐地我发现，这样的欢愉是片刻的，这样的课堂是没有生命力的。

评上高级后，我4次参加上海市高考命题，10多年参加徐汇区一模二模命题。这让我有机会从评价的角度总结教学规律，从更高、更广的视角来审视课堂教学。参加国家培训以及上海市骨干培训班之后，我更加关注如何将教材内容有效转化为教学内容，以学生为本的育人意识更加清晰。

获评正高后，乘着"双新"改革之势，我在教学实践中努力构建思想政治课学习场。指导学生利用思维导图提炼大观念，为大单元学习提供理论支撑；主张"知信行合一"，在真实情境中让学生观察、分析和处理社会问题，通过"问题链"的设置，凸显学习活动中的思维互动和情感体验，借助方案设计、社团活动、学工学农学军等社会活动践行课堂所思所学；基于南模集团化办学的优势，发挥"初高中一体化"合力作用。我注重政治、语文和历史等学科的融合，发挥"大思政"场域的作用；构建"教学评"一致化的学习场，让学生从命题者的视角提升科学精神素养。我遵循思想政治学科的综合性、活动性性质，注重学情分析，塑造可信、可爱、有温度的思政课堂，落实学科核心素养。

师恩难忘。感谢德高望重的陈爱萍教授，陈教授无声的教诲如星辰照亮我前行的路;感谢方培君老师,方老师以力达针芒的细致态度、鞭辟入里的深刻洞察,引领我进入教与学的新境界;感谢周增为导师的知遇之恩,周老师的智慧与勇气,坚定了我的学科信仰,是拨开我写作迷雾的灯塔;感谢阎俊导师,导师如切如磋、如琢如磨的指导风格似春风化雨、润物无声,本书诸多思想得益于导师的启迪。

  饮水思源。本书写作缘于南模教育集团思政研修坊的成立,集团从人才、经费、技术条件上给予了研修坊强有力的支撑。李啸瑜校长在资源配置和时间安排上给予的大力支持,使得我们能够更加专注于学术研究,无需为外界的琐事分心,是我们能够顺利完成本书的坚强后盾。

  本书写作团队的每一次教学实践都是对教育理念和方法的检验与反思,这些经验的沉淀为本书提供了鲜活的案例和深刻的洞见;众人拾柴火焰高,本书写作的过程中,张静帆、周诗雅、陈琦老师的合作如同心灵的交响,每个字符都饱含着智慧与热情。这种力量,让我们的写作充满了生命力,让本书不仅仅是文字的堆砌,而是心与心交流的桥梁。

  我们总在追求着教育中的某种幸福,然而她就像"百分百"的黄金,可以无限靠近,却无法彻底到达,也许这正是我们对教育保有热情的魅力所在吧。

陆建梅<br>2024 年 12 月 26 日　于南苑

图书在版编目(CIP)数据

让素养扎根：高中思想政治大观念提炼与实践策略 / 陆建梅，张静帆著. -- 上海：上海社会科学院出版社，2025. -- ISBN 978-7-5520-4736-3

Ⅰ.G633.202

中国国家版本馆 CIP 数据核字第 20253T30P1 号

## 让素养扎根——高中思想政治大观念提炼与实践策略

著　　者：陆建梅　张静帆
责任编辑：杜颖颖
封面设计：裘幼华
出版发行：上海社会科学院出版社
　　　　　上海顺昌路 622 号　邮编 200025
　　　　　电话总机 021 - 63315947　销售热线 021 - 53063735
　　　　　https://cbs.sass.org.cn　E-mail：sassp@sassp.cn
照　　排：南京理工出版信息技术有限公司
印　　刷：上海龙腾印务有限公司
开　　本：710 毫米×1010 毫米　1/16
印　　张：17.5
字　　数：241 千
版　　次：2025 年 4 月第 1 版　2025 年 4 月第 1 次印刷

ISBN 978 - 7 - 5520 - 4736 - 3/G · 1409　　　　　　　　　　定价：78.00 元

版权所有　翻印必究